清華簡

徐在國 著

文字聲系

(1~8)

第六冊

北京師範大學出版集團
安徽大學出版社

正編·微部

微 部

影紐威聲

威

 清華八·攝命 17 鮮隹(唯)楚(胥)學于威義(儀)遉(德)

 清華八·攝命 19 隹(唯)龏(恭)威義(儀)

~,與 威(上博一·緇 23)同。《說文·女部》:"威,姑也。从女、从戌。《漢律》曰:婦告威姑。"

清華八·攝命"威義",讀爲"威儀",莊重的儀容舉止。《書·顧命》:"思夫人自亂于威儀。"孔傳:"有威可畏,有儀可象。"《漢書·薛宣傳》:"宣爲人好威儀,進止雍容,甚可觀也。"

影紐衣聲

衣

 清華五·三壽 18 衣備(服)耑(端)而好信

 清華六·子產 07 不勑(飾)耑(美)車馬衣裘

清華六·子產 23 勑(飾)岂(美)宮室衣裘

 清華七·子犯 07 乃各賜之鐱(劍)繵(帶)衣常(裳)而敳之

 清華七·趙簡子 10 妖(暖)亓(其)衣尚(裳)

 清華八·邦道 18 君以亓(其)所能衣飤(食)

～，與 ☆ (上博一·緇 20)、☆ (上博一·孔 10)、☆ (上博二·從甲 7)、☆ (上博六·孔 7)、☆ (上博八·鶹 2)同。《説文·衣部》："衣，依也。上曰衣，下曰裳。象覆二人之形。"

清華五·三壽 18"衣備"，讀爲"衣服"，衣裳，服飾。《詩·小雅·大東》："西人之子，粲粲衣服。"《史記·趙世家》："法度制令各順其宜，衣服器械各便其用。"

清華六·子產 07、23"衣裘"，夏衣冬裘。《周禮·天官·宮伯》："以時頒其衣裘。"鄭玄注："衣裘，若今賦冬夏衣。"賈公彥疏："夏時班衣，冬時班裘。"《吕氏春秋·重己》："其爲輿馬衣裘也，足以逸身煖骸而已矣！"

清華七·子犯 07"衣常"、清華七·趙簡子 10"衣尚"，讀爲"衣裳"，古時衣指上衣，裳指下裙，後亦泛指衣服。《詩·齊風·東方未明》："東方未明，顛倒衣裳。"毛傳："上曰衣，下曰裳。"

清華八·邦道 18"衣飤"，讀爲"衣食"，衣服和食物，泛指基本生活資料。《左傳·莊公十年》："衣食所安，弗敢專也，必以分人。"

依

 清華一·皇門 09 卑(俾)王之亡(無)依亡(無)勴(助)

· 2564 ·

清華六·子儀06 楊酋（柳）可（兮）依=（依依）

~，與 （上博五·君1）同。《説文·人部》："依，倚也。从人，衣聲。"

清華一·皇門09"亡依"，讀爲"無依"，無所倚仗。《書·君陳》："無依勢作威，無倚法以削。"《國語·晉語二》："隱悼播越，託在草莽，未有所依。"

清華六·子儀06"楊酋可依="，讀爲"楊柳兮依依"。《詩·小雅·采薇》："昔我往矣，楊柳依依；今我來思，雨雪霏霏。""依依"，輕柔披拂貌。

哀

 清華二·繫年023 郙（蔡）哀侯取（娶）妻於陳

 清華二·繫年023 郙（蔡）哀侯命止=（止之）

 清華二·繫年024 郙（蔡）哀侯妻之

 清華二·繫年025 郙（蔡）哀侯衛（率）帀（師）以救（救）賽（息）

 清華二·繫年026 臎（獲）哀侯以歸

 清華三·良臣08 魯哀公又（有）季孫

 清華五·命訓11 斡（斂）之以哀

 清華五·命訓13 哀不至

清華五·命訓 14 哀至則貴（匱）

～，從"口","衣"聲，與 （上博二·魯 1）同。《說文·口部》："哀，閔也。從口，衣聲。"

清華二·繫年 023、024、025、026"郙哀侯"，即"蔡哀侯"。《左傳·莊公十年》："蔡哀侯娶于陳，息侯亦娶焉。"《史記·管蔡世家》："哀侯十一年，初，哀侯娶陳，息侯亦娶陳。"

清華三·良臣 08"魯哀公"，春秋時魯國國君。《史記·魯周公世家》："十五年，定公卒，子將立，是爲哀公。"

清華五·命訓 11、13、14"哀"，悲痛，悲傷。《易·小過》："君子以行過乎恭，喪過乎哀，用過乎儉。"

衺

 清華三·說命中 07 隹（惟）衺（哀）䆀（載）悥（病）

 清華一·祭公 01 衺（哀）余少（小）子

 清華三·芮良夫 23 埜（麓）所并（屏）衺（依）

清華五·三壽 18 丂（孝）㤅（慈）而衺（哀）罙（鰥）

～，與（上博六·天乙 8）同，從"心","衣"聲，爲"哀"字異體。

清華三·說命中 07"隹衺䆀悥"，讀爲"惟哀載病"，哀傷成爲病。《禮記·緇衣》引《說命》作："惟口起羞，惟甲胄起兵，惟衣裳在笥，惟干戈省厥躬。"《緇衣》所引"衣"，當爲"哀"。"裳"，是因爲將"哀"誤爲"衣"後誤加的。"在笥"當爲"載病"的譌誤。

清華一·祭公 01"衺余少子"，讀爲"哀余小子"，意思與"閔予小子"同。

《説文·口部》:"哀,閔也。"《詩·周頌》有《閔予小子》,又《書·文侯之命》有"閔予小子嗣"。今《逸周書·祭公》作"次余小子",劉師培《周書補正》引或說云:"次當作汶,汶、閔同。"

清華三·芮良夫23"并袁",讀爲"馮依",猶憑依,依附。《左傳·僖公五年》:"神所馮依,將在德矣。若晉取虞而明德以薦馨香,神其吐之乎?"

清華五·三壽18"袁鰥",讀爲"哀鰥"。《戰國策·齊四》:"是其爲人,哀鰥寡,恤孤獨,振困窮,補不足。""哀",愛。《吕氏春秋·報更》:"人主胡可以不務哀士。"

惡

　　清華八·邦政05 亓(其)鸝(喪)專(薄)而惡(哀)

～,與 (上博二·民4)同,从"心","哀"聲,"哀"字異體。

清華八·邦政05"亓鸝專而惡",讀爲"其喪薄而哀"。《論語·子張》:"喪思哀。"《墨子·修身》:"喪雖有禮,而哀爲本焉。""哀",悲哀。

卒

　　清華四·筮法28 月朝臾(坤)之卒(萃)

　　清華六·子産29 以能成卒

～,和"衣"爲一字分化。《説文·衣部》:"卒,隸人給事者衣爲卒。卒,衣有題識者。"

清華四·筮法28"卒",讀爲"萃"。《易·萃》鄭注:"聚也。"《左傳·桓公五年》:"既而萃於王卒,可以集事。"杜預注:"萃,聚也。"

清華六·子産29"成卒",以成功告終。《爾雅·釋詁》:"卒,終也。"

卒

 清華二·繫年 020 瞽（戴）公卒（卒）

 清華二·繫年 032 獻公卒（卒）

 清華二·繫年 038 晉惠公卒（卒）

 清華二·繫年 047 晉文公卒（卒）

 清華二·繫年 050 晉襄公卒（卒）

 清華二·繫年 062 晉成公卒（卒）于扈

 清華二·繫年 087 競（景）公卒（卒）

 清華二·繫年 119 卒（卒）于鬣

 清華四·別卦 06 卒（萃）

 清華六·鄭武 01 奠（鄭）武公卒（卒）

 清華六·管仲 20 邦以卒（卒）喪

清華七·越公 61 必(庀)稡(卒)劦(協)兵

　清華七·越公 61 乃由王稡(卒)君子宰(六千)

　清華七·越公 62 王稡(卒)既備(服)

　清華七·越公 64 以亓(其)厶(私)稡(卒)君子宰₌(六千)以爲中軍

　清華七·越公 67 雩(越)王句戔(踐)乃以亓(其)厶(私)稡(卒)宰₌(六千)敢(竊)涉

　清華八·心中 03 而不智(知)亓(其)稡(卒)

　清華八·心中 04 智(知)事之稡(卒)

～，與 、、、同，从"爪"作。《説文·衣部》："卒，隸人給事者衣爲卒。卒，衣有題識者。"

清華二·繫年、清華六·孺子 01"稡"，即"卒"，古代指大夫死亡，後爲死亡的通稱。《禮記·曲禮下》："天子死曰崩，諸侯曰薨，大夫曰卒，士曰不禄，庶人曰死。"《史記·魏世家》："晉獻公卒，四子爭更立，晉亂。"

清華四·别卦 06"稡"，讀爲"萃"，卦名，《周易》第四十五卦，坤下兑上。《易·序卦》："萃者，聚也。"王家臺秦簡本《歸藏》、馬王堆帛書本《周易》作"卒"。馬國翰輯本《歸藏》、今本《周易》作"萃"。

清華七·越公 61"必稡劦兵"，讀爲"庀卒協兵"，整治兵卒。

清華七·越公 61、62"王䘚",即"王卒",優良軍隊。《左傳·成公十六年》:"楚之良,在其中軍王族而已。請分良以擊其左右,而三軍萃於王卒,必大敗之。"

清華七·越公 64"厶䘚君子",讀爲"私卒君子",指古代君王軍隊中所親近的賢良之臣。《國語·吳語》:"越王軍於江南。越王乃中分其師以爲左右軍,以其私卒君子六千人爲中軍。"韋昭注:"私卒君子,王所親近,有志行者,猶吳所謂賢良,齊所謂士。"

清華六·管仲 20,清華八·心中 03、04"䘚",即"卒",指終盡。《國語·晉語一》:"非謀不卒時。"韋昭注:"卒,盡也。"

醉

 清華一·耆夜 07 既醉又盉(侑)

《説文·酉部》:"醉,卒也。卒其度量,不至於亂也。一曰:潰也。从酉、从卒。"

清華一·耆夜 07"醉",飲酒過量。《詩·小雅·賓之初筵》:"賓既醉止,載號載呶,亂我籩豆,屢舞僛僛。"

曉紐火聲

火

清華三·祝辭 02 救火

清華四·筮法 18 水火相見才(在)下

清華四·筮法 52 火也

清華五·啻門 19 水、火、金、木、土

清華七·越公 22 孤或(又)志(恐)亡(無)良僬(僕)馭(御)獟火
於雩(越)邦

 清華七·越公 60 鼓命邦人救火

 清華七·越公 60 塁(舉)邦走火

 清華八·八氣 02 不可以禹(稱)火

 清華八·八氣 05 祝螎(融)衕(率)火以飤(食)於窨(竈)

 清華八·八氣 07 火曰佳(唯)啻(適)母(毋)薏(違)

～，與 ☒ (上博四·曹 63)、☒ (上博七·凡甲 2)同。《說文·火部》："火，燬也。南方之行，炎而上。象形。凡火之屬皆从火。"

清華三·祝辭 02、清華七·越公 60"救火"，滅火。《左傳·昭公十八年》："陳不救火，許不弔災，君子是以知陳許之先亡也。"《韓詩外傳》卷十："晉平公之時，藏寶之臺燒，士大夫聞，皆趨車馳馬救火。"

清華四·筮法 18"水火"，水與火。《易·說卦》："天地定位，山澤通氣，雷風相薄，水火不相射。"

清華五·啻門 19 水、火、金、木、土，五行之一。《書·洪範》："五行：一曰水，二曰火，三曰木，四曰金，五曰土。"《莊子·外物》："金與火相守則流。"成玄英疏："夫木生火，火剋金，五行之氣，自然之理。"

清華七·越公 22"獟火"，即"狄火"。或讀爲"敵火"，指敵方之火。（程燕）或讀爲"燃火""易火"。

清華七·越公 60"走火"，奔走救火。《韓非子·外儲說右下》："救火者，吏操壺走火，則一人之用也；操鞭使人，則役萬夫。"

清華八·八氣 02"禹火"，讀爲"稱火"，舉火。

清華八·八氣 05"祝螎衕火"，讀爲"祝融率火"。祝融，火神，相傳爲帝嚳時的火官,後尊爲火神。《國語·鄭語》:"夫黎爲高辛氏火正,以淳燿敦大,天明地德,光照四海,故命之曰'祝融',其功大矣。"

影紐伊聲歸尹聲

曉紐毀聲

毀

清華三·說命中 06 心毀隹(惟)備

清華四·筮法 09 上毀

清華四·筮法 11 上毀

清華六·孺子 02 既旻(得)恩(圖)乃爲之毀

清華六·管仲 26 髳(冒)𨅝(亂)毀棠(常)

清華六·子儀 15 乃毀棠(常)各敄(務)

清華七·越公 47 由臤(賢)由毀

清華八·邦政 07 邦豪(家)牆(將)毀

清華八·處位 06 甼(遇)亓(其)毀

清華八·邦道 11 母（毋）以一人之口毀懇（譽）

～，與 、、同。《説文·土部》：“毀，缺也。从土，毇省聲。![]，古文毀从壬。”

清華三·説命中 06"心毀隹（惟）備"之“毀”，《説文》：“缺也。”“備”，《國語·周語下》注：“具也。”“毀”“備”義相對。

清華四·筮法 09、11"上毀"，卦象不能男女相配。

清華六·孺子 02"既得恩（圖）乃爲之毀"，謀畫實施卻失敗。“毀”，訓敗。

清華六·管仲 26、清華六·子儀 15"毀常"，讀爲“毀常”。《左傳·成公二年》：“蠻夷戎狄，不式王命，淫湎毀常，王命伐之，則有獻捷，王親受而勞之，所以懲不敬，勸有功也。”

清華七·越公 47"毀"，損。

清華八·邦政 07"邦豪牆毀"，讀爲“邦家將毀”。《三國志·吳書·薛綜傳》：“暨臣父綜，遭時之難，卯金失御，邦家毀亂。”

清華八·處位 06"毀"，壞。《小爾雅·廣言》：“毀，壞也。”前文“遇機”之“機”亦包含“毀”之“機”。

清華八·邦道 11"毀懇"，讀爲“毀譽”，詆毀和贊譽。《莊子·德充符》：“死生存亡、窮達貧富、賢與不肖、毀譽、飢渴、寒暑，是事之變、命之行也。”

曉紐希聲

諦

　清華八·邦道 10 則忶（過）諦（希）

～，从“言”，“希”聲。

清華八·邦道 10"諦"，讀爲“希”，少，罕有。《論語·公冶長》：“伯夷、叔齊不念舊惡，怨是用希。”皇侃《義疏》：“希，少也。”《老子》：“不言之教，無爲之益，天下希及之。”簡文“則過希”，過錯少。

匣紐韋聲

韋

清華一·尹誥 03 卑(俾)我衆勿韋(違)朕言

清華五·命訓 08 迁(干)善韋(違)則不行

清華六·子儀 05 公命窮(窮)韋陞(昇)蓏(琴)奏甬(鏞)

～，與 ◆(上博五·君 1)、◆(上博五·弟 15)、◆(上博八·志 3)同。《說文·韋部》："韋，相背也。从舛，口聲。獸皮之韋，可以束枉戾相韋背，故借以爲皮韋。凡韋之屬皆从韋。◆，古文韋。"

清華一·尹誥 03"韋"，讀爲"違"，違背，違反。《書·君陳》："違上所命，從厥攸好。"孔傳："人之於上不從其令從其所好。"《孟子·梁惠王上》："不違農時，穀不可勝食也。"

清華五·命訓 08"迁善韋則不行"，讀爲"干善違則不行"，今本《逸周書·命訓》作"干善則不行"。"韋"，《說文》："相背也。"即後來通用的"違"字。唐大沛云："干，求也。民既心繫於祿，必將違道以干譽，是干善也。干善者飾其善，非真能行善也。"

清華六·子儀 05"窮韋"，人名。

嘒

清華三·芮良夫 23 人頌(訟)攻(扞)嘒(衛)

清華三·芮良夫 23"攻嘒"，疑讀爲"扞衛"，保護，保衛。《書·文侯之命》："汝多修，扞我于艱。"蔡沈《集傳》："扞衛我于艱難。"焦贛《易林·噬嗑之蒙》："注斯膏澤，扞衛百毒；防以江南，虺不能螫。"或讀爲"扞違"。

韙（違）

清華三·說命上 05 逵（失）宙（仲）韙（違）卜

清華六·子產 16 毋茲韙（違）柫（拂）亓（其）事

清華八·八氣 07 火曰隹（唯）啻（適）母（毋）韙（違）

~，與 （上博三·周 11）、 （上博八·李 2）同。《說文·是部》："韙，是也。從是，韋聲。《春秋傳》曰：'犯五不韙。' ，籀文韙從心。"

清華三·說命上 05"韙卜"，讀爲"違卜"，謂不遵占卜所示。《書·盤庚下》："各非敢違卜，用宏茲賁。"

清華六·子產 16"韙柫"，讀爲"違拂"，違背，不順從。沈德符《野獲編·禮部一·改謚》："大學士石珤，謚文隱，則以議大禮時，依違兩端。其死時，正其門人張璁在揆地，心恨甚，故以違拂不成謚之。"

清華八·八氣 07"母韙"，讀爲"毋違"，不違背，依從。《孟子·梁惠王上》："不違農時，穀不可勝食也。"《論語·爲政》："子曰：'吾與回言終日，不違，如愚。'"何晏《集解》引孔安國曰："不違者，無所怪問，於孔子之言，默而識之，如愚者也。"

諱

清華一·保訓 05 不諱（違）于庶萬眚（姓）之多欲

《說文·言部》："諱，誋也。從言，韋聲。"

清華一·保訓 05"不諱"，讀爲"不違"，不違背，依從。參上。

違

清華一·程寤 05 不違芽（材）

~，與 (上博五·三 8)同。《說文·辵部》："違，離也。从辵，韋聲。"

清華一·程寤 05"違"，違背，違反。《書·君陳》："違上所命，從厥攸好。"孔傳："人之於上不從其令從其所好。"《孟子·梁惠王上》："不違農時，穀不可勝食也。"

漳

清華六·子儀 06 漳水可（兮）遠朢（望）

清華六·子儀 18 臣觀於漳滏（滏）

《說文·水部》："漳，回也。从水，韋聲。"

清華六·子儀 06"漳水"、18"漳"，水名，源出陝西鳳翔縣西北雍山下，東南流經岐山、扶風入渭水。《漢書·溝洫志》："漳渠引諸川。"顏師古注引如淳曰："漳音韋，水出韋谷。"

寧

清華三·說命上 05 敚（說）于寧（圍）伐送（失）审（仲）

清華五·三壽 09 既寧（回）或㞢（止）

~，从"宀"，"韋"聲。"圍"字異體。

清華三·說命上 05"寧"，即"圍"，包圍。《左傳·隱公五年》："宋人伐鄭，圍長葛。"

清華五·三壽 09"寧"，讀爲"回"，迴轉。《說文·口部》："回，轉也。"

"止",停,《廣雅·釋詁》:"止,逗也。"簡文指風起風止。

緯

清華五·三壽 21 經緯忎(順)齊

《說文·糸部》:"緯,織橫絲也。从糸,韋聲。"

清華五·三壽 21 "經緯",治理。《左傳·昭公二十九年》:"夫晉國將守唐叔之所受法度,以經緯其民。"

匣紐胃聲歸囗聲

匣紐回聲

回

清華二·繫年 006 回(圍)坪(平)王于西繡(申)

清華二·繫年 039 回(圍)商窨(密)

清華二·繫年 041 楚成王衒(率)者(諸)侯以回(圍)宋伐齊

清華二·繫年 042 乃及秦自(師)回(圍)曹及五鹿(鹿)

清華二·繫年 042 伐壴(衛)以敓(脫)齊之戍及宋之回(圍)

清華二·繫年 042 楚王豫(舍)回(圍)歸

清華二·繫年045 秦、晉回（圍）奠（鄭）

 清華二·繫年059 臧（莊）王衒（率）𠂤（師）回（圍）宋九月

 清華二·繫年063［臧（莊）］王回（圍）奠（鄭）三月

 清華二·繫年070 齊峾（頃）公回（圍）魯

 清華二·繫年075 臧（莊）王衒（率）𠂤（師）回（圍）陳

 清華二·繫年082 五（伍）雞遅（將）吳人以回（圍）州埜（來）

 清華二·繫年090 龏（共）王亦衒（率）𠂤（師）回（圍）奠（鄭）

 清華二·繫年092 爲坪（平）会（陰）之𠂤（師）以回（圍）齊

 清華二·繫年106 女（焉）克獸（胡）、回（圍）䣙（蔡）

 清華二·繫年115 衒（率）𠂤（師）回（圍）黃池

 清華二·繫年116 回（圍）赤潼

 清華二·繫年117 楚人豫（舍）回（圍）而還

清華二·繫年 131　楚𠂤(師)回(圍)之於鄵

　清華二·繫年 132　晉人回(圍)津(津)、長陵

　清華二·繫年 134　𩰭(韓)緅(取)、畾(魏)纏(擊)衒(率)𠂤(師)回(圍)武䧘(陽)

　清華七·晉文公 08　回(圍)䜌(許)

　清華七·越公 69　回(圍)王宫

～，與🅘(上博六·莊5)、🅘(上博七·君甲2)、🅘(上博七·君乙1)同。《説文·囗部》：“回，轉也。从囗，中象回轉形。🅘，古文。”

　　清華二·繫年 039"回商窨"，讀爲"圍商密"。《左傳·僖公二十五年》："秋，秦、晉伐鄀。楚鬭克、屈禦寇以申、息之師戍商密……圍商密。"

　　清華二·繫年 041"楚成王衒者侯以回宋伐齊"，讀爲"楚成王率諸侯以圍宋伐齊"。《左傳·僖公二十七年》："冬，楚子及諸侯圍宋，宋公孫固如晉告急。"

　　清華二·繫年 045"秦、晉回奠"，讀爲"秦、晉圍鄭"。《左傳·僖公三十年》："九月甲午，晉侯、秦伯圍鄭，以其無禮於晉，且貳於楚也。"

　　清華二·繫年 059"臧王衒自回宋九月"，讀爲"莊王率師圍宋九月"。《春秋·宣公十四年》："秋九月，楚子圍宋。"

　　清華二·繫年 063"[臧]王回奠三月"，讀爲"莊王圍鄭三月"。《左傳·宣公十二年》："十二年春，楚子圍鄭，旬有七日，鄭人卜行成，不吉，卜臨于大宫，且巷出車，吉。"

　　清華二·繫年 092"爲坪侌之𠂤以回齊"，讀爲"爲平陰之師以圍齊"。《春秋·襄公十八年》："秋，齊師伐我北鄙。冬十月，公會晉侯、宋公、衛侯、鄭伯、曹伯、莒子、邾子、滕子、薛伯、杞伯、小邾子同圍齊。"

　　清華二·繫年 106"女克猷、回郗"，讀爲"焉克胡、圍蔡"。《春秋·哀公元

年》(楚昭王二十二年):“楚子、陳侯、隨侯、許男圍蔡。”

清華七・越公 69“回王宮”,讀爲“圍王宮”。《國語・吴語》:“越師遂入吴國,圍王宮。”

清華“回”,讀爲“圍”,包圍。《左傳・隱公五年》:“宋人伐鄭,圍長葛。”

𠬧

清華六・子儀 20 君不尚芒鄗王之北𠬧(没)

清華八・心中 06 亓(其)母(毋)蜀(獨)忻(祈)保豪(家)𠬧(没)身於畏(鬼)與天

～,與(上博四・曹 9)、(上博五・三 3)、(上博五・三 17)、(上博五・鬼 2)同。《説文・又部》:“𠬧,入水有所取也。从又在回下。回,古文回。回,淵水也。讀若沫。”

清華六・子儀 20“𠬧”,讀爲“没”。《易・繫辭下》:“包犧氏没。”虞翻注:“没,終也。”

清華八・心中 06“𠬧身”,讀爲“没身”,終身。《老子》:“没身不殆。”《禮記・内則》:“父母有婢子若庶子、庶孫,甚愛之,雖父母没,没身敬之不衰……子行夫婦之禮焉,没身不衰。”“没身就死”即壽終而卒。

𨓂

清華八・處位 06 亞(惡)𨓂(没)者(諸)

～,从“辵”,“𠬧”聲。

清華八・處位 06“亞𨓂者”,讀爲“惡没諸”,意即何没之呼。“没”,埋没。《後漢書・應劭傳》:“舊章堙没,書記罕存。”

沒

 清華八·處位 04 不見而沒泖（抑）不由

《説文·水部》："沒，沈也。从水、从叟。"

清華八·處位 04"沒泖"，讀爲"沒抑"，同義連用。《淮南子·本經》："民之滅抑夭隱。"高誘注："抑，沒也。"

匣紐褱聲

褱

 清華一·程寤 08 褱（懷）夋（允）

 清華二·繫年 035 惠公女（焉）以亓（其）子褱（懷）公爲執（質）于秦

 清華二·繫年 037 褱（懷）公自秦逃歸，秦穆公乃訋（召）文公於楚

 清華二·繫年 038 囟（使）衺（襲）褱（懷）公之室

 清華二·繫年 038 褱（懷）公即立（位）

 清華二·繫年 039 晉人殺褱（懷）公而立文公

 清華三·芮良夫 15 褱（懷）忞（慈）學（幼）弱贏（羸）募（寡）贀

（矜）蜀（獨）

 清華五·三壽 17 非褱（壞）于惉（湛）

 清華六·子產 20 邦以褱（壞）

 清華八·邦道 09 母（毋）褱（懷）樂以忘難

～，與 、、同。《説文·衣部》："褱，俠也。从衣，眔聲。一曰：橐。"

清華一·程寤 08"褱夋"，讀爲"懷允"，至信。《詩·小雅·鼓鐘》："淑人君子，懷允不忘。"鄭箋："淑，善。懷，至也。古者，善人君子，其用禮樂，各得其宜，至信不可忘。"

清華二·繫年 035、037、038、039"褱公"，讀爲"懷公"，晉大子圉。《左傳·僖公十七年》："夏，晉大子圉爲質於秦，秦歸河東而妻之。"

清華三·芮良夫 15"褱忞學弱嬴募賆蜀"，讀爲"懷慈幼弱嬴寡矜獨"，安撫愛護幼弱、衰病、老而無夫、老而無妻、老而無子的人。《禮記·禮運》："選賢與能，講信脩睦，故人不獨親其親，不獨子其子，使老有所終，壯有所用，幼有所長，矜寡孤獨廢疾者，皆有所養。"《禮記·王制》："少而無父者謂之孤，老而無子者謂之獨，老而無妻者謂之矜，老而無夫者謂之寡。""懷"，安，安撫。《禮記·中庸》："懷諸侯，則天下畏之。"《韓詩外傳》卷七："夫爲人父者，必懷慈仁之愛，以畜養其子。"

清華五·三壽 17"褱"，讀爲"壞"。

清華六·子產 20"邦以褱"之"褱"，讀爲"壞"，敗壞，衰亡。《説文·土部》："壞，敗也。"《左傳·襄公十四年》："王室之不壞，繄伯舅是賴。"

清華八·邦道 09"褱樂"，讀爲"懷樂"。《戰國策·秦三》："蔡澤曰：'質仁秉義，行道施德於天下，天下懷樂敬愛，願以爲君王，豈不辯智之期與？'"

匣紐叕聲

貴

清華四·筮法 54 爲貴人

清華五·命訓 14 哀至則貴(匱)

清華五·命訓 14 豊(禮)[亡(無)甞(時)]則不貴

清華七·越公 42 乃毋又(有)貴賤

清華八·邦道 02 是以不辡(辨)貴俴(賤)

清華八·邦道 02 貴俴(賤)之立(位)

清華八·邦道 03 貴之則貴

清華八·邦道 03 貴之則貴

清華八·邦道 03 可(何)慫(寵)於貴

清華八·邦道 12 貴戔(賤)之立者(諸)同雀(爵)者

清華八·邦道 25　五穜（種）貴

～，與 、、、、同。《說文·貝部》："貴，物不賤也。从貝、臾聲。臾，古文蕢。"

　　清華四·筮法 54"貴人"，顯貴的人。《穀梁傳·襄公二十九年》："賤人，非所貴也；貴人，非所刑也；刑人，非所近也。"

　　清華五·命訓 14"哀至則貴（匱）"，今本《逸周書·命訓》作"哀至則匱"。《逸周書·成開》："盡哀民匱"。潘振云："匱，窮也。哀甚則難繼，樂過則廢時。禮不沿襲，當王者貴，故無時不貴也。人各有能不能，教藝而求其備，是害之也。政不成，故淺近；事騷動，故少功。""貴"，讀爲"匱"，窮盡，空乏。《詩·大雅·既醉》："孝子不匱，永錫爾類。"毛傳："匱，竭。"鄭箋："孝子之行，非有竭極之時。"

　　清華五·命訓 14"豊（禮）[亡（無）肯（時）]則不貴"，上博四·內 1"豊（禮）是貴"，《大戴禮記·曾子立孝》作"禮之貴"，即貴禮。《禮記·鄉飲酒義》："於席末，言是席之正，非專爲飲食也，爲行禮也，此所以貴禮而賤財也。"

　　清華七·越公 42，清華八·邦道 02、12"貴俴"，讀爲"貴賤"，富貴與貧賤，指地位的尊卑。《易·繫辭上》："卑高以陳，貴賤位矣。"韓康伯注："天尊地卑之義既列，則涉乎萬物貴賤之位明矣。"

　　清華八·邦道 03"貴"，與"賤"相對。《墨子·尚賢上》："故官無常貴，而民無終賤，有能則舉之，無能則下之，舉公義，辟私怨，此若言之謂也。"

　　清華八·邦道 25"五穜貴"，讀爲"五種貴"，五穀貴重，重要。

遺

　　清華一·尹至 05　一勿遺

　　清華一·金縢 08　於遂（後）周公乃遺王志（詩）曰《周鴞》

清華一·皇門 12 朕遺父兄眔朕䢋（藎）臣

清華一·祭公 14 不（丕）則亡遺逡（後）

清華一·楚居 14 女（焉）曰肥遺

清華一·楚居 16 女（焉）遷（徙）袭（襲）肥遺

清華三·良臣 08 奠（鄭）䡇（桓）公與周之遺老

清華五·三壽 12 敢䚈（問）先王之遺忠（訓）

清華六·太伯甲 08 遺鄎（陰）

清華六·太伯乙 07 遺鄎（陰）䢼（鄂）事

清華六·太伯乙 07 東啓遺（隤）、樂

清華六·子儀 19 臣見遺者弗返（復）

清華六·太伯甲 08 東攽（啓）遺（隤）、樂

清華七·子犯 10 猷（猶）畀（叔）是䚈（聞）遺老之言

～，與、、同。《説文・辵部》："遺，亡也。从辵，貴聲。"

清華一・尹至05"一勿遺"，皆没有遺留。"勿遺"，參《書・盤庚中》："我乃劓殄滅之，無遺育。"西周禹鼎(《集成》02833、02834)："勿遺壽幼。"

清華一・金縢08"於迻(後)周公乃遺王志(詩)曰《周(雕)鶚》"，今本《書・金縢》作"于後，公乃爲詩以貽王，名之曰《鴟鶚》"。"遺"，送交。《詩・豳風・鴟鶚序》："成王未知周公之志，公乃爲詩以遺王。"

清華一・皇門12"遺"，《詩・豳風・鴟鶚序》疏："流傳致達之稱。"

清華一・祭公14"不(丕)則亡遺迻(後)"，今本《逸周書・祭公》作"丕則無遺後難"。

清華一・楚居14、16"肥遺"，地名，新蔡簡甲3・240作"肥遺郢"。

清華三・良臣08、清華七・子犯10"遺老"，指前朝老人或舊臣。《吕氏春秋・慎大》："武王乃恐懼太息流涕，命周公旦進殷之遺老，而問殷之亡故。"

清華五・三壽12"遺忎"，讀爲"遺訓"，先王之教。《國語・周語上》："賦事行刑，必問於遺訓，而咨於故實。"韋昭注："遺訓，先王之教也。"

清華六・太伯甲08、太伯乙07"遺郞櫃事"，讀爲"遺陰鄂事"，交付陰、鄂之事。《説文・辵部》："遺，亡也"。或訓爲給予、交付。

清華六・太伯甲08、太伯乙07"遺"，讀爲"隤"，周桓王所與鄭人蘇忿生之田，地在河南獲嘉縣西北。《左傳・隱公十一年》："王取鄔、劉、蔿、邘之田于鄭，而與鄭人蘇忿生之田温、原、絺、樊、隰郕、欑茅、向、盟、州、陘、隤、懷。"

清華六・子儀19"遺"，遺失，丢失。《莊子・天地》："黄帝遊乎赤水之北，登乎崑崙之丘而南望，還歸，遺其玄珠。"

讀

 清華三・芮良夫03 以自訾讀

《説文・言部》："讀，中止也。从言，貴聲。《司馬法》曰：'師多則人讀。'讀，止也。"

清華三・芮良夫03"以自訾讀"，《禮記・喪服四制》："訾之者。"鄭玄注："口毁曰訾。""讀"，或疑讀爲"毁"。以"貴""爲""毁"爲聲符的字可輾轉相通

(《古字通假字典》第六六四頁,齊魯書社,一九八九年)。《戰國策·齊三》:"夏侯章每言未嘗不毀孟嘗君也。"高誘注:"毀,謗。"這個意義後來或寫作譭。簡文"訾讀"表示被動。或斷句爲"以自訾讀由(揂)","讀",讀爲"委"。《廣雅·釋詁》:"委,積也。"(白於藍)

饋

  清華三·赤鵠05 少(小)臣饋

《說文·食部》:"饋,餉也。从食,貴聲。"

清華三·赤鵠05"饋",進食於人。《周禮·天官·膳夫》:"凡王之饋,食用六穀,膳用六牲,飲用六清,羞用百二十品,珍用八物,醬用百有二十甕。"鄭玄注:"進物於尊者曰饋。"孫詒讓《正義》:"此謂膳夫親進饋於王也。"或讀爲"匱",《廣韻·至韻》:"匱,竭也,乏也。"(白於藍)

饋

  清華六·太伯甲04 卑(譬)若饋而不酨(貳)

～,从"眷","貴"聲。疑"饋"字異體。

清華六·太伯甲04"饋",即"饋",指進食於人。《周禮·天官·膳夫》:"凡王之饋,食用六穀,膳用六牲。"鄭玄注:"進物於尊者曰饋。"孫詒讓《正義》:"此謂膳夫親進饋於王也。"《荀子·正論》:"曼而饋。"楊倞注:"饋,進食也。"或說"饋",祭名。《論衡·名雩》:"詠而饋,詠歌饋祭也,歌詠而祭也。"《文選·王僧達〈祭顏光祿文〉》:"敬陳奠饋。"李善注引《倉頡篇》:"饋,祭名也。"《文選·顏延之〈宋文皇帝元皇后哀策文〉》:"皇帝親臨祖饋。"李周翰注:"饋,祭也。"《廣雅·釋詁》:"貳,益也。"《管子·弟子職》:"周還而貳。"尹知章注:"貳,謂再益。"《周禮·天官·酒正》:"大祭三貳,中祭再貳,小祭壹貳。"鄭玄引鄭司農云:"三貳,三益副之也。"簡文"饋而不貳"猶如"祭而不貳"。(白於藍)

匱

 清華一·金縢 06 自以弋（代）王之敓（說）于金絭（縢）之匱

 清華一·金縢 10 以攵（啓）金絭（縢）之匱

《說文·匚部》："匱，匣也。从匚，貴聲。"

　　清華一·金縢 06、10"匱"，大型藏物器。《書·金縢》："公歸，乃納册于金縢之匱中，王翼日乃瘳。"孫星衍疏："匱者，王逸注《楚辭》云：'匣也。'"

見紐幾聲

幾

 清華三·芮良夫 12 幾（既）又（有）裳俑（庸）

 清華三·芮良夫 25 則畏天之發幾（機）

 清華五·啻門 03 幾言成人

 清華五·啻門 03 幾言成邦

 清華五·啻門 03 幾言成埅（地）

 清華五·啻門 03 幾言成天

清華六·管仲 25 天下又(有)亓(其)幾(機)

 清華六·子 15 幾(豈)既臣之朕(獲)辠(罪)

 清華六·子 17 幾(豈)孤亓(其)趷(足)爲免(勉)

 清華七·越公 73 亓(其)與幾可(何)

 清華八·邦道 02 幾(豈)或才(在)訡(它)

 清華八·邦道 08 幾(豈)有亙(恆)穜(種)才(哉)

 清華八·邦道 19 虔(吾)幾(豈)忎(愛)□

 清華八·邦道 23 皮(彼)幾(豈)亓(其)肰(然)才(哉)

～，與 、、同，从二"幺"或一"幺"。《説文·丝部》："幾，微也。殆也。从丝，从戍。戍，兵守也。丝而兵守者，危也。"

清華三·芮良夫 12"幾"，讀爲"既"，副詞，已經。《書·堯典》："克明俊德，以親九族，九族既睦，平章百姓。"孔傳："既，已也。"

清華三·芮良夫 25"發幾"，讀爲"發機"，指發動的機關。《莊子·齊物論》："其發若機栝。"《孫子·勢》："節如發機。"《後漢書·張衡傳》："(候風地動儀)中有都柱，傍行八道，施關發機。"

清華五·厚門 03"幾言成人，幾言成邦，幾言成埅(地)，幾言成天"之"幾"，多少。

清華六•管仲 25"天下又(有)亓(其)幾"之"幾",讀爲"機"。

清華六•孺子 15、17,清華八•邦道 02、08、19、23"幾",讀爲"豈",語助詞。《荀子•大略》:"幾爲知計哉。"楊倞注:"幾,讀爲豈。"《戰國策•楚四》:"則豈楚之任也哉。"馬王堆帛書本"豈"作"幾"。

清華七•越公 73"幾可",讀爲"幾何"。《國語•吳語》:"其與幾何?"韋昭注:"言幾何時。"

膙

 清華五•筮門 07 七月乃膙(肌)

~,從"肉","幾"聲,疑"肌"字異體。《説文•肉部》:"肌,肉也。從肉,几聲。"

清華五•筮門 07"膙",疑即"肌",本指肌膚。簡文"七月乃肌",指七個月乃生長肌膚。宋玉《登徒子好色賦》:"眉如翠羽,肌如白雪。"

殨

 清華八•處位 06 須事之禺(遇)殨(機)

~,從"弓","幾"聲。

清華八•處位 06"禺殨",讀爲"遇機",遇到機會、時機。

見紐鬼聲

鬼

 清華五•厚父 03 智(知)天之鬼(威)戈(哉)

 清華五•厚父 03 廼嚴禋鬼(畏)皇天上帝之命

 清華五•厚父 09 鬼(畏)不恙(祥)

清華五·厚父 10 廼弗鬼(畏)不恙(祥)

清華五·厚父 13 民亦佳(惟)酉(酒)甬(用)散(敗)鬼(威)義(儀)

清華七·越公 04 鼻(寡)人不忍君之武礪(勵)兵甲之鬼(威)

清華七·越公 58 狂(荒)鬼(畏)句戏(踐)

清華八·攝命 06 女(汝)鬼(威)由視(表)由誈(望)

清華八·攝命 06 不啻女(汝)鬼(威)

清華八·攝命 09 蘙=(翼翼)鬼(畏)少(小)心

清華八·攝命 15 亦鬼(畏)腠(獲)懃朕心

清華八·攝命 21 女(汝)亦母(毋)敢鬼(畏)甬(用)不審不允

清華一·金縢 12 今皇天達(動)鬼(威)

清華三·說命下 04 女(如)飛鶴(雀)罔鬼觀

～，與 (上博三·互 3)同。或作""，最下一横是贅加的飾筆。或釋

· 2591 ·

爲"畏"。《説文·鬼部》:"鬼,人所歸爲鬼。从人,象鬼頭。鬼陰气賊害,从厶。凡鬼之屬皆从鬼。㲃,古文从示。"

清華一·金縢 12"今皇天㣫(動)鬼(威)",今本《書·金縢》作"今天動威"。

清華三·説命下 04"鬼覲",或讀爲"覺覲"。《説文·見部》:"覺,注目視也。"《説文·見部》:"覲,求也。"段玉裁注本作"求視也",云"'視'字各本奪,今補"。"覺覲"蓋近義復詞。(白於藍)

清華五·厚父 03"智天之鬼哉",讀爲"知天之威哉"。大盂鼎(《集成》02837):"畏天畏。"《詩·周頌·我將》:"畏天之威。"《書·皋陶謨》:"天明畏。"《經典釋文》:"馬本畏作威。"

清華五·厚父 03"迺嚴寅鬼皇天上帝之命",讀爲"迺嚴寅畏皇天上帝之命"。《書·無逸》:"嚴恭寅畏天命。"《玉篇·吅部》:"嚴,敬也。"陳逆簋(《集成》04096):"余寅事齊侯。"《爾雅·釋詁》:"寅,敬也。"

清華五·厚父 09"鬼不恙",讀爲"畏不祥",畏懼不善。

清華五·厚父 13"鬼義",讀爲"威儀",莊重的儀容舉止。《書·顧命》:"思夫人自亂于威儀。"孔傳:"有威可畏,有儀可象。"《漢書·薛宣傳》:"宣爲人好威儀,進止雍容,甚可觀也。"

清華七·越公 04"兵甲之鬼",讀爲"兵甲之威"。《國語·吳語》:"君王舍甲兵之威以臨使之,而胡重於鬼神而自輕也?"

清華七·越公 58"狅鬼",讀爲"荒畏",非常敬畏。

清華八·攝命 06"鬼",讀爲"威"。《書·洪範》:"威用六極。"《漢書·谷永傳》作"畏用六極"。《五行志》應劭注"天所以……畏懼人用六極",即"用六極威"。

清華八·攝命 09"龏=鬼少心",讀爲"翼翼畏小心",恭敬謹慎的樣子。《詩·大雅·大明》:"維此文王,小心翼翼。"鄭箋:"小心翼翼,恭慎貌。"《漢書·禮樂志》:"王侯秉德,其鄰翼翼。"顏師古注:"翼翼,恭敬也。"

清華八·攝命 21"鬼",讀爲"畏",是畏懼之義。《廣雅·釋詁》:"畏,懼也。"

愧

　　清華二·繫年 058 史(使)孫(申)白(伯)亡(無)愧(畏)聘(聘)于齊

清華二·繫年 059　宋人是古（故）殺孫（申）白（伯）亡（無）愧（畏）

　清華三·芮良夫 15　天猶愧（畏）矣

　清華三·芮良夫 26　於（嗚）虖（虖）愧（畏）孴（哉）

　清華五·厚父 09　民弋（式）克共（恭）心芍（敬）愧（畏）

　清華六·子儀 11　斁（豈）愧（畏）不跊（足）

　清華六·子儀 09　余愧（畏）亓（其）或（式）而不訮（信）

～，與 同，从"心"，"鬼"聲。《説文·女部》："媿，慙也。从女，鬼聲。![]，媿或从恥省。"

清華二·繫年 058、059"孫白亡愧"，讀爲"申伯無畏"，即申無畏，又稱申舟。《左傳·宣公十四年》："楚子使申舟聘于齊，曰：'無假道于宋'。"

清華三·芮良夫 15、26，清華六·子儀 09、11"畏"，害怕，恐懼。《詩·大雅·烝民》："不侮矜寡，不畏彊禦。"《韓詩外傳》卷九："吾聞忠不畔上，勇不畏死。"

清華五·厚父 09"芍愧"，讀爲"敬畏"，既敬重又害怕。《管子·小匡》："故以耕則多粟，以仕則多賢，是以聖王敬畏戚農。"《史記·魯周公世家》："乃命于帝庭，敷佑四方，用能定汝子孫于下地，四方之民罔不敬畏。"

　清華一·金縢 04　能事鼎（鬼）神

清華五·命訓 04 上以曩（畏）之

 清華五·命訓 05 道天又（有）亟（極）則不曩（威）

 清華五·命訓 06 事（使）信=（信人）曩（畏）天

清華五·命訓 09 亟（極）禍（禍）［則］民曩（畏）

清華五·命訓 12 曩（畏）之以罰

清華五·三壽 07 虐（吾）䎽（聞）夫譣（險）莫譣（險）於曩（鬼）

清華八·邦政 05 丌（其）曩（鬼）神䍧（寡）

 清華八·邦政 08 丌（其）曩（鬼）神庶多

～，與 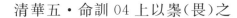（上博四·柬 6）、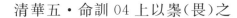（上博四·曹 63）、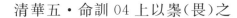（上博五·鬼 4）同。《説文·鬼部》："鬼，人所歸爲鬼。从人，象鬼頭。鬼陰氣賊害，从厶。凡鬼之屬皆从鬼。𩴪，古文从示。"

清華五·命訓 04"道天又（有）亟（極）則不曩（威）"，今本《逸周書·命訓》作"道天有極則不威"。

清華五·命訓 04"上以曩（畏）之"，今本《逸周書·命訓》作"無以畏之"。

清華五·命訓 06"事（使）信=（信人）曩（畏）天"，今本《逸周書·命訓》作"使信人畏天"。

清華五·命訓 09"亟（極）禍（禍）［則］民=曩=（民畏，民畏）則迡（淫）祭"，

今本《逸周書·命訓》作"極禍則民鬼,民鬼則淫祭,淫祭則罷家"。今本"淫祭則罷家"句,簡文漏一"則"字。唐大沛云:"禍以懲惡,若降禍過多,則民思免禍,求媚於鬼神。巫祝祈禱之事盛行曰淫祭。弊其財以冀無禍,其家必至罷憊。"

清華五·命訓 12"畏(畏)之以罰",今本《逸周書·命訓》作"畏之以罰"。

清華五·三壽 07"畏",即"鬼",迷信者以爲人死後魂靈不滅,稱之爲鬼。《禮記·祭義》:"衆生必死,死必歸土,此之謂鬼。"

清華一·金縢 04,清華八·邦政 05、08"畏神",即"鬼神",鬼與神的合稱,泛指萬物神靈。《禮記·仲尼燕居》:"鬼神得其饗,喪紀得其哀。"孔穎達疏:"鬼神得其饗者,謂天神人鬼各得其饗食也。"《史記·五帝本紀》:"曆日月而迎送之,明鬼神而敬事之。"張守節《正義》:"天神曰神,人神曰鬼。又云聖人之精氣謂之神,賢人之精氣謂之鬼。"

嵬

清華二·繫年 115 晉嵬(魏)胒(斯)

清華二·繫年 116 嵬(魏)胒(斯)

清華二·繫年 119 軌(韓)虔、焃(趙)蘆(籍)、嵬(魏)擊(擊)衍(率)自(師)

清華二·繫年 121 晉嵬(魏)文侯胒(斯)從晉自(師)

清華二·繫年 134 軌(韓)緅(取)、嵬(魏)繬(擊)衍(率)自(師)回(圍)武䧹(陽)

～,從"山","鬼"聲,"嵬"之異體。《說文·嵬部》:"嵬,高不平也。從山鬼聲。凡嵬之屬皆從嵬。"

清華二·繫年 115、116"嵬胒",讀爲"魏斯",即魏文侯斯。《史記·魏世家》:"桓子之孫曰文侯都。"《集解》引徐廣曰:"《世本》曰斯也。"《索隱》:"《系本》云'桓子生文侯斯',其傳云'孺子痕是魏駒之子',與此系代亦不同也。"

清華二·繫年119、134"鬼繫",讀爲"魏擊",魏文侯斯之子,後爲武侯。《史記·魏世家》:"(魏文侯)十三年使子擊圍繁、龐,出其民。"《索隱》:"擊,武侯也。"

清華二·繫年121"晉鬼文侯帠",讀爲"晉魏文侯斯"。参上。

畏

清華一·皇門08 弗畏不恙(祥)

清華一·祭公01 訍(旻)天疾畏(威)

清華一·祭公02 余畏天之复(作)畏(威)

清華一·祭公02 余畏天之复(作)畏(威)

清華一·祭公11 達(動)之甬(用)畏(威)

清華三·琴舞05 甈=(業業)畏載(忌)

清華三·琴舞06 不易畏(威)義(儀)

清華三·琴舞11 龏(寵)畏(威)才(在)上

清華三·琴舞13 畏天之載

清華三·琴舞 14 畏(威)義(儀)諡=(業業)

清華三·芮良夫 02 天猶畏矣

清華三·芮良夫 03 龏(恭)天之畏(威)

清華三·芮良夫 06 畏天之隆(降)䚣(災)

清華三·芮良夫 10 則畏(威)䖒(虐)之

清華三·芮良夫 13 畏夌(變)方戠(雠)

清華三·芮良夫 19 甬(用)㞷(皇)可畏

清華三·芮良夫 22 隹(惟)四方所酆(祗)畏

清華三·芮良夫 25 則畏天之發幾(機)

清華五·湯丘 11 女(如)幸余閞(聞)於天畏(威)

清華五·湯丘 14 句(后)古(固)共(恭)天畏(威)

清華五·三壽 09 虖(吾)孛(勉)自印(抑)畏以敬

清華六・管仲 26 辰(蠢)童(動)謹(謹)畏

清華六・子產 09 臣人畏君又(有)道

清華六・子產 09 智(知)畏亡(無)辠(罪)

清華八・心中 05 嚚(苛)疾才(在)畏(鬼)

清華八・心中 06 畏(鬼)與天

～，與 、同。《説文・甶部》："畏，惡也。从甶，虎省。鬼頭而虎爪，可畏也。"

清華一・皇門 08"弗畏不恙"，讀爲"弗畏不祥"，不畏懼不善。今本《逸周書・皇門》作"作威不祥"，孔晁注："祥，善也。"

清華一・祭公 01"敔天疾畏"，讀爲"旻天疾威"，見《詩・小雅・小旻》。又毛公鼎（《集成》02841）作"䚽(旻)天疾畏(威)"。

清華一・祭公 02"复畏"，讀爲"作威"，謂利用威權濫施刑罰。《左傳・襄公三十一年》："我聞忠善以損怨，不聞作威以防怨。"董仲舒《春秋繁露・保位權》："所好多則作福，所惡過則作威。"

清華一・祭公 11"達之甬畏"，讀爲"動之用威"。《左傳・文公七年》引《夏書》："董之用威。"

清華三・琴舞 05"畏載"，讀爲"畏忌"，謹慎。王孫誥鐘（《近出》60）："畏忌趩趩。"叔夷鎛（《集成》00285）："小心畏忌。"《儀禮・士虞禮》："小心畏忌，不惰其身。"

清華三・琴舞 06、14"畏義"，讀爲"威儀"，莊重的儀容舉止。《書・顧命》："思夫人自亂於威儀。"孔傳："有威可畏，有儀可象。"《漢書・薛宣傳》："宣爲人好威儀，進止雍容，甚可觀也。"

清華三・琴舞 11"竉畏才上"，讀爲"寵威在上"，天之寵威。《詩・大雅・大明》:"明明在下,赫赫在上。"虢叔旅鐘(《集成》00238):"皇考嚴在上,異(翼)在下。"

清華三·琴舞 13"畏天之載",《詩·大雅·文王》:"上天之載,無聲無臭。"毛傳:"載,事。"

清華三·芮良夫 02"天猶畏矣",天可畏矣。

清華三·芮良夫 03"龏天之畏",讀爲"恭天之威",恭敬上天的威嚴、上天的威怒。《書·君奭》:"我亦不敢寧于上帝命,弗永遠念天威。"

清華三·芮良夫 06"畏天之隆載",讀爲"畏天之降災"。《國語·吳語》:"畏天之不祥,不敢絕祀,許君成,以至於今。"

清華三·芮良夫 10"畏盅",讀爲"威虐"。《後漢書·杜詩傳》李注:"威,虐也。"《論衡·譴告》:"威、虐皆惡也。"

清華三·芮良夫 13"畏謵方戠",讀爲"畏襲方讎",害怕襲擊四方讎敵。

清華三·芮良夫 19"甬㞢可畏",讀爲"用皇可畏"。《逸周書·成開》"式皇敬哉"、《祭公》"汝其皇敬哉",孔晁注:"皇,大也。"

清華三·芮良夫 22"𢻹畏",讀爲"祗畏",敬畏。《書·金縢》:"用能定爾子孫于下地,四方之民,罔不祗畏。"《漢書·匡衡傳》:"陛下祗畏天戒,哀閔元元,大自減損。"

清華五·湯丘 11"閔於天畏",讀爲"關於天威",意云伐夏是由於天對夏后的懲罰。

清華五·湯丘 14"共天畏",讀爲"恭天威",參上。

清華五·三壽 09"印畏",讀爲"抑畏",克服畏懼。《書·無逸》:"厥亦惟我周太王、王季,克自抑畏。"孔傳:"言皆能以義自抑,長敬天命。"

清華六·管仲 26"瑾畏",讀爲"謹畏",謹小慎微。《新唐書·席豫傳》:"性謹畏,與子弟、屬吏書,不作草字。"

清華八·心中 05"蠱疾才畏",讀爲"苛疾在鬼",鬼使人患疾病。

清華八·心中 06"畏與天",讀爲"鬼與天",鬼神和上天。

禄

清華一·程寤 06 引(矧)又勿亡斁(秋)明武禄(威)

清華一·程寤 08 可(何)禄(褱)非彣(文)

清華八・虞夏 02 教民以又(有)⿰礻畏=(威威)之

～,从“示”,“畏”聲。

清華一・程寤 06“明武⿰礻畏”,讀爲“明武威”。《逸周書》有《大明武》《小明武》等篇。“武威”,軍事威力。《管子・版法》:“武威既明,令不再行。”《史記・秦始皇本紀》:“武威旁暢,振動四極,禽滅六王。”

清華一・程寤 08“可(何)⿰礻畏非彣(文)”之“⿰礻畏”,讀爲“褢”。《説文・衣部》:“褢,藏也。”或讀爲“懷”,懷想。或讀爲“畏”。

清華八・虞夏 02“教民以又⿰礻畏=之”,讀爲“教民以有威威之”,教百姓有敬畏,震懾他們。

⿰畏阝

清華一・楚居 01 季䜌(連)初降於⿰畏阝山

～,从“邑”,“畏”聲。

清華一・楚居 01“⿰畏阝山”,即騩山。《山海經》中有楚先世居騩山之説,《西山經・西次三經》云三危之山“又西一百九十里,曰騩山,其上多玉而無石,神耆童居之”。郭璞注:“耆童,老童,顓頊之子。”

溪紐豈聲

剴

清華五・湯丘 11 剴(豈)敢以衾(貪)嬰(舉)

～,與(上博二・魯 6)同。《説文・刀部》:“剴,大鐮也。一曰摩也。从刀,豈聲。”

清華五・湯丘 11“剴敢”,讀爲“豈敢”,猶言怎麽敢。《詩・鄭風・將仲子》:“豈敢愛之?畏我父母。”《史記・刺客列傳》:“竊聞足下義甚高,故進百金者,將用爲大人麤糲之費,得以交足下之驩,豈敢以有求望邪!”

戠

清華八·處位 07 戠（豈）能肙（怨）人

清華八·處位 11 戠（豈）或求諆（謀）

～，从"戈"，"豈"聲，"剴"字異體。

清華八·處位 07"戠能"，讀爲"豈能"，怎麼能。《列子·説符》："嚮者使汝狗白而往，黑而來，豈能無怪哉？"

清華八·處位 11"戠或求諆"，讀爲"豈又求謀"。

敱

清華六·子儀 11 敱（豈）愄（畏）不跃（足）

清華六·子儀 12 敱（豈）曰奉晉軍以相南面之事

清華六·子儀 20 敱（豈）於孫＝（子孫）若

清華七·越公 13 敱（豈）甬（庸）可智（知）自旻（得）

～，與 䖒（上博一·緇 21）同，从"攴"，"豈"聲。

清華六·子儀"敱"，讀爲"豈"，反詰副詞。《説苑·尊賢》："君不能用所輕之財，而欲使士致所重之死，豈不難乎哉？"

清華七·越公 13"敱甬"，讀爲"豈庸"，"豈""庸"同義聯用。《左傳·莊公十四年》："子儀在位，十四年矣；而謀召君者，庸非二乎？"

疑紐产聲

产

 清華二·繫年015 殜(世)乍(作)周危(衛)

～，戰國文字或作 （郭店·六德17）、 （施76）、 （施85）、 （施88）、 （施130）、 （珍秦展1），从"人"在"山"上；或作 （先秦編169），从"人"在"石"上 （珍秦297）、 （關沮209），从"人"在"厂"（岩）上，人在山、石、厂（岩）上，會高危之意；或作 （曾侯乙墓漆箱二十八宿），从"人"，"几"聲。《説文·厂部》："产，仰也，从人在厂上。一曰屋梠也。秦謂之桷，齊謂之产。"《説文·危部》："危，在高而懼也。从产，自卪止之。"

清華二·繫年015"危"，讀爲"衛"，防守，衛護。《易·大畜》："閑輿衛。"王弼注："衛，護也。""衛"，一本作"衛"。《國語·齊語》："築五鹿、中牟、蓋與、牡丘，以衛諸夏之地。"韋昭注："衛，蔽扞也。"《書·康王之誥》："一二臣衛，敢執壤奠。"孔穎達疏："言'衛'者，諸侯之在四方，皆爲天子藩衛，故曰'臣衛'。"

危

 清華六·子產03 邦危民麗(離)

 清華六·子產11 民矜上危

"危"，或作 （上博七·凡甲2）、 （上博七·凡乙2），从"厂"，"跪"聲，"危"字異體。"岙"，或作 （上博四·曹63）、 （上博五·季20）。《説文·危部》："危，在高而懼也。从产，自卪止之。凡危之屬皆从危。"

清華六·子產03"邦危民麗(離)"，《韓非子·制分》："夫國治則民安，事亂則邦危。"

清華六·子產 11"民矜上危",《荀子·正論》："下親上則上安,下畏上則上危。"

兀聲歸元部元聲

章紐隹聲

隹

清華一·尹至 01 隹(惟)尹自顗(夏)蔑(徂)白(亳)

清華一·尹至 02 隹(惟)歖(滋)盧(虐)悳(德)瘮(暴)䩵(動)

清華一·尹至 03 隹(惟)我棘(速)褐(禍)

清華一·尹誥 01 隹(惟)尹既及(及)湯

清華一·尹誥 01 亦隹(惟)氒(厥)眾

清華一·尹誥 03 今隹(惟)民遠邦逷(歸)志

清華一·程寤 01 隹(惟)王元祀貞(正)月既生朙(霸)

清華一·程寤 01 大(太)姒夢見商廷隹(惟)棶(棘)

清華一·程寤 05 隹(惟)商感才(在)周

清華一・程寤06 欲佳(惟)柏夢

 清華一・程寤07 佳(惟)杍(梓)幣不義

 清華一・程寤07 佳(惟)容内(納)梀(棘)

 清華一・保訓01 佳(惟)王五=(五十)年

 清華一・保訓06 佳(惟)允

 清華一・保訓11 日不足佳侸(宿)不羕

 清華一・耆夜11 是佳(惟)良士之逌

 清華一・耆夜13 是佳(惟)良士之思=(懼懼)

 清華一・耆夜14 是佳(惟)良士之思=(懼懼)

 清華一・金縢03 佳(惟)尔(爾)元孫發(發)也

清華一・金縢11 佳(惟)余沖(沖)人亦弗返(及)智(知)

 清華一・金縢12 佳(惟)余沖(沖)人亓(其)辟(親)逆公

清華一·皇門 01 隹（惟）正［月］庚午

清華一·皇門 01 隹（惟）莫諶（開）余嘉憝（德）之兌（說）

清華一·皇門 02 廼隹（惟）大門宗子埶（邇）臣

清華一·皇門 07 乃隹（維）訬=（汲汲）

清華一·皇門 08 隹（維）俞（愉）憝（德）用

清華一·皇門 08 乃隹（惟）不訓（順）是綑（治）

清華一·皇門 09 乃隹（維）乍（詐）區（詬）以會（答）

清華一·皇門 11 乃隹（惟）又（有）奉俟夫

清華一·皇門 13 母（毋）隹（惟）尔（爾）身之醫（閱）

清華一·祭公 02 余隹（惟）寺（時）逨（來）視

清華一·祭公 03 愳（謀）父縢（朕）疾隹（惟）不瘳

清華一·祭公 04 隹（惟）寺（時）皇上帝尾（宅）亓（其）心

清華一·祭公 05 我亦隹（惟）又（有）若且（祖）周公概（暨）且（祖）邵（召）公

 清華一·祭公 07 我亦隹（惟）又（有）若且（祖）甡（祭）公

 清華一·祭公 10 悘（謀）父朕（朕）疾隹（惟）不瘳

 清華一·祭公 10 隹（惟）周文王受之

 清華一·祭公 10 隹（惟）武王大敗（敗）之

 清華一·祭公 11 隹（惟）天奠我文王之志

 清華一·祭公 12 隹（惟）文武中大命

 清華一·祭公 13 不（丕）隹（惟）周之旁（旁）

 清華一·祭公 13 不（丕）隹（惟）句（后）稷（稷）之受命是羕（永）睗（厚）

 清華一·祭公 13 隹（惟）我遂（後）嗣

 清華一·祭公 14 不（丕）隹（惟）周之睗（厚）屏（屏）

清華一·祭公 15 不(丕)隹(惟)文武之由

清華一·祭公 18 寺(時)隹(惟)大不弔(淑)孳(哉)

清華一·祭公 19 我亦隹(惟)以慭(湛)我欳(世)

清華一·祭公 20 余隹(惟)弗记(起)緐(朕)疾□

清華一·楚居 01 女曰比(妣)隹

清華三·說命上 01 隹(惟)殹(殷)王賜敓(說)于天

清華三·說命上 01 隹(惟)弨(弼)人旻(得)敓(說)于尃(傅)厰(巖)

清華三·說命上 03 隹(惟)帝以余畀尔

清華三·說命上 06 亓(其)隹(惟)敓(說)邑

清華三·說命上 06 是隹(惟)員(圓)土

清華三·說命中 01 女(汝)速(來)隹(惟)帝命

清華三・説命中 02 甬(用)隹(惟)女(汝)复(作)礪(礪)

 清華三・説命中 03 隹(惟)庶㭒(相)之力尭(勝)

 清華三・説命中 04 隹(惟)乃复(腹)

 清華三・説命中 05 女(汝)隹(惟)孳(茲)敓(説)砥(底)之于乃心

 清華三・説命中 06 心毀隹(惟)備

 清華三・説命中 06 用隹(惟)多惪(德)

 清華三・説命中 06 复(且)隹(惟)口记(起)戎出好

 清華三・説命中 06 隹(惟)戋(干)戈复(作)疾

 清華三・説命中 07 隹(惟)衺(哀)㦻(載)悘(病)

 清華三・説命中 07 隹(惟)戋(干)戈生(眚)氒(厥)身

 清華三・説命下 02 余隹(惟)命女(汝)敓(説)韲(融)朕命

 清華三・説命下 04 不隹(惟)鷹(鷹)唯(隼)

清華三·說命下 05 女(汝)隹(惟)又(有)萬壽才(在)乃政

清華三·說命下 05 女(汝)亦隹(惟)克鼎(顯)天

清華三·說命下 06 女(汝)亦隹(惟)又(有)萬福鄴=(業業)才(在)乃備(服)

清華三·說命下 08 隹(惟)寺(時)大戊盍(謙)曰

清華三·說命下 09 弋(式)隹(惟)參(三)悳(德)賜我

清華三·說命下 09 余隹(惟)弗迲(雍)天之叚(嘏)命

清華三·琴舞 01 亯(享)隹(惟)滔(慆)帀

清華三·琴舞 01 考(孝)隹(惟)型帀

清華三·琴舞 02 天隹(惟)鼎(顯)帀

清華三·琴舞 05 悳(德)元隹(惟)可(何)

清華三·琴舞 06 才(在)言隹(惟)克

清華三·琴舞08 是隹(惟)尾(宅)

 清華三·琴舞10 廼是(禔)隹(惟)民

 清華三·琴舞10 隹(惟)克少(小)心

 清華三·琴舞12 寺(持)隹(惟)文人之䒂(若)

 清華三·琴舞12 不遾(失)隹(惟)同

 清華三·琴舞16 純隹(惟)敬帀

 清華三·琴舞16 隹(惟)福思甬(庸)

 清華三·琴舞17 黃句(耇)隹(惟)程(盈)

 清華三·芮良夫11 怣(謀)猷隹(惟)戒

 清華三·芮良夫17 凡隹(惟)君子

清華三·芮良夫21 此隹(惟)天所建

清華三·芮良夫21 隹(惟)四方所䚋(祇)畏

清華三·芮良夫 24 𦐇(朕)隹(惟)𣶒(沖)人

清華三·赤鵠 10 尔隹(惟)䚈

清華三·芮良夫 08 而隹(惟)啻(帝)爲王

清華五·厚父 02 啓隹(惟)后

清華五·厚父 03 隹(惟)天乃永保頡(夏)邑

清華五·厚父 04 以庶民隹(惟)政(政)之觀(恭)

清華五·厚父 04 隹(惟)女(如)匋(台)

清華五·厚父 05 隹(惟)曰其勮(助)上帝䛒(亂)下民

清華五·厚父 07 隹(惟)寺(時)下民唯帝之子

清華五·厚父 09 隹(惟)女(如)匋(台)

清華五·厚父 10 隹(惟)所役之司民

清華五·厚父 10 亦隹(惟)歔(禍)之卣(攸)及

清華五・厚父 10 隹（惟）司民之所取

 清華五・厚父 11 曰民心隹（惟）本

 清華五・厚父 11 氒（厥）俊（作）隹（惟）枼（葉）

 清華五・厚父 12 迺是隹（惟）人

 清華五・厚父 13 民曰隹（惟）酉（酒）甬（用）襐（肆）祀

 清華五・厚父 13 亦隹（惟）酉（酒）甬（用）庚（康）樂

 清華五・厚父 13 亦隹（惟）酉（酒）甬（用）亙（恆）痽（狂）

 清華五・厚父 13 隹（惟）神之卿（饗）

 清華五・厚父 13 民亦隹（惟）酉（酒）甬（用）歊（敗）鬼（威）義（儀）

 清華五・封許 02 則隹（惟）女（汝）呂丁

 清華五・封許 03 亦隹（惟）女（汝）呂丁

清華五·封許05 女(汝)隹(惟)墪(臧)耆尔猷

清華五·封許08 女(汝)亦隹(惟)臮(淑)章尔慮(慮)

清華五·三壽27 則隹(唯)小心異=(翼翼)

清華五·湯丘11 朕隹(惟)逆訓(順)是煮(圖)

清華五·帝門20 此隹(惟)事首

清華五·帝門21 亦隹(惟)天道

清華六·管仲08 隹(惟)邦之窑(寶)

清華七·越公43 隹(唯)訐(信)是迡(趣)

清華七·越公44 隹(唯)彶(勼)、莟(落)是戠(察)睛(省)

清華七·越公48 王則隹(唯)彶(勼)、莟(落)是徹(趣)

清華七·越公51 隹(唯)多兵

清華八·攝命05 母(毋)閟(毖)于乃隹(唯)沖(沖)子少(小)子

清華八·攝命05 女佳(唯)壅(衛)事壅(衛)命

 清華八·攝命05 女佳(唯)沓(沖)子少(小)子

 清華八·攝命08 女(汝)佳(唯)言之司

 清華八·攝命08 佳(唯)言乃事

 清華八·攝命09 佳(雖)民卣(攸)殹(協)弗䛑(恭)其魯(旅)

 清華八·攝命12 乃佳(唯)誈(望)亡毇(逢)

 清華八·攝命13 言佳(唯)明

 清華八·攝命13 其亦佳(唯)

 清華八·攝命14 乃亦佳(唯)肇愳(謀)

 清華八·攝命14 是佳(唯)君子秉心

 清華八·攝命14 是女(汝)則佳(唯)肇悽(咨)弻羕

清華八·攝命15 女(汝)則亦佳(唯)肇不(丕)子不學

清華八·攝命 15 女(汝)有隹(唯)盜(沖)子

清華八·攝命 16 鮮隹(唯)楚(胥)台(以)夙(夙)夕敬(敬)

清華八·攝命 17 鮮隹(唯)楚(胥)學于威義(儀)遠(德)

清華八·攝命 17 余辟相隹(唯)卸(御)事

清華八·攝命 18 引(矧)女(汝)隹(唯)子

清華八·攝命 19 乃智(知)隹(唯)子不隹(唯)之頌(庸)

清華八·攝命 19 乃智(知)隹(唯)子不隹(唯)之頌(庸)

清華八·攝命 19 隹(唯)龏(恭)威義(儀)

清華八·攝命 20 隹(唯)人乃亦無智(知)亡䁈(聞)于民若否

清華八·攝命 20 乃身卻(茲)隹(唯)明隹(唯)盪(寅)

清華八·攝命 20 乃身卻(茲)隹(唯)明隹(唯)盪(寅)

清華八·攝命 21 女(汝)隹(唯)盜(沖)子

清華八·攝命 21 乃服隹(唯)鹽(寅)

清華八·攝命 22 寺(時)隹(唯)子乃弗受䍌(幣)

清華八·攝命 23 廼隹(唯)惪(德)亯(享)

清華八·攝命 24 隹(唯)余其卬

清華八·攝命 26 我少(小)人隹(唯)由

清華八·攝命 28 亦則隹(唯)肇(肇)不誖(咨)逆所(許)朕命

清華八·攝命 28 隹(唯)我鮮

清華八·攝命 28 隹(唯)朕□□□鑯(箴)教女(汝)

清華八·攝命 29 余隹(唯)亦羿(功)乍(作)女(汝)

清華八·攝命 29 余亦隹(唯)誻毀兌(說)女(汝)

清華八·攝命 29 有女(汝)隹(唯)沓(沖)子

清華八·攝命 29 余亦隹(唯)肇(肇)敨(者)女(汝)惪(德)行

清華八·攝命 30 隹（唯）穀（穀）罘非穀（穀）

清華八·攝命 32 隹（唯）九月既望壬申

清華八·邦道 02 隹（唯）道之所才（在）

清華八·邦道 19 隹（雖）阱（踐）立（位）豐录（禄）

清華八·八氣 07 木曰隹（唯）從母（毋）柫（拂）

清華八·八氣 07 火曰隹（唯）啻（適）母（毋）懫（違）

清華八·八氣 07 金曰隹（唯）䤼（斷）母（毋）紉

清華八·八氣 07 水曰隹（唯）攸母（毋）㞢（止）

清華八·八氣 07 土曰隹（唯）定母（毋）困

《説文·隹部》："隹，鳥之短尾總名也。象形。"

清華一·尹誥 01 "隹（惟）尹既及（及）湯"，《禮記·緇衣》："《尹吉》曰：'惟尹躬及湯咸有壹德。'"郭店簡《緇衣》："《尹哉（誥）》員（云）：'隹（惟）尹允及湯咸又（有）一惪（德）。'"

清華一·尹誥 01 "亦隹乇衆"，讀爲"亦惟厥衆"，意謂夏敗也是其民衆促成。

清華一·尹誥 03 "今隹"，讀爲"今惟"，起首的文句。《書·酒誥》："今惟殷墜厥命，我其可不大監撫于時！"《多士》："今惟我周王丕靈承帝事。"

清華一•程寤01"隹王元祀貞（正）月既生朗（霸）"，《書•伊訓》："惟元祀，十有二月，乙丑。"陸德明《釋文》："祀，年也。夏曰歲，商曰祀，周曰年。"《逸周書•柔武》："維王元祀一月，既生魄。"

清華一•保訓06"隹允"，讀爲"惟允"。《書•舜典》："夙夜出納朕命，惟允。"《逸周書•大匡》："惟允惟讓。"《爾雅•釋詁》："允，信也。"

清華一•耆夜13、14"是隹良士之思="，讀爲"是惟良士之懼懼"。《詩•唐風•蟋蟀》作"良士瞿瞿"。

清華一•金縢03"隹（惟）尔（爾）元孫發（發）也"，今本《書•金縢》作"惟爾元孫某"。

清華一•金縢11"隹（惟）余沖（沖）人亦弗返（及）智（知）"，今本《書•金縢》作"惟予沖人弗及知"。

清華一•金縢12"隹（惟）余沖（沖）人亓（其）辟（親）逆公"，今本《書•金縢》作"惟朕小子其新逆"。

清華一•皇門01"隹（惟）正［月］庚午"，今本《逸周書•皇門》作"維正月庚午"。

清華一•皇門08"隹（維）俞（媮）悳（德）用"，今本《逸周書•皇門》作"維德是用"。

清華一•皇門08"乃隹（惟）不訓（順）是紻（治）"，今本《逸周書•皇門》作"乃惟不順之言于是。"

清華一•皇門09"乃隹（維）乍（詐）區（詬）以倉（答）"，今本《逸周書•皇門》作"維作誣以對"。

清華一•皇門11"乃隹（惟）又（有）奉俟夫"，今本《逸周書•皇門》作"乃維有奉狂夫"。

清華一•祭公03、10"愯（謀）父縢（朕）疾隹（惟）不瘳"，今本《逸周書•祭公》作"謀父疾維不瘳。"

清華一•祭公04"隹（惟）寺（時）皇上帝厇（宅）亓（其）心"，今本《逸周書•祭公》作"維皇皇上帝度其心"。

清華一•祭公05"我亦隹（惟）又（有）若且（祖）周公概（暨）且（祖）卲（召）公"，今本《逸周書•祭公》作"我亦維有若文祖周公暨列祖召公"。

清華一•祭公07"我亦隹（惟）又（有）若且（祖）䏽（祭）公"，今本《逸周書•祭公》作"我亦維有若祖祭公之執和周國"。

清華一•祭公10"隹（惟）周文王受之"，今本《逸周書•祭公》作"維文王受之"。

清華一·祭公 10"隹（惟）武王大敗（敗）之"，今本《逸周書·祭公》作"維武王大煝之"。

清華一·祭公 11"隹（惟）天奠我文王之志"，今本《逸周書·祭公》作"維天貞文王之重用威"。

清華一·祭公 12"隹（惟）文武中大命"，今本《逸周書·祭公》作"維武王申大命"。

清華一·祭公 13"不（丕）隹（惟）周之旁（旁）"，今本《逸周書·祭公》作"丕維周之基"。

清華一·祭公 13"不（丕）隹（惟）句（后）稷（稷）之受命是業（永）舄（厚）"，今本《逸周書·祭公》作"丕維后稷之受命"。

清華一·祭公 13"隹（惟）我遂（後）嗣"，今本《逸周書·祭公》作"維我後嗣"。

清華一·祭公 14"不（丕）隹（惟）周之舄（厚）芊（屏）"，今本《逸周書·祭公》作"丕維周之始并"。

清華一·祭公 15"不（丕）隹（惟）文武之由"，今本《逸周書·祭公》作"丕維文王由之"。

清華一·祭公 18"寺（時）隹（惟）大不弔（淑）孳（哉）"，今本《逸周書·祭公》作"時維大不弔哉"。

清華一·祭公 20"余隹（惟）弗记（起）縈（朕）疾□"，今本《逸周書·祭公》作"予維不起朕疾"。

清華一·楚居 01"比隹"，讀爲"妣隹"，人名。

清華三·說命中 02"甬隹女复礪"，讀爲"用惟汝作礪"。《國語·楚語上》作"若金，用汝作礪"。

清華三·說命中 06"心毀隹備"之"隹"，讀爲"惟"，謀。

清華三·說命中 06"复隹口记戎出好"，讀爲"且惟口起戎出好"。《禮記·緇衣》引《說命》作："惟口起羞，惟甲冑起兵，惟衣裳在笥，惟干戈省厥躬。"《墨子·尚同中》："是以先王之書《術令》之道曰：'唯口出好興戎。'"

清華三·說命中 06"隹戎戈复疾"，讀爲"惟干戈作疾"。《禮記·緇衣》引《說命》作："惟甲冑起兵。"

清華三·說命中 07"隹衺戠悥"，讀爲"惟哀載病"。《禮記·緇衣》引《說命》作："惟衣裳在笥。"

清華三·說命中 07"隹戎戈生氒身"，讀爲"惟干戈眚厥身"。《禮記·緇衣》引《説命》作:"惟干戈省厥躬。"

清華三·琴舞02"天佳㬎帀",讀爲"天惟顯帀"。今本《詩·周頌·敬之》:"天惟顯思。"

清華三·琴舞16"佳福思甬",讀爲"惟福思庸"。"惟""思"皆語詞。用,疑讀爲庸,訓大。

清華五·厚父02"啓佳后",讀爲"啓惟后"。《廣雅·釋詁四》:"惟,詞也。"句中助詞。用法與《書·皋陶謨》"百工惟時"相近。此類用法也寫作"維"。

清華五·厚父04"以庶民政之觀",讀爲"以庶民惟政之恭",句式和《書·無逸》"以庶邦惟正之供"相同。

清華五·厚父05"佳曰其勔上帝䠶下民",讀爲"惟曰其助上帝亂下民"。《孟子·梁惠王下》:"《書》曰:'天降下民,作之君,作之師,惟曰其助上帝寵之。'"

清華五·厚父11"民心佳本",讀爲"民心惟本",人心像樹根。

清華五·厚父12"佳人",讀爲"惟人",典籍或作"維人"。《詩·周頌·雝》:"宣哲維人,文武維后。"鄭箋:"宣,徧也。嘉哉皇考,斥文王也。文王之德,乃安我孝子,謂受命定其基業也。又徧使天下之人有才知,以文德武功爲之君故。"

清華五·封許05、08"女佳",讀爲"汝惟"。《書·康誥》:"汝惟小子,乃服惟弘王應保殷民,亦惟助王宅天命,作新民。"

清華五·湯丘11,清華七·越公43、44、48"唯……是……"句式,表示賓語前置。

清華八·攝命20"佳明佳䚈",讀爲"唯明唯寅"。句法同於《詩·小雅·斯干》"維熊維羆,維虺維蛇"。

清華八·攝命05、15、21、29"女佳沖子",讀爲"汝唯沖子"。見《書·洛誥》:"汝惟沖子,惟終。"

清華八·邦道19"佳",讀爲"雖",即使,連詞,表示假設關係,相當於"縱然""即使"。

其餘"佳",讀爲"惟""唯",發語詞。《論語·述而》:"與其進也,不與其退也。唯何甚!"《漢書·張良傳》:"今乃立六國後,唯無復立者,游士各歸事其主,從親戚,反故舊,陛下誰與取天下乎?"顏師古注:"唯,發語之辭。"

唯

清華三·說命下 04 不佳（惟）鷹（鷹）唯（隼）

清華五·湯丘 10 唯（雖）臣死而或（又）生

清華五·湯丘 11 唯（雖）余孤之與卡=（上下）交

清華五·厚門 06 唯皮（彼）五味之燹（氣）

清華五·厚門 11 唯皮（彼）四神

清華五·厚門 14 唯（雖）成或澀（瀆）

清華五·厚門 18 唯皮（彼）九神

清華五·厚門 20 唯皮（彼）九神

清華五·厚門 21 唯古先=（之先）帝之良言

清華六·管仲 26 受命唯（雖）綌（約）

清華六·管仲 29 唯（雖）齊邦區=（區區）

清華六·子儀13 亦唯咎（舅）之古（故）

　清華五·三壽28 唯（雖）侌（陰）或（又）明

　清華七·越公12 唯皮（彼）鷄（雞）父之遠劀（荆）

　清華七·越公74 唯王所安

　清華八·處位01 君唯聳痊（狂）

　清華八·處位02 人甬（用）唯遇利

　清華八·處位02 唯濬（浚）良人能敳（造）御柔

　清華八·邦道03 唯（雖）貧以俴（賤）

　清華八·邦道08 唯上之流是從

　清華八·邦道11 唯皮（彼）瀀（廢）民之不墬（循）教者

　清華八·心中03 不唯愸（謀）而不尾（度）虖（乎）

～，與、同。《説文·口部》：

· 2622 ·

"唯,諾也。从口,隹聲。"

清華三·說命下 04"不佳(惟)鷹(鷹)唯(隼)"之"唯",讀爲"雛",《說文》或體作"隼"。或說"唯"仍如字連下讀,參看《書·立政》:"桀德惟乃弗作往任。"或讀爲"椎"。《說文·木部》:"椎,擊也。"(白於藍)

清華五·厚門 14"唯成或溼",讀爲"雖成或瀆"。雖成有瀆言以惡德行事,雖有所成終歸敗亂,與上文美德保成相對應。

清華八·邦道 08"唯上之流是從",即從上流。"唯……是……"句式,表示賓語前置。

清華五·湯丘 10、11,清華六·管仲 26、28、29,清華八·邦道 03"唯",讀爲"雖",即使,連詞,表示假設關係。《禮記·少儀》:"侍坐於君子。君子欠伸,運笏,澤劍首,還屨,問日之蚤莫,雖請退可也。"孔穎達疏:"雖,假令也。"

惟

清華三·說命上 03 鵑(腕)肩女(如)惟(椎)

清華三·芮良夫 20 覤(研)憝(甄)嘉惟

清華三·芮良夫 26 而鮮可與惟

清華五·湯丘 04 方惟嚻(聞)之乃緘(箴)

清華五·湯丘 09 方惟曰:善才(哉)

清華八·虞夏 02 乍(作)樂《卿(韶)》《雥〈隻〉(濩)》

~,與 ᇂ(上博五·鬼 7)、ᇂ(上博六·用 6)同。《說文·心部》:"惟,凡思也。从心,隹聲。"

清華三·説命上03"鵑肩女惟",讀爲"腕肩如椎"。腕、肩連在一起像椎,形容背脊弓曲。《荀子·非相》:"傅説之狀,身如植鰭。"王先謙《集解》引郝懿行曰:"鰭在魚之背,立而上見,駝背之人似之。然則傅説亦背僂歟?""植鰭",豎起的魚鰭。形容人枯瘦,背脊弓曲貌。

清華三·芮良夫20、26"惟",《爾雅·釋詁》:"惟,謀也。"邢昺疏:"惟者,思謀也。"

清華五·湯丘04、09"方惟",湯臣名,即《墨子·貴義》的彭氏之子。

清華八·虞夏02"《綤》《隻》",文獻中作"韶""濩",又作"韶護""韶護",湯樂名。《左傳·襄公二十九年》"見舞《韶》《濩》者",杜預注:"殷湯樂。"孔穎達疏:"以其防濩下民,故稱濩也……韶亦紹也,言其能紹繼大禹也。"疑"隻"爲"隻"之訛。

維

 清華一·祭公21 維我周又(有)常(常)型(刑)

《説文·糸部》:"維,車蓋維也。从糸,隹聲。"

清華一·祭公21"維",助詞,用於句首或句中。《易·解》:"君子維有解。"孔穎達疏:"維,辭也。"《詩·小雅·六月》:"維此六月,既成我服。"

蜼

 清華六·子産28 蜼(惟)能智(知)亓(其)身

～,从"虫","隹"聲。
清華六·子産28"蜼",讀爲"惟",發語詞。

蠵

 清華四·筮法39 乃蠵(惟)兇之所集於四立(位)是視

～,从"虫","唯"聲。
清華四·筮法39"蠵",讀爲"惟",發語詞。

糳

 清華七·越公55 糳（唯）立（位）之宋（次）尻、備（服）袾（飾）、群勿（物）品采之侃（愆）于者（故）棠（常）

～，从"米"，"隹"聲。金文"糳""糳"及其異體如：（《集成》04628.1，伯公父盨）、（《集成》04628.2，伯公父盨）、（《銘圖》04989，伯句簋）、（《集成》04627，彌仲盨）、（《新收》41，曾叀叔父盨）、（《銘圖》05100，伯紳簋）、（《集成》05431，高卣）。

清華七·越公55"糳"，疑讀爲"唯"，發語詞。或釋"糈"。簡文"糳立"即文獻中"爵位"一詞（如《禮記·禮運》"頒爵位"），是指封爵、爵位。（王凱博）或讀爲"集"。（劉釗）《爾雅·釋言》："集，會也。"簡文"集立"，猶言會立也。（袁金平）

隼（雛）

 清華六·子儀08 余隼（誰）思（使）于告之

 清華六·子儀09 余隼（誰）思（使）于脅之

～，與安大簡 （安大一089）、 （安大一090）、 （安大一091）同。《說文·鳥部》："雛，祝鳩也。从鳥，隹聲。 ，雛或从隹、一。一曰鶉字。"

清華六·子儀08、09"隼"，讀爲"誰"，疑問代詞，相當於"何""什麽"。《墨子·耕柱》："子墨子曰：'我將上大行，駕驥與羊，子將誰敺？'耕柱子曰：'將敺驥也。'"

端紐自聲

自

清華二・繫年 004 戎乃大敗(敗)周自(師)于千畝(畝)

清華二・繫年 006 幽王起自(師)

清華二・繫年 009 立之于京自(師)

清華二・繫年 010 晉人女(焉)訇(始)啓于京自(師)

清華二・繫年 034 秦公銜(率)自(師)与(與)惠公戬(戰)于赨(韓)

清華二・繫年 038 秦人记(起)自(師)以內文公于晉

清華二・繫年 042 乃及秦自(師)回(圍)曹及五麋(鹿)

清華二・繫年 043 命(令)尹子玉述(遂)銜(率)奠(鄭)、墅(衛)、陳、郄(蔡)及群緣(蠻)尼(夷)之自(師)

清華二・繫年 044 文公銜(率)秦、齊、宋及群戎之自(師)

于嶀（崤）

清華二・繫年 044 以敗（敗）楚㠯（師）於城僕（濮）

清華二・繫年 046 秦㠯（師）牆（將）東襡（襲）奠（鄭）

清華二・繫年 048 襄公新（親）衒（率）㠯（師）御（禦）秦㠯（師）

清華二・繫年 048 秦㠯（師）

清華二・繫年 054 秦康公衒（率）㠯（師）以遷（送）癰（雍）子

清華二・繫年 054 晉人记（起）㠯（師）

清華二・繫年 055 衒（率）㠯（師）爲河曲之戩（戰）

清華二・繫年 059 臧（莊）王衒（率）㠯（師）回（圍）宋九月

清華二・繫年 062 楚㠯（師）未還

清華二・繫年 063 晉中行林父衒（率）㠯（師）戏（救）奠（鄭）

清華二・繫年 065 楚人被軍（駕）以㠯（追）之

清華二・繫年065 述(遂)敗晉𠂤(師)于河

 清華二・繫年066 陵(隨)會衒(率)𠂤(師)

 清華二・繫年069 衒(率)𠂤(師)以會于幽(斷)𡎸(道)

 清華二・繫年071 郇(駒)之克衒(率)𠂤(師)救(救)魯

 清華二・繫年071 敗(敗)齊𠂤(師)于磊(靡)开(笄)

 清華二・繫年075 臧(莊)王衒(率)𠂤(師)回(圍)陳

 清華二・繫年075 王命繡(申)公屈晉(巫)迠(適)秦求𠂤(師)

 清華二・繫年075 旻(得)𠂤(師)以至(來)

 清華二・繫年082 以敗楚𠂤(師)

 清華二・繫年083 以敗(敗)楚𠂤(師)于白(柏)𡎸(舉)

 清華二・繫年085 爲㳄(沈)之𠂤(師)

 清華二・繫年089 衒(率)𠂤(師)會者(諸)侯以伐秦

清華二·繫年 090 郙（共）王亦衒（率）𠂤（師）回（圍）奠（鄭）

清華二·繫年 090 敓（敗）楚𠂤（師）於隟（鄢）

清華二·繫年 091 𠂤（師）造於方城

清華二·繫年 092 齊高厚自𠂤（師）逃歸（歸）

清華二·繫年 092 坪（平）公衒（率）𠂤（師）會者（諸）侯

清華二·繫年 092 爲坪（平）侌（陰）之𠂤（師）以回（圍）齊

清華二·繫年 093 齊臧（莊）公光衒（率）𠂤（師）以逐鄉（㪙）𨛬

（盈）

清華二·繫年 094 以返（復）坪（平）侌（陰）之𠂤（師）

清華二·繫年 094 坪（平）公衒（率）𠂤（師）會者（諸）侯

清華二·繫年 095 以返（復）朝訶（歌）之𠂤（師）

清華二·繫年 101 晉𠂤（師）大疫虘（且）飢

之自（師）

（救）楚

清華二·繫年 102 楚卲（昭）王戠（侵）尹（伊）、洛以返（復）方城

清華二·繫年 105 秦異公命子甫（蒲）、子虎衒（率）自（師）救

句伐齊

清華二·繫年 105 與楚自（師）會伐陽（唐）

清華二·繫年 107 吳縵（洩）用（庸）以自（師）逆郙（蔡）卲（昭）侯

清華二·繫年 112 灼（趙）狗衒（率）自（師）與戉（越）公株（朱）

清華二·繫年 113 晉自（師）閈（門）長城句俞之門

清華二·繫年 113 戉（越）公、宋公歔（敗）齊自（師）于襄坪（平）

清華二·繫年 115 王命莫囂（敖）易爲衒（率）自（師）以定公室

清華二·繫年 115 衒（率）自（師）回（圍）黃池

清華二·繫年 116 王命莫囂（敖）易爲衒（率）自（師）戠（侵）晉

清華二·繫年 116 以返（復）黃池之自（師）

清華二·繫年 117 衒(率)𠂤(師)救(救)赤壄

清華二·繫年 117 與晉𠂤(師)戬(戰)於長城

清華二·繫年 117 楚𠂤(師)亡工(功)

清華二·繫年 120 衒(率)𠂤(師)與戉(越)公翳(翳)伐齊

清華二·繫年 121 晉㝬(魏)文侯䛊(斯)從晉𠂤(師)

清華二·繫年 122 晉師大貶(敗)齊𠂤(師)

清華二·繫年 122 齊𠂤(師)北

清華二·繫年 122 晉𠂤(師)迡(逐)之

清華二·繫年 127 秦人敗(敗)晉𠂤(師)於茖(洛)佥(陰)

清華二·繫年 128 犢閒(關)之𠂤(師)

清華二·繫年 128 上或(國)之𠂤(師)

清華二·繫年 128 楚𠂤(師)亡工(功)

清華二・繫年 129 晉自（師）

  清華二・繫年 129 奠（鄭）自（師）

  清華二・繫年 129 遴（魯）昜公衒（率）自（師）以迲晉人

 清華二・繫年 130 郎臧（莊）坪（平）君衒（率）自（師）戠（侵）奠（鄭）

清華二・繫年 130 衒（率）自（師）以迲楚人

  清華二・繫年 130 奠（鄭）自（師）逃内（入）於蔑

  清華二・繫年 131 楚自（師）回（圍）之於鄥

清華二・繫年 131 聿（盡）逾奠（鄭）自（師）與亓（其）四遞（將）軍

清華二・繫年 133 王命坪（平）亦（夜）悼武君衒（率）自（師）戠（侵）晉

  清華二・繫年 133 以返（復）長陵之自（師）

  清華二・繫年 134 衒（率）自（師）回（圍）武煬（陽）

清華二·繫年134 以返（復）郚（邵）之㠯（師）

清華二·繫年134 遴（魯）昜公衎（率）㠯（師）救（救）武昜（陽）

清華二·繫年134 與晉㠯（師）戰（戰）於武昜（陽）之城下

清華二·繫年135 楚㠯（師）大敗

清華二·繫年136 楚㠯（師）酒（將）救（救）武昜（陽）

清華二·繫年137 王命坪（平）亦（夜）悼武君㟈（使）人於齊陳

淏求㠯（師）

清華二·繫年137 以從楚㠯（師）於武昜（陽）

清華二·繫年138 齊㠯（師）至喦

《説文·㠯部》："㠯，小㠯也。象形。凡㠯之屬皆从㠯。"

清華二·繫年004"周㠯"，讀爲"周師"，周朝的軍隊。

清華二·繫年"起㠯"，讀爲"起師"，發兵，出兵。《左傳·僖公二年》："宫之奇諫，不聽，遂起師。"《左傳·昭公二十六年》："王起師于滑。"杜預注："起，發也。"

清華二·繫年009、010"京㠯"，讀爲"京師"。《詩·大雅·公劉》："京師之野，于時處處。"馬瑞辰《通釋》："京乃豳國之地名……吴斗南曰：'京者，地名；師者，都邑之稱，如洛邑亦稱洛師之類。'其説是也。""京師"之稱始此。後世因以泛稱國都。《公羊傳·桓公九年》："京師者何？天子之居也。"此處當指宗周。

清華二·繫年 065"𠂤",讀爲"追",追逐,追趕。《左傳·襄公二十三年》:"趙勝帥東陽之師以追之,獲晏氂。"

清華二·繫年 129、130、131"奠𠂤",讀爲"鄭師",鄭國的軍隊。

清華二·繫年"銜𠂤",讀爲"率師",率領軍隊。

清華二·繫年"秦𠂤",讀爲"秦師",秦國的軍隊。

清華二·繫年"𠂤",讀爲"師",軍隊。

清華二·繫年"楚𠂤",讀爲"楚師",楚國的軍隊。

清華二·繫年"晉𠂤",讀爲"晉師",晉國的軍隊。

清華二·繫年"齊𠂤",讀爲"齊師",齊國的軍隊。

峕

清華二·繫年 017 乃峕(追)念頵(夏)商之亡由

清華二·繫年 019 赤鄱(翟)王峕虐记(起)峕(師)伐墾(衛)

清華二·繫年 019 大千秋万岁散(敗)墾(衛)峕(師)於巭

清華二·繫年 025 文王记(起)峕(師)伐賽(息)

清華二·繫年 028 起峕(師)伐賽(息)

清華二·繫年 047 秦峕(師)乃返(復)

～,即"𠂤"字異體。"屮"乃贅加飾筆。

清華二·繫年 017"峕念",讀爲"追念",回憶,回想。《左傳·成公十三年》:"復脩舊德,以追念前勳。"《漢書·淮南厲王劉長傳》:"追念皋過,恐懼,伏地待誅不敢起。"

清華二·繫年019"衛帀",即"衛師",衛國的軍隊。
清華二·繫年019、025、028"记帀",即"起師",發兵,出兵。參上。
清華二·繫年047"秦帀",即"秦師",秦國的軍隊。

追

清華一·保訓08 廼(乃)追(歸)中于河

清華六·子儀09 矰追而稯(集)之

《說文·辵部》:"追,逐也。从辵,𠂤聲。"

清華一·保訓08"追",讀爲"歸",與上文的"假"相對。《孟子·盡心上》:"久假而不歸,惡知其非有也。"《淮南子·繆稱》:"生所假也,死所歸也。"

清華六·子儀09"追",尋求。《韓非子·外儲說右上》:"臧獲之所願託其足於驥者,以驥之可以追利辟害也。"簡文"矰追",即追矰,尋求繫有生絲繩的箭。"矰追而集之",把尋求來的繫有生絲繩的箭聚集在一起。

歸(歸)

清華二·繫年046 秦之戍人史(使)人歸(歸)告曰

清華二·繫年048 囟(使)歸(歸)求成

清華二·繫年054 左行瘍(蔑)、陾(隨)會不敢歸(歸)

清華二·繫年069 乃先歸(歸)

清華二·繫年069 乃逃歸(歸)

清華二·繫年 070 郘（駒）之克乃敦（執）南章（郭）子、鄩（蔡）子、安（晏）子以歸（歸）

清華二·繫年 081 亓（其）子五（伍）員與五（伍）之雞逃歸（歸）吳

清華二·繫年 083 卲（昭）王歸（歸）隓（隨）

清華二·繫年 084 吳王盍（闔）虜（盧）乃歸（歸）

清華二·繫年 086 囟（使）歸（歸）求成

清華二·繫年 092 齊高厚自自（師）逃歸（歸）

清華二·繫年 131 以歸（歸）於鄆

清華二·繫年 132 楚人歸（歸）奠（鄭）之四牆（將）軍與亓（其）萬民於奠（鄭）

清華二·繫年 133 戠（止）鄩公涉綱以歸（歸）

清華二·繫年 106 自歸（歸）於吳

～，從"帚""𠂤（自）"，"歸"字異體。《說文·止部》"歸，女嫁也，從止、婦省，𠂤聲。𡣈，籀文省。"

清華二·繫年 046"歸告",即"歸告",回報。孔光《丞相遣郡國計吏敕》:"詔書殿下,禁吏無苛暴,丞長史歸告二千石。"

清華二·繫年 048、086"囟歸求成",讀爲"使歸求成"。《左傳·文公十四年》:"初,鬭克因于秦,秦有殽之敗,而使歸求成。"

清華二·繫年 054、069、084、106"歸",即"歸",返回。《左傳·成公二年》:"晉師歸,范文子後入。"

清華二·繫年 069、081、092"逃歸",即"逃歸",逃逐,逃回。《春秋·僖公五年》:"秋八月,諸侯盟于首止,鄭伯逃歸不盟。"

清華二·繫年 083"歸",即"歸",歸附。

清華二·繫年 070、131、133"以歸",即"以歸",而返回。《左傳·桓公四年》:"冬,王師、秦師圍魏,執芮伯以歸。"

清華二·繫年 132"歸",即"歸",歸還。《春秋·定公十年》:"齊人來歸鄆、讙、龜陰之田。"《孟子·盡心上》:"久假而不歸,惡知其非有也。"

歸

清華二·繫年 003 乃歸束(厲)王于敔(彘)

清華二·繫年 003 龏(共)白(伯)和歸于宋〈宗〉

清華二·繫年 023 賽(息)爲(媯)牆(將)歸于賽(息)

清華二·繫年 026 䞴(獲)哀侯以歸

清華二·繫年 029 取賽(息)爲(媯)以歸

清華二·繫年 035 戠(止)惠公以歸

清華二·繫年037 襄(懷)公自秦逃歸

　清華二·繫年040 戠(止)繡(申)公子義(儀)以歸

　清華二·繫年042 楚王豫(舍)回(圍)歸

　清華二·繫年061 奠(鄭)成公自釐(厲)逃歸

　清華二·繫年115 達迴而歸之於楚

～，從"歸""止"，"歸"字異體。

清華二·繫年003"歸"，《周禮·春官·大宗伯》注："不反之稱。"

清華二·繫年003"龏(共)白(伯)和歸于宋〈宗〉"，《經典釋文》引《莊子·讓王》司馬彪注云："十四年，大旱屋焚，卜于太陽，兆曰厲王爲祟，召公乃立宣王，共伯復歸於宗，逍遙得意共山之首。"《莊子·讓王》成玄英疏："共伯退歸，還食本邑。"

清華二·繫年023"賽爲酒歸于賽"，讀爲"息嬀將歸于息"。《左傳·莊公十年》："息嬀將歸，過蔡。""歸"，指女子出嫁。《易·漸》："女歸，吉。"孔穎達疏："女人……以夫爲家，故謂嫁曰歸也。"

清華二·繫年026、029、035、040"以歸"。參上。

清華二·繫年037、061"逃歸"，逃逐，逃回。參上。

清華二·繫年042"歸"，返回。

清華二·繫年115"歸之於楚"，把楚國的勢力逼出中原，趕回楚地。

䢜

　清華二·繫年086 競(景)公以䢜(歸)

～，从"歸""辵"，"歸"字異體。

清華二·繫年086"以𨒌"，即"以歸"。參上。

逞

清華一·尹誥03 今隹（惟）民遠邦逞（歸）志

清華一·金縢05 我乃以璧與珪逞（歸）

清華五·湯丘04 逞（歸）必夜

清華五·湯丘05 逞（歸）必夜

清華五·三壽23 瘇（診）頿（夏）之逞（歸）商

清華六·子儀20 臣亓（其）逞（歸）而言之

清華七·越公49 乃波徉（往）逞（歸）之

清華八·邦道20 則賹（貨）逞（歸）

清華八·天下05 逞（歸）之以中

清華八·天下05 逞（歸）之晉（謀）人以敓（奪）忎=（之心）

· 2639 ·

清華八·虞夏03 昏(海)外之者(諸)侯逞(歸)而不羕(來)

～，與(上博一·孔10)、(上博三·周50)、(上博六·壽2)同，从"辵"，"帚"聲，"歸"字異體。

清華一·尹誥03"遠邦逞志"，即"遠邦歸志"，遠方的邦國都歸附之心。

清華一·金縢05"我乃以璧與珪逞(歸)"，今本《書·金縢》作"我其以璧與珪，歸俟爾命"。

清華五·湯丘04、05，清華八·虞夏03"逞"，即"歸"，返回。《戰國策·宋衛》："臧子乃歸。齊王果攻拔宋五城而荊王不至。"

清華五·三壽23、清華八·天下05"逞"，即"歸"，依歸，歸附。《詩·曹風·蜉蝣》："於我歸處。"毛傳："歸，依歸也。""歸之"，"之"指王。

清華七·越公49"徍逞"，即"往歸"，歸嚮。《穀梁傳·莊公三年》："其曰王者，民之所歸往也。"

壨

　　清華三·芮良夫18 天之所譻(壞)

　　清華三·芮良夫19 亦不可譻(壞)

～，从"𩰬"，"壨(歸)"聲。

清華三·芮良夫18、19"譻"，讀爲"壞"。簡文可參《左傳·定公元年》："天之所壞，不可支也。"《國語·周語下》："《周詩》有之曰：'天之所支，不可壞也。其所壞，亦不可支也。'昔武王克殷而作此詩也，以爲飫歌，名之曰'支'。"

透紐水聲

水

　　清華一·尹至05 顓(夏)䢔民內(入)于水曰甼(戰)

清華一·楚居 01 逆上洳水

清華一·楚居 03 逆流哉(載)水

清華二·繫年 068 母(毋)能涉白水

清華二·繫年 122 内(入)至汧水

清華三·說命中 05 若圖〈圖〉(津)水

清華四·筮法 17 才(在)上，会(陰)，水

清華四·筮法 52 水也

清華四·筮法 52 爲水

清華五·厚父 12 若水氒(厥)朁(深)

清華五·啻門 19 水、火、金、木、土，以成五凸(曲)

清華五·三壽 01 高宗觀於匋(洹)水之上

清華五·三壽 07 虗(吾)䎽(聞)夫長莫長於水

清華五·三壽 16 樸（撲）审（中）水奐（衡）

清華六·子儀 06 漳水可（兮）遠朢（望）

清華七·越公 34 水則爲稻

清華七·越公 65 中水以氂

清華八·邦道 06 水䍐（旱）

清華八·邦道 06 水䍐（旱）

清華八·邦道 24 水旱不䎽（時）

清華八·八氣 05 旬（玄）楳（冥）銜（率）水以飤（食）於行

清華八·八氣 07 水曰隹（唯）攸母（毋）屮（止）

~，與 （上博一·孔 29）、（上博五·三 16）、（上博七·凡甲 10）、（上博七·凡乙 2）同。《說文·水部》："水，準也。北方之行。象眾水並流，中有微陽之气也。"

清華一·尹至 05 "水"，地名。《墨子·三辯》"湯敗桀於大本"，《道藏》本作"湯放桀於大水"。《呂氏春秋·慎大》："未接刃而桀走，逐之至大沙，身體離散，爲天下戮。"王利器《呂氏春秋注疏》以《三辯》"大水"之"水"爲"沙"字壞文，並引呂調陽云："大沙，即南巢也。今桐城西南爲沙河埠，其水東迳故巢城南而東入菜子湖也。"

清華一·楚居01"逆上㴬水",新蔡葛陵簡甲三·11＋24"昔我祖出自㠯追,宅兹沮(雎)章(漳)"之"㠯",疑與此㴬水有關。

清華一·楚居03"哉水",讀爲"載水",待考。

清華二·繫年068"白水",指河。《左傳·僖公二十四年》:"所不與舅氏同心者,有如白水。"《左傳·宣公十七年》:"獻子怒,出而誓曰:'所不此報,無能涉河!'"

清華二·繫年122"汧水",開陽在今臨沂北,疑即汧水之陽,簡文汧水當是沂水的支流。

清華三·說命中05"若圖〈圖〉(津)水",《國語·楚語上》作"若津水,用女作舟"。

清華四·筮法17"水火",水與火。《易·說卦》:"水火不相射。"

清華四·筮法52"北方也,水也",《淮南子·天文》:"北方,水也,其帝顓頊,其佐玄冥,執權而治冬。"

清華五·厚父12"若水氒淵",讀爲"若水厥淵"。《韓詩外傳》卷五:"水淵深廣,則龍魚生之。"

清華五·帝門19"水",五行之一。《書·洪範》:"五行:一曰水,二曰火,三曰木,四曰金,五曰土。"《莊子·外物》:"金與火相守則流。"成玄英疏:"夫木生火,火剋金,五行之氣,自然之理。"

清華五·三壽01"匋水",讀爲"洹水",位於今河南安陽市北。《左傳·成公十七年》:"聲伯夢涉洹。"杜預注:"洹水出汲郡林慮縣東北,至魏郡長樂縣入清水。"《史記·項羽本紀》:"項羽乃與期洹水南殷虛上。"應劭注:"洹水在湯陰界。殷虛,故殷都也。"

清華五·三壽16"楑(揆)审(中)水臬(衡)"之"水",《說文》:"準也。""衡",平。《詩·商頌·長發》:"實維阿衡。"鄭箋:"衡,平也。"《荀子·成相》:"水至平,端不傾,心術如此象聖人。"古君王備有戒之器以警示自己須執中準平。《荀子·宥坐》:"孔子曰:'吾聞宥坐之器者,虛則敧,中則正,滿則覆。'孔子顧謂弟子曰:'注水焉。'弟子挹水而注之,中而正,滿而覆,虛而敧。孔子喟然而歎曰:'吁!惡有滿而不覆者哉?'"

清華六·子儀06"漳水",水名。源出陝西鳳翔縣西北雍山下,東南流經岐山、扶風入渭水。《漢書·溝洫志》"漳渠引諸川"顏師古注引如淳曰:"漳音韋,水出韋谷。"或徑讀"水"爲"準"。

清華七·越公65"中水以𥪩"之"中水",《國語·吳語》韋昭注:"水中央也。"

清華八·邦道06"水罩",即"水旱",水澇與干旱。《周禮·春官·保章氏》:"以五雲之物辨吉凶,水旱降豐荒之祲象。"賈公彥疏:"水旱降爲荒凶也。"《史記·平準書》:"漢興七十餘年之間,國家無事,非遇水旱之災,民則人給家足。"

清華八·邦道24"水旱不旹(時)",《鹽鐵論·論菑》:"政教不均,則水旱不時,螟螣生。"

清華八·八氣05"旬冥銜水",讀爲"玄冥率水"。"玄冥",水神。《左傳·昭公十八年》:"禳火于玄冥、回禄。"杜預注:"玄冥,水神。"

來紐晶聲

雷

　　清華一·金縢09 天疾風以雷

　　清華四·筮法46 司雷

～,與(上博七·凡甲11)同。《說文·雨部》:"雷,陰陽薄動靁雨,生物者也。从雨,晶象回轉形。䨓,古文靁。䨻,古文靁。䨻,籀文。靁間有回;回,靁聲也。"

清華一·金縢09"天疾風以雷",《書·金縢》:"秋,大熟,未穫,天大雷電以風。"《後漢書·列女傳》:"是日疾風暴雨,靁電晦冥。"

清華四·筮法46"司雷",四卦所司雷、樹、收、藏,與常見的春生、夏長、秋收、冬藏涵義相似。

幫紐飛聲

飛

　　清華二·繫年014 飛厤(廉)東逃于商盍(蓋)氏

清華二·繫年014 殺飛曆（廉）

清華三·說命下03 女（如）飛鶴（雀）罔畏觀（離）

清華六·子儀08 鳥飛可（兮）童（憧）永

～，與 、、同。《說文·飛部》："飛，鳥翥也。象形。凡飛之屬皆从飛。"

清華二·繫年014"飛曆"，讀爲"飛廉"，或作"蜚廉"，嬴姓，乃秦人之祖，父名中潏。《史記·秦本紀》："其玄孫曰中潏，在西戎，保西垂。生蜚廉。蜚廉生惡來，惡來有力，蜚廉善走，父子俱以材力事殷紂。"

清華三·說命下03"飛鶴"，即"飛雀"，會飛的雀，和飛鳥同。《呂氏春秋·功名》："樹木盛則飛鳥歸之。"

清華六·子儀08"鳥飛"，鳥飛翔。《管子·宙合》："不用其區區。鳥飛准繩。"

幫紐非聲

非

清華一·尹誥01 非（彼）民亡（無）與獸（守）邑

清華一·程寤04 可（何）敬（警）非朋

清華一·程寤04 可（何）戒非商

清華一·程寤05 可（何）甬（用）非桓（樹）

清華一·程寤 08 可（何）監非甾（時）

清華一·程寤 08 可（何）炙（務）非和

清華一·程寤 08 可（何）褱（褱）非彣（文）

清華一·程寤 09 可（何）保非道

清華一·程寤 09 可（何）悉（愛）非身

清華一·程寤 09 可（何）力非人

清華一·皇門 01 䋣（肆）朕沖（沖）人非敢不用明刑

清華一·皇門 07 乃隹（維）訧＝（汲汲）疌（胥）區（驅）疌（胥）敎（教）于非彝

清華一·皇門 09 斯乃非休惪（德）以膺（應）

清華三·說命上 03 毆（抑）非

清華三·說命中 04 非乃身

清華三·說命下 06 寺(時)罔非乃載

清華三·說命下 07 女(汝)母(毋)非貨女(如)戠(埴)石

清華三·琴舞 02 文非易市

清華三·琴舞 06 非天諲(廞)悳(德)

清華三·琴舞 14 不畀甬(用)非頌(雍)

清華三·琴舞 16 德非墮(惰)市

清華三·琴舞 16 文非歔(動)市

清華三·芮良夫 24 非穀折(哲)人

清華四·筮法 50 非瘟(狂)乃繠(蕤)者

清華四·筮法 52 爲非(飛)鳥

清華五·厚父 06 湳湎于非彝

清華五·厚父 13 曰酉(酒)非飤(食)

· 2647 ·

清華五·封許08 秫(靡)念非尚(常)

清華五·湯丘18 是非忢(愛)民虎(乎)

清華五·湯丘19 是非共(恭)命虎(乎)

清華五·三壽05 肩(厭)非(必)塤(臧)

清華五·三壽05 亞(惡)非(必)芒(喪)

清華五·三壽07 肩(厭)非(必)坪(平)

清華五·三壽07 亞(惡)非(必)程(傾)

清華五·三壽08 虗(吾)䎽(聞)夫隃(險)非(必)矛迠(及)干

清華五·三壽08 肩(厭)非(必)寠(富)

清華五·三壽08 亞(惡)非(必)亡(無)飤

清華五·三壽17 非襄(壞)于憛(湛)

清華六·子儀01 非(靡)土不飤(飭)

清華六·子儀06 幵(汧)可(兮)非=(霏霏)

 清華六·子產10 臣人非所能不進

 清華七·趙簡子01 則非子之咎

 清華七·趙簡子02 則非子之咎

 清華七·趙簡子03 則非人之辠(罪)

 清華七·越公56 及風音誦詩訶(歌)諑(謠)之非邨(越)棠(常)聿(律)

清華八·攝命04 非女(汝)亡其毄(協)

清華八·攝命08 我非易

清華八·攝命11 亦則乃身亡能諫甬(用)非頌(庸)女(汝)正命

清華八·攝命16 亡(罔)非楚(胥)以劈(墮)迦(愆)

清華八·攝命17 亡(罔)非楚(胥)以涇〈淫〉忢(極)

清華八·攝命25 卻(載)允非尚(常)人

清華八·攝命 30 隹(唯)殼(穀)眔非殼(穀)

清華八·邦道 16 非一人是爲

清華八·邦道 19 民非亓(其)所能

清華八·天下 01 是非獸(守)之道

清華八·天下 03 是非攻之道也

清華八·天下 06 非戟(陳)亓(其)車徒

～，與 (上博一·緇14)、 (上博二·魯3)、 (上博八·命5)同。《說文·非部》："非，違也。从飛下翄，取其相背。凡非之屬皆从非。"

清華一·尹誥 01"非民亡與獸邑"，讀爲"非民無與守邑"。參看《國語·周語上》引《夏書》："衆非元后何戴，后非衆無與守邦。"

清華一·程寤 04"可敬非朋，可戒非商"，讀爲"何警非朋，何戒非商"，意云以朋比爲警，以殷商爲戒。句例參看《書·呂刑》"何擇非人，何敬非刑，何度非及"。或説"何……非……"，要……什麼呢？不是……嗎？簡文"何警非朋，何戒非商"，意爲要警惕什麼呢？不是朋比的小人嗎？要戒慎什麼呢？不是殷商嗎？

清華一·程寤 05、08、09"何……非……"，參上。

清華一·皇門 01"非敢"，《書·盤庚下》："非敢違卜，用宏兹賁。"

清華一·皇門 07、清華五·厚父 06"非彝"，非法。今本《逸周書·皇門》作"維時及胥學于非夷"。莊述祖注："夷，常。夷、彝通。"孫詒讓注："莊説是也。《酒誥》云：'誕惟厥縱淫佚于非彝。'《召誥》云：'其惟王，勿以小民淫用非彝。'《洛誥》云：'女于棐民彝。'棐、非，夷、彝字通。非彝，猶言非法也。"

清華一·皇門 09"斯乃非休惪(德)以膺(應)"，今本《逸周書·皇門》作

"人斯乃非維直以應"。

清華三·説命上03"殹非",讀爲"抑非",意思爲還是不是呢。

清華三·説命中04"非乃身",或與上連讀"隹(惟)乃圅非乃身"。"圅非",讀爲"腑肺"。(白於藍)"肺腑",泛指人體的内臟。比喻帝王的宗室近親。《史記·魏其武安侯列傳》:"上初即位,富於春秋,蚡以肺腑爲京師相。"司馬貞《索隱》:"腑音府,肺音廢,言如肝肺之相附。又云:柿,木札;附,木皮也。"

清華三·説命下07"非",《禮記·禮運》:"魯之郊,禘,非禮也,周公其衰矣!"鄭玄注:"猶失也。"簡文"汝毋非貨如墣石",不要把寶貴的金玉誤認作泥土石塊。或説"非"似當讀爲"揮"。《後漢書·荀彧傳》:"權詭時偪,揮金僚朋。"李賢注:"揮,散也。"(白於藍)

清華三·琴舞02"文非易帀",文不變易。《詩·周頌·敬之》作"命不易哉"。鄭箋:"其命吉凶,不變易也。"

清華三·琴舞14"非頌",讀爲"非雍",不守常。

清華三·芮良夫24"非穀折人",讀爲"非穀哲人",不乳於哲人。

清華四·筮法52"非鳥",讀爲"飛鳥",會飛的鳥類。《禮記·曲禮上》:"鸚鵡能言不離飛鳥,猩猩能言不離禽獸。"《吕氏春秋·功名》:"樹木盛則飛鳥歸之。"

清華五·封許08"非尚",讀爲"非常",不常。"非常"即《書·吕刑》"明明棐常"之"棐常",《墨子·尚賢中》引"棐"作"不"。

清華五·三壽05"非",讀爲"必"。簡文"厭必臧",知足必致有所蓄藏。《詩·衛風·淇奥》:"有匪君子。"陸德明《釋文》:"匪,《韓詩》作邲,美貌也。"又見錢大昕《十駕齋養新録·古無輕脣音》卷五:"匪,又與邲通。"

清華五·三壽05"亞非亡",讀爲"惡必喪",過度、過錯必致喪失。

清華五·三壽07"肩非坪",讀爲"厭必平",知足一定會和諧。

清華五·三壽07"亞非頣",讀爲"惡必傾",惡一定導致傾仄失衡。

清華五·三壽08"虐䎽夫噞非矛返干",讀爲"吾聞夫險必矛及干",我聽説危險一定是戰事。

清華五·三壽08"肩非寠",讀爲"厭必富",知足一定會富足。

清華六·子儀01"非",讀爲"靡",見郭店·語四1"非(靡)言不讎,非(靡)德亡復"。(陳偉)

清華六·子儀06"非₌",讀爲"霏霏"。《詩·小雅·采薇》:"今我來思,雨雪霏霏。"毛傳:"霏霏,甚也。"一説讀爲"沸沸",水湧流貌。《韓詩外傳》卷五:

"幽幽冥冥,德之所藏;紛紛沸沸,道之所行。"

清華八·攝命 04"非女亡其𢿛",讀爲"非汝亡其協"。

清華三·説命下 06,清華八·攝命 16、17"亡非",讀爲"罔非",義爲"皆"。《書·酒誥》:"亦罔非酒惟辜。"

清華八·攝命 25"卻允非尚人",讀爲"載允非常人"。《韓非子·十過》:"臣觀晉公子,非常人也。"

悲

　清華八·邦道 05 會(愈)自固以悲愈(怨)之

～,與 (上博一·性 1)、(上博二·民 11)同。《説文·心部》:"悲,痛也。从心,非聲。"

清華八·邦道 05"悲愈",即"悲怨",悲傷怨恨。《孔叢子·雜訓》:"毁不居之室,以賜窮民;奪嬖寵之禄,以振困匱。無令人有悲怨,而後世有聞見,抑亦可乎?"

並紐肥聲

肥

　清華一·楚居 13 女(焉)曰肥遺

　清華一·楚居 16 女(焉)遲(徙)袞(襲)肥遺

　清華三·琴舞 13 攷(孝)敬肥(非)綯(怠)亢(荒)

　清華三·良臣 10 肥中(仲)

清華六·子産 21 肥中（仲）

 清華七·晉文公 03 命肥蒭羊牛

 清華八·邦政 03 亓（其）豊（禮）肥（菲）

～，與 、、同。《說文·肉部》：“肥，多肉也。从肉、从卪。”

清華一·楚居 13、16"肥遺"，地名。又見於新蔡簡甲一·3 等，作"王自肥遺郢徙於鄢郢之歲"。

清華三·琴舞 13"肥"，讀爲"菲"。"肥""腓"古通，參看《古字通假會典》第 598 頁。

清華三·良臣 10、清華六·子産 21"肥中"，讀爲"肥仲"，人名。

清華七·晉文公 03"肥蒭羊牛"，即肥羊牛。《禮記·曲禮下》："天子以犧牛，諸侯以肥牛。"《孟子·告子上》："故義理之悅我心，猶芻豢之悅我口。"朱熹《集注》："草食曰芻，牛羊是也；穀食曰豢，犬豕是也。"《吕氏春秋·仲秋》："是月也，乃命宰祝巡行犧牲，視全具，案芻豢，瞻肥瘠，察物色，必比類，量小大，視長短，皆中度。"

清華八·邦政 03"肥"，讀爲"菲"，儉樸。《史記·三王世家》"毋俷德"，《集解》引徐廣曰："俷，一作'菲'。"《索隱》引孔文祥云："菲，薄也。"簡文"其禮菲"，其禮儉。《論語·八佾》："林放問禮之本。子曰：'大哉問！禮，與其奢也，寧儉。'"

明紐散聲

汽

 清華一·尹至 01 余汽（職）亓（其）又（有）顕（夏）衆□吉好

清華一·保訓 08 昔散(微)叚(假)中于河

清華一·保訓 08 散(微)亡(無)萬(害)

清華一·保訓 09 散(微)寺(志)弗忘

清華一·祭公 11 亦散(美)忞(戀)妥(綏)心

清華五·厚父 12 散(美)事系(奚)若

清華五·厚父 12 散(美)役(役)系(奚)若

清華五·厚父 12 散(美)正(政)系(奚)若

清華五·厚父 13 散(美)型(刑)系(奚)若

清華五·厚父 14 此胃(謂)散(美)惪(德)

清華五·厚父 15 此胃(謂)散(美)事

清華五·厚父 16 此胃(謂)散(美)役(役)

清華五·厚父 16 此胃(謂)散(美)正(政)

清華五·鄦門 17 此胃（謂）兇（美）型（刑）

清華六·管仲 21 亦兇（微）是

清華六·子產 07 不勑（飾）兇（美）車馬衣裘

清華六·子產 08 兇（美）外虺（態）䌛

清華六·子產 23 勑（飾）兇（美）宮室衣裘

清華六·子產 26 此胃（謂）張兇（美）弃（棄）亞（惡）

～，與 𢎥（上博一·孔 16）、𢎥（上博四·內 9）、𢎥（上博四·采 2）、𢎥（上博六·孔 14）同。

清華一·尹至 01"兇"，讀爲"閔"或"美"。或讀爲"瞤"，窺伺。《説文·見部》："瞤，司也。"段注："司者今之伺字。許書無伺。司下當有視字。《廣韻》曰：'瞤、伺視也。'於从微取意。瞤同瞤。"（《讀本一》第 7 頁）

清華一·保訓 08、09"兇"，讀爲"微"，即商先公上甲微，是湯的六世祖。《山海經·大荒東經》："有困民國，勾姓而食。有人曰王亥，兩手操鳥，方食其頭。王亥託于有易、河伯僕牛。有易殺王亥，取僕牛。河念有易，有易潛出，爲國于獸，方食之，名曰搖民。"郭璞注引《竹書》曰："殷王子亥賓于有易而淫焉，有易之君緜臣殺而放之。是故殷主甲微假師于河伯以伐有易，滅之，遂殺其君緜臣也。"《楚辭·天問》："昏微遵跡，有狄不寧。"王國維《卜辭中所見先公先王考》以爲"昏微"即上甲微，"有狄"即有易。

清華一·祭公 11"亦兇忞妥心"，讀爲"美懋綏心"，美盛安心。"美懋"，猶美盛。江淹《安成王右常侍劉喬墓銘》："芳菲一逝，美懋徒鑴。""美""懋"同義

· 2655 ·

連用。"戁",美好。《後漢書‧章帝紀論》:"在位十三年,郡國所上符瑞,合於圖書者數百千所。烏呼戁哉!"李賢注:"戁,美也。""兞",讀爲"媺(美)",今本"先王"之"先"疑即"兞"字之訛。

清華五‧詹門"惪、事、徭、正、型",即"德、事、役、政、刑"。"兞",讀爲"美",是修飾"德、事、役、政、刑"的。

清華六‧管仲 21"兞",讀爲"微",表否定,訓"非"。《詩‧邶風‧柏舟》"微我無酒",毛傳:"非我無酒。"

清華六‧子產 08"兞",讀爲"美"。

清華六‧子產 07"不勅(飾)兞(美)車馬衣裘"、清華六‧子產 23"勅(飾)兞(美)宮室衣裘",《説苑‧政理》:"夫衣裘之不美,車馬之不飾,子女之不潔,寡人之醜也。"《漢書‧嚴安傳》:"今天下人民用財侈靡,車馬衣裘宮室皆競修飾,調五聲使有節族,雜五色使有文章,重五味方丈於前,以觀欲天下。"

清華六‧子產 26"張兞弃亞",疑讀爲"揚美棄惡",揚善棄惡。《易‧大有》:"君子以遏惡揚善。"《禮記‧中庸》:"舜好問,而好察邇言,隱惡而揚善。"

敚

清華五‧命訓 15 峕(權)以智(知)敚(微)

清華八‧處位 05 攸(修)之者敚(微)丝(茲)母(毋)智(知)、母(毋)这(效)二愁(憂)

~,與 (上博四‧曹 3)同。《説文‧人部》:"敚,眇也。从人、从攴,豈省聲。"段玉裁注:"凡古言敚眇者即今之微妙字。眇者小也,引申爲凡細之偁。微者隱行也。微行而敚廢矣。"《説文繫傳》:"敚,妙也,从人、攴、豈省聲。臣鍇按《尚書》曰:'人心惟危,道心惟微。'物精則少也,人能弘道,故必從人攴所操也,猶器用也,才亦人之器用也,故能入於微,此精微也。"

清華五‧命訓 15"峕以智敚",讀爲"權以知微"。今本《逸周書‧命訓》作"權以知微,微以知始,始以知終"。《逸周書‧常訓》:"慎微以始而敬,終乃不困。""知微",謂有預見,看出事物發生變化的隱微徵兆。《國語‧晉語二》:"縶敏且知禮,敬以知微。"《史記‧扁鵲倉公列傳》:"使聖人預知微,能使良醫得蚤從事,則疾可已,身可活也。"

清華八·處位05"散",讀爲"微",表否定,訓"非"。《詩·邶風·柏舟》:"微我無酒。"毛傳:"非我無酒。"

頯

　清華八·處位01 政事逆頯(美)

　清華八·處位04 或頯(美)孳(哉)

　清華八·處位06 頯(美)亞(惡)乃出

　清華八·處位07 道頯甬(用)亞(惡)

　清華八·處位08 贑(貢)乃古(固)爲頯(美)

　清華八·處位10 亦亓(其)又(有)頯(美)而爲亞(惡)

～,與 、同。从"頁","芇"聲,"美"字異體。《説文·羊部》:"美,甘也。从羊从大。羊在六畜主給膳也。美與善同意。"

清華八·處位01"政事逆頯",即"政事逆美",與"寵福逆惡"相對。

清華八·處位04"或頯孳",讀爲"或美哉",與前文"或惡哉"對比,陳述"不度政"下惡人和美人的不同境遇。

清華八·處位06"頯亞",讀爲"美惡",好壞。《荀子·儒效》:"通財貨,相美惡,辨貴賤,君子不如賈人。"

清華八·處位08、10"頯",即"美",善,好。《國語·晉語一》:"彼將惡始而美終。"韋昭注:"美,善也。"

2657

娩（嬐）

 清華一·楚居 12 至卲（昭）王自秦（乾）溪之上遷（徙）居娩（嬐）郢

 清華一·楚居 13 返（復）遷（徙）裛（襲）娩（嬐）郢

 清華一·楚居 13 至獻惠王自娩（嬐）郢遷（徙）裛（襲）爲郢

 清華二·繫年 027 賽（息）侯之妻甚娩（美）

 清華五·帝門 12 娩（美）惪（德）䌛（繇）若

 清華六·孺子 07 娩（媚）妬之臣躳（躬）共（恭）亓（其）𠂤（顔）色

 清華八·邦道 10 孚（免）亞（惡）慮娩（美）

 清華八·邦道 13 備（服）母（毋）諲（慎）甚敓（美）

 清華八·心中 01 心所爲娩（美）亞（惡）

～，與 （上博六·競 1）、 （上博六·競 9）、 （上博六·天甲 3）同。从"女"，"岜"聲，"嬐"字異體。

清華一·楚居 12、13"娩郢"，讀爲"嬐郢"，地名。

清華二·繫年 027"賽侯之妻甚娩"，讀爲"息侯之妻甚美"。《左傳·昭公二十八年》："昔有仍氏生女，黰黑而甚美，光可以鑒，名曰玄妻。"

清華五·帝門 12"娓惪",讀爲"美德",高尚的品德。《荀子·堯問》:"周公謂伯禽之傅曰:'汝將行,盍志而子美德乎!'"《史記·禮書》:"洋洋美德乎!宰制萬物,役使群衆,豈人力也哉!"

清華六·孺子 07"娓妒之臣",讀爲"媚妒之臣",諂媚嫉賢之臣。

清華八·邦道 10"卒亞慮娓",讀爲"免惡慮美",避惡謀美。

清華八·邦道 13"備母慎甚散",讀爲"服毋慎甚美"。上博二·容 21"衣不褻美"。《墨子·非樂上》:"食飲不美,面目顔色不足視也;衣服不美,身體從容醜羸不足觀也。"《史記·吴太伯世家》:"越王句踐食不重味,衣不重采,弔死問疾,且欲有所用其衆。""美"有文采之意。

清華八·心中 01"心所爲娓亞",讀爲"心所爲美惡"。《禮記·禮運》:"人藏其心,不可測度也。美惡皆在其心,不見其色也。欲一以窮之,舍禮何以哉?""美惡",美醜,好壞。《荀子·儒效》:"通財貨,相美惡,辨貴賤,君子不如賈人。"《禮記·學記》:"君子知至學之難易而知其美惡,然後能博喻。"鄭玄注:"美惡,説之是非也。"

㥟

　　清華三·芮良夫 25 則愆者不㥟(美)

~,從"心","娓"聲,"媺"字異體。

清華三·芮良夫 25"㥟",即"美"。《文選·陶潛〈擬古詩〉》:"佳人美清夜。"呂向注:"美,猶愛也。"

蔙

　　清華五·三壽 17 監(濫)蔙(媚)莫淦(感)

~,從"艸","㱍"聲,"薇"字異體。《説文·艸部》:"薇,菜也。似藿。從艸,微聲。𦵫,籒文薇省。"

清華五·三壽 17"監蔙莫淦",讀爲"濫媚莫感",不要被淫聲諂媚所惑。"蔙",讀爲"媚",諂媚。《楚辭·九章·惜誦》:"忘儇媚以背衆兮。"朱熹《集注》:"媚,柔佞也。""柔佞",謂僞善諂媚。皮日休《祀瘧癘文》:"柔佞之言,惑於君前,委順未足,國步移焉。"

梡

 清華七·越公 64 乃命左軍監(銜)梡(枚)鯀(溯)江五里以須

 清華七·越公 65 亦命右軍監(銜)梡(枚)渝江五里以須

～,从"木","岂"聲。

清華七·越公 65"監梡",讀爲"銜枚",橫銜枚於口中,以防喧嘩或叫喊。"枚",形如筷子,兩端有帶,可繫於頸上。《周禮·夏官·大司馬》:"群司馬振鐸,車徒皆作,遂鼓行,徒銜枚而進。"《國語·吳語》:"乃命左軍銜枚溯江五里以須,亦令右軍銜枚踰江五里以須。"

正編・物部

物　部

匣紐囮聲

胃

清華三·赤鵠 02 湯句（后）妻紝亢胃（謂）少（小）臣曰

清華三·赤鵠 03 紝亢胃（謂）少（小）臣曰

清華四·筮法 44 系（奚）古（故）胃（謂）之

清華四·筮法 44 系（奚）古（故）胃（謂）之兌

清華四·筮法 47 是古（故）胃（謂）之䠶（震）

清華四·筮法 47 是古（故）胃（謂）之兌

清華四·筮法 55 系（奚）古（故）胃（謂）之裚（勞）

清華四·筮法 58 是古（故）胃（謂）之裘（勞）

清華四·筮法 58 是古（故）胃（謂）之羅（離）

清華五·三壽 02 敢䚂（問）人可（何）胃（謂）長

清華五·三壽 02 可（何）胃（謂）噲（險）

清華五·三壽 02 可（何）胃（謂）肩（厭）

清華五·三壽 02 可（何）胃（謂）亞（惡）

清華五·三壽 04 敢䚂（問）人可（何）胃（謂）長

清華五·三壽 04 可（何）胃（謂）噲（險）

清華五·三壽 04 可（何）胃（謂）肩（厭）

清華五·三壽 04 可（何）胃（謂）亞（惡）

清華五·三壽 06 敢䚂（問）人可（何）胃（謂）長

清華五·三壽 06 可（何）胃（謂）噲（險）

清華五·三壽06 可(何)胃(謂)肩(厭)

清華五·三壽06 可(何)胃(謂)亞(惡)

清華五·三壽13 可(何)胃(謂)恙(祥)

清華五·三壽13 可(何)胃(謂)義

清華五·三壽13 可(何)胃(謂)悳(德)

清華五·三壽13 可(何)胃(謂)音

清華五·三壽13 可(何)胃(謂)訫(仁)

清華五·三壽13 可(何)胃(謂)聴(聖)

清華五·三壽13 可(何)胃(謂)智(知)

清華五·三壽13 可(何)胃(謂)利

清華五·三壽13 可(何)胃(謂)信

清華六·子產03 此胃(謂)才(存)亡才(在)君

清華六・子產 04 此胃（謂）亡好惡

清華六・子產 07 此胃（謂）劫殺（敕）

清華六・子產 09 此胃（謂）窜（卑）脆（逸）樂

清華六・子產 11 此胃（謂）不事不戾

清華六・子產 14 此胃（謂）因耑（前）徟（遂）者（故）

清華六・子產 18 此胃（謂）民詢（信）志之

清華六・子產 23 此胃（謂）由善嘗（散）捲（惓）

清華六・子產 25 此胃（謂）張氒（美）弃（棄）亞（惡）

清華六・子產 26 是胃（謂）虞（獻）固

清華五・湯丘 06 民人䛊（聞）之亓（其）胃（謂）

清華五・啻門 06 是胃（謂）玉穜（種）

清華五・啻門 11 是胃（謂）四正

清華五・
		門 13 此胃（謂）
（美）
（德）

清華五・
		門 14 此胃（謂）亞（惡）
（德）

清華五・
		門 15 此胃（謂）
（美）事

清華五・
		門 15 此胃（謂）亞（惡）事

清華五・
		門 15 此胃（謂）
（美）
（役）

清華五・
		門 16 此胃（謂）亞（惡）
（役）

清華五・
		門 16 此胃（謂）
（美）正（政）

清華五・
		門 17 此胃（謂）亞（惡）正（政）

清華五・
		門 17 此胃（謂）
（美）型（刑）

清華五・
		門 17 此胃（謂）亞（惡）型（刑）

清華五・
		門 18 是胃（謂）
（地）真

清華五・
		門 20 是胃（謂）九宏

清華六·管仲 24 此胃（謂）成器

 清華六·管仲 27 是胃（謂）學（幽）悳（德）

 清華四·筮法 55 㷅（奚）古（故）胃（謂）之羅（離）

 清華七·子犯 06 宔（主）女（如）此胃（謂）無良左右

 清華八·處位 10 乃胃（謂）良人出於無厇（度）

 清華八·心中 01 心是胃（謂）中

 清華八·天下 03 所胃（謂）攻者

 清華八·天下 03 是胃（謂）攻

 清華八·天下 06 昔三王之所胃（謂）戕（陳）者

～，與（上博二·民 5）同。《說文·肉部》："胃，穀府也。从肉，囡，象形。"

清華三·赤鵠 02、03"胃"，讀爲"謂"，對……說，說。《書·盤庚下》："爾謂朕：'曷震動萬民以遷？'"

清華四·筮法 44、55"㷅古胃之"，讀爲"奚故謂之"，何故謂之。《論衡·異虛篇》："朱草、蓂莢，皆草也，宜生於野，而生於朝，是爲不吉。何故謂之瑞？"

清華四·筮法 47、58"是古胃之"，讀爲"是故謂之"。《易·繫辭上》："聖人有以見天下之賾，而擬諸其形容，象其物宜，是故謂之象。"

清華五·三壽"可胃",讀爲"何謂",什麼叫作,什麼是。《孟子·公孫丑上》:"敢問何謂浩然之氣?"

清華五·厚門 13、14、15、16、17,清華六·管仲 24,清華六·子產"此胃",讀爲"此謂"。《禮記·大學》:"此謂誠於中,形於外,故君子必慎其獨也。"

清華五·厚門 06、11、18、20,清華六·管仲 27,清華六·子產 26,清華八·天下 01、03"是胃",讀爲"是謂",這就叫作。《禮記·禮運》:"祝嘏莫敢易其常古,是謂大假,祝嘏辭説,藏於宗祝巫史,非禮也,是謂幽國。"

清華八·天下 03、06"所胃",讀爲"所謂",所説的。《詩·秦風·蒹葭》:"所謂伊人,在水一方。"

渭

 清華一·楚居 03 渭(潰)自䏿(脅)出

 清華一·楚居 08 乃渭疆浧之波(陂)而宇人女(焉)

 清華三·赤鵠 09 晉(巫)鳦(烏)乃歔少(小)臣之胸(喉)渭(胃)

 清華六·子儀 06 渭可(兮)滔=(滔滔)

～,與 同。《説文·水部》:"渭,水。出隴西首陽渭首亭南谷,東入河。从水,胃聲。杜林説。《夏書》以爲出鳥鼠山。雍州浸也。"

清華一·楚居 03"渭自䏿出",讀爲"潰自脅出"。"潰",義與坼、剖等近。《史記·楚世家》:"陸終生子六人,坼剖而産焉。"《大戴禮記》卷七:"陸終氏娶于鬼方氏,鬼方氏之妹謂之女隤氏,産六子,孕而不粥,三年,啓其左脅,六人出焉。"

清華一·楚居 08"渭",讀爲"潰",毀壞。《國語·周語上》:"川壅而潰,傷人必多。"或讀爲"圍"。

清華三·赤鵠 09"胸渭",讀爲"喉胃",咽喉和胃部。《靈樞經·五味》:"胃者,五藏六府之海也,水穀皆入於胃,五藏六府皆禀氣於胃。"《韓非子·五蠱》:"民食果蓏蟲蛤,腥臊惡臭而傷害腹胃,民多疾病。"

清華六·子儀06"渭",水名。黃河最大支流,源出甘肅省鳥鼠山,橫貫陝西省中部,至潼關入黃河。《書·禹貢》:"弱水既西,涇屬渭汭。"張衡《西京賦》:"畫地成川,流渭通涇。"

劀

 清華七·越公10 以劀(潰)去亓(其)邦

~,从"刃","胃"聲。

清華七·越公10"劀",讀爲"潰",敗退。《左傳·閔公二年》:"鄭人惡高克,使帥師次于河上,久而弗召。師潰而歸,高克奔陳。"《左傳·僖公四年》:"齊侯以諸侯之師侵蔡,蔡潰。"

匣紐位聲

位

 清華八·邦道26 價(贅)位亓(其)子弟

《說文·人部》:"位,列中庭之左右謂之位。从人、立。"

清華八·邦道26"價位亓子弟",讀爲"贅位其子弟",指抵押子弟。"位",職位,地位。《詩·小雅·小明》:"靖共爾位,正直是與。"

見紐旡聲

炁(愛)

 清華一·程寤09 可(何)炁(愛)非身

 清華一·程寤09 炁(愛)日不跃(足)

清華五·湯丘 15 可(何)以自忢(愛)

清華五·湯丘 15 古先=(之先)聖人所以自忢(愛)

清華五·湯丘 17 爲君忢(愛)民

清華五·湯丘 17 忢(愛)民女(如)刣(台)

清華五·湯丘 18 是非忢(愛)民虎(乎)

清華六·子產 27 曰武忢(愛)

清華六·子產 27 以成政惪(德)之忢(愛)

清華五·湯丘 16 此以自忢(愛)也

清華六·管仲 22 莫忢(愛)裦(勞)力於亓(其)王

清華六·子儀 17 不敦(穀)敢忢(愛)糧

清華八·邦道 19 虐(吾)幾(豈)忢(愛)□

清華八·邦道 21 忢(愛)民則民考(孝)

～,與🔷(上博一·緇13)、🔷(上博三·中23)、🔷(上博四·曹17)同。《說文·心部》:"㤅,惠也。从心,旡聲。🔷,古文。"

清華一·程寤09"可惡非身",讀爲"何愛非身",與"何力非人"對舉。

清華一·程寤09"惡日不跋",讀爲"愛日不足",即惜日之短。"惡",即"愛"字,義爲愛惜。

清華五·湯丘15、清華五·湯丘16"自惡",即"自愛",指愛惜自己。《老子》:"是以聖人自知不自見,自愛不自貴。"

清華五·湯丘17、18,清華八·邦道21"惡民",即"愛民"。《荀子·王制》:"故君人者欲安則莫若平政愛民矣,欲榮則莫若隆禮敬士矣,欲立功名則莫若尚賢使能矣,是君人者之大節也。"

清華六·管仲22"惡",即"愛",憐惜,愛惜。《淮南子·脩務》:"夫鴈順風以愛氣力。"

清華六·子儀17"惡糧",即"愛糧",捨不得,吝惜糧食。《論語·八佾》:"子貢欲去告朔之餼羊。子曰:'賜也!爾愛其羊,我愛其禮。'"《孟子·梁惠王上》:"百姓皆以王爲愛也,臣固知王之不忍也。"趙岐注:"愛,嗇也。"

清華八·邦道19"虐幾惡□",讀爲"吾豈愛□"。《吳越春秋·勾踐陰謀外傳》:"越王信誠守道,不懷二心,今窮歸愁,吾豈愛惜財寶,奪其所願?"

既

清華一·尹誥01 隹(惟)尹既返(及)湯咸又(有)一惪(德)

清華一·程寤01 隹王元祀貞(正)月既生朏(霸)

清華一·程寤05 旨味既甬(用)

清華一·保訓06 䈞(舜)既旻(得)中

清華一·耆夜 05 䡇（輈）㡒（乘）既玳（飾）

清華一·耆夜 07 既醉又盇（侑）

清華一·金縢 01 武王既克䔾（殷）三年

清華一·皇門 05 是人斯既䕼（助）乓（厥）辟

清華一·皇門 13 既告女（汝）㤅（元）恴（德）之行

清華一·祭公 14 藍（監）于顕（夏）商之既敗（敗）

清華一·祭公 15 既沁（咸）

清華一·楚居 04 室既成

清華二·繫年 013 周武王既克䔾（殷）

清華二·繫年 017 周成王、周公既䢅（遷）殷民于洛邑

清華二·繫年 028 既見之

清華二·繫年 034 惠公既内（入）

· 2673 ·

清華二・繫年046 我既旻(得)奠(鄭)之門笶(管)巳(已)

 清華二・繫年070 既會者(諸)侯

 清華二・繫年094 晉人既殺䜌(欒)䞣(盈)于曲夭(沃)

 清華二・繫年104 既闕(縣)陳、郘(蔡)

 清華二・繫年106 卲(昭)王既返(復)邦

 清華三・説命下07 余既訊(諟)故(劼)誐(毖)女(汝)

 清華三・芮良夫20 繻(繩)刲(剗)既政而五(互)埕(相)柔訨(比)

 清華三・赤鵠02 少(小)臣既䈉(羹)之

 清華五・命訓05 六叵(極)既達

 清華五・湯丘19 君既濬明

 清華五・湯丘19 既受君命

清華五·三壽 09 既寣（回）或夂（止）

清華五·封許 07 余既監于殷之不若

清華六·孺子 01 既巤（肆）

清華六·孺子 02 既旻（得）恩（圖）乃爲之毀

清華六·孺子 05 今虐（吾）君既（即）枼（世）

清華六·孺子 10 邦人既聿（盡）䎽（聞）之

清華六·孺子 15 幾（豈）既臣之朧（獲）辠（罪）

清華六·管仲 09 型（刑）正（政）既萬（蔑）

清華六·管仲 12 既埶（設）丌（其）紀

清華六·管仲 12 既訓（順）丌（其）經

清華六·管仲 18 既惠於民

清華六·管仲 19 既訇（急）於正（政）

· 2675 ·

清華六·管仲 24 既年(佞)或(又)忎(仁)

 清華六·管仲 26 既幣(蔽)於貨

 清華六·管仲 26 既旻(得)亓(其)利

 清華六·太伯甲 01 子人成子既死

 清華六·太伯乙 01 [子]人成子既死

 清華六·子儀 01 既斀(敗)於啬(殽)

 清華六·管仲 07 既埶(設)承(丞)

 清華六·管仲 07 既立楠(輔)

 清華七·趙簡子 01 盄(趙)柬(簡)子既受寱牅(將)軍

 清華七·趙簡子 02 今虐(吾)子既爲寱遷(將)軍巳(已)

 清華七·越公 10 虞(且)皮(彼)既大北於坪(平)备(邍)

 清華七·越公 26 吳人既闌(襲)雩(越)邦

清華七·越公 26 既畫(建)宗宙(廟)

 清華七·越公 45 王既戠(察)智(知)之

 清華七·越公 46 王既必(比)聖(聽)之

 清華七·越公 59 王監雩(越)邦之既苟(敬)

 清華七·越公 62 王淬(卒)既備(服)

 清華七·越公 62 舟䎹(乘)既成

 清華七·越公 75 雩(越)公是聿(盡)既有之

 清華八·攝命 03 今余既明命女(汝)曰

 清華八·攝命 14 乃既晵(悔)

 清華八·攝命 15 余既埶(設)乃服

 清華八·攝命 17 余厭既異氒(厥)心氒(厥)遏(德)

 清華八·攝命 21 余既明命女(汝)

清華八·攝命 30 余既明竅(啓)劼卲(邵)女(汝)

 清華八·攝命 32 隹(唯)九月既望壬申

 清華八·處位 02 女(如)耑(前)尻(處)既奴(若)無槩(察)

 清華八·處位 11 既備内(納)𩰝(貢)

 清華八·邦道 05 既亓(其)不兩於煮(圖)

 清華八·邦道 06 皮(彼)萅(春)頲(夏)眯(秋)冬之相受既巡(順)

 清華八·邦道 06 水罩(旱)雨雺(露)既尼(度)

 清華八·邦道 17 既聞(聞)亓(其)訇(辭)

 清華八·天下 07 五道既成

～，與 、、、同。《説文·皀部》："既，小食也。从皀，旡聲。《論語》曰：不使勝食既。"

清華一·尹誥 01"隹尹既及湯咸又一惪"，讀爲"惟尹既及湯咸有一德"。《禮記·緇衣》："《尹吉》曰：'惟尹躬及湯咸有壹德。'"郭店簡《緇衣》作"《尹誥》

（誥）》員（云）：'隹（惟）尹允及湯咸又（有）一悳（德）。'""既"，訓爲已。

清華一·程寤01"隹王元祀貞（正）月既生朗（霸）"，《書·武成》："既生魄，庶邦冢君暨百工，受命于周。"

清華一·耆夜07"既醉又酭（侑）"，《詩·大雅·既醉》："既醉以酒，既飽以德。君子萬年，介爾景福。"

清華一·金縢01"武王既克豎（殷）三年"、清華二·繫年013"周武王既克豎（殷）"，《書·金縢》："既克商二年，王有疾，弗豫。"

清華一·皇門05"是人斯既鬻（助）氒（厥）辟"，今本《逸周書·皇門》作"人斯既助厥勤勞王家"。

清華一·皇門13"既告女（汝）悥（元）悳（德）之行"，今本《逸周書·皇門》作"資告予元"。

清華一·祭公14"藍（監）于顕（夏）商之既敗（敗）"，《戰國策·中山》："魏軍既敗，韓軍自潰，乘勝逐北，以是之故能立功。"

清華一·祭公15"既沁"，讀爲"既咸"。今本《逸周書·祭公》作"既畢"。

清華一·楚居04"室既成"，《詩·大雅·崧高》："申伯之功，召伯是營。有俶其城，寢廟既成。"

清華二·繫年017"周成王、周公既罷（遷）殷民于洛邑"，《史記·周本紀》："成王既遷殷遺民，周公以王命告，作多士、無佚。"

清華二·繫年028"既見之"，《列子·楊朱》："既聞之矣，既見之矣，既更之矣，百年猶厭其多，況久生之苦也乎？"

清華二·繫年034"惠公既內（入）"，《左傳·昭公二十年》："公子既入，華輕將自門行。"

清華六·孺子05"既枼"，讀爲"即世"，去世。《左傳·成公十三年》"穆、襄即世"，杜預注："文六年晉襄、秦穆皆卒。"

清華六·管仲26"既旻亓利"，讀爲"既得其利"。《荀子·禮論》："故禮者，養也。君子既得其養，又好其別。"

清華八·攝命32"既望"，周曆以每月十五、十六日至廿二、廿三日爲既望。後稱農曆十五日爲望，十六日爲既望。《書·召誥》："惟二月既望。越六日乙未，王朝步自周，則至于豐。"孔穎達疏："周公攝政七年二月十六日，其日爲庚寅，既日月相望矣。於已望後六日乙未，爲二月二十一日。"

清華八·天下07"既"，已經，已然。《詩·鄭風·溱洧》："女曰觀乎？士曰既且。"鄭箋："既，已也。"《書·堯典》："克明俊德，以親九族，九族既睦，平章

2679

百姓。"孔傳:"既,已也。"

餥

清華三·祝辭 02 餥(既)祝

～,從"食","既"字異體。

清華三·祝辭 02"餥",即"既",已經,已然。

慨

清華八·邦道 13 是以尃(敷)均於百眚(姓)之溓(兼)厝而慨(愛)者

～,從"心","既"聲,與 、同。《說文·心部》:"㤅,惠也。從心,旡聲。![],古文。"

清華八·邦道 13"慨",即"愛"。《墨子·天志上》:"故天意曰:'此之我所愛,兼而愛之;我所利,兼而利之。'"

氣

清華五·畬門 06 唯皮(彼)五味之氣(氣)

清華五·畬門 06 亓(其)末氣(氣)

清華五·畬門 08 亓(其)氣(氣)晉𨡢(解)癹(發)綗(治)

清華五·畬門 08 亓(其)氣(氣)畚(奮)昌

清華五·筮門09 燹（氣）燓（融）交以備

 清華五·筮門09 燹（氣）戚（慼）乃老

 清華五·筮門09 燹（氣）欻（徐）乃獻

 清華五·筮門09 燹（氣）逆䛊（亂）以方是亓（其）爲疾央（殃）

 清華五·筮門10 燹（氣）屈乃終

 清華六·管仲23 夫𠂻（佞）又（有）利燹（氣）

 清華六·管仲24 今夫𠂻（佞）者之利燹（氣）亦可旻（得）而䛐

（聞）虎（乎）

 清華八·邦道11 和亓（其）音燹（氣）與亓（其）𦣞（顏色）以䪻
（柔）之

 清華八·八氣01 夎（發）燹（氣）

 清華八·八氣01 夎（發）燹（氣）

 清華八·八氣01 木燹（氣）渴（竭）

清華八·八氣 02 茻(草)僾(氣)渴(竭)

　清華八·八氣 02 自茻(草)僾(氣)渴(竭)之日

僾，從"火"，"既"聲，"氣"字異體，與 、、、同。

清華五·菅門 06"唯皮五味之僾"，讀為"唯彼五味之氣"。《國語·周語中》："服物昭庸，采飾顯明，文章比象，周旋序順，容貌有崇，威儀有則，五味實氣，五色精心，五聲昭德，五義紀宜，飲食可饗，和同可觀，財用可嘉，則順而德建。"

清華五·菅門 06"末僾"，讀為"末氣"，終氣。或讀為"蔑氣"，精微之氣。

清華五·菅門 08"亓僾晳繇發綰"，讀為"其氣晳解發治"，疑指氣之充盈暢達。

清華五·菅門 08"亓僾畬昌"，讀為"其氣奮昌"。《楚辭·大招》："春氣奮發，萬物遽只。"

清華五·菅門 09"僾僉交以備"，讀為"氣融交以備"，氣融會交合。

清華五·菅門 09"僾戚乃老"，讀為"氣蹙乃老"，氣急促不夠用。

清華五·菅門 09"僾繠乃猷"，讀為"氣徐乃猷"，氣緩乃停止。

清華五·菅門 10"僾屈乃終"，讀為"氣屈乃終"，氣竭盡、窮盡而終。

清華六·管仲 23、24"夫年(佞)又(有)利僾"之"僾"，或疑讀為"氣"。《玉篇》："候也。"

清華八·邦道 11"音僾"，讀為"音氣"，猶聲氣，指說話的聲音、語氣、氣概。王充《論衡·是應》："人含五常，音氣交通，且猶不能相知。"《魏書·高遵傳》："遵形貌莊潔，音氣雄暢。"

清華八·八氣 01"癹僾"，讀為"發氣"，相當於二十四節氣中的立春。《管子·玄宮圖》作"地氣發"，《呂氏春秋·孟春紀》作"地氣上騰"。

清華八·八氣 01"木僾渴"，讀為"木氣竭"。《淮南子·地形》："是故山氣多男，澤氣多女，障氣多瘖，風氣多聾，林氣多癃，木氣多傴，岸下氣多腫。"

清華八·八氣 02"茻僾"，讀為"草氣"。

檗

清華一·祭公06 我亦隹(惟)又(有)若且(祖)周公檗(暨)且(祖)卲(召)公

～,與 同。《説文·木部》:"檗,杚斗斛。从木,既聲。"

清華一·祭公06"檗",讀爲"暨",連詞,與,及,和。《書·堯典》:"帝曰:'咨,汝羲暨和。'"孔傳:"暨,與也。"

見紐骨聲

歇

清華五·厚父10 亦隹(惟)歇(禍)之卣(攸)及

～,从"欠","骨"聲。

清華五·厚父10"歇",讀爲"禍"。《吕氏春秋·務大》:"不知禍之將及之也。不亦愚乎?"

顝

清華二·繫年047 伐顝(滑)

～,从"頁","骨"聲。

清華二·繫年047"顝",讀爲"滑",姬姓國,在今河南偃師南。《左傳·僖公三十三年》:"三十三年春,秦師……及滑,鄭商人弦高將市於周,遇之。以乘韋先,牛十二犒師,曰:'寡君聞吾子將步師出於敝邑,敢犒從者,不腆敝邑,爲從者之淹,居則具一日之積,行則備一夕之衛。'且使遽告于鄭……孟明曰:'鄭有備矣,不可冀也。攻之不克,圍之不繼,吾其還也。'滅滑而還。"

· 2683 ·

褐

清華一·尹至 03 隹（惟）我棘（速）褐（禍）

清華一·金縢 08 褐（禍）人乃𠂤（斯）旻（得）

清華二·繫年 084 吳王子脣（晨）牆（將）记（起）褐（禍）於吳

清華二·繫年 090 朿（厲）公亦見褐（禍）以死

清華二·繫年 099 需（靈）王見褐（禍）

清華二·繫年 102 晉人旻（且）又（有）𩨨（范）氏与（與）中行氏
之褐（禍）

清華二·繫年 122 齊人旻（且）又（有）陳塵子牛之褐（禍）

清華二·繫年 131 奠（鄭）大宰（宰）慈（欣）亦记（起）褐（禍）於
奠（鄭）

清華三·芮良夫 01 周邦聚（驟）又（有）褐（禍）

清華五·命訓 01 正以褐（禍）福

清華五·命訓 02 或司不義而隆（降）之褶（禍）

清華五·命訓 07 又（有）褶（禍）

清華五·命訓 07 以亓（其）斧戉（鉞）尚（當）天之褶（禍）

清華五·命訓 08 亟（極）褶（禍）［則］民喿（畏）

清華五·命訓 10 褶（禍）莫大於遙（淫）祭

清華七·子犯 01 者（胡）晉邦又（有）褶（禍）

清華七·子犯 02 不秉褶（禍）利

清華七·子犯 03 晉邦又（有）褶（禍）

清華七·子犯 07 天豊（亡）思（謀）褶（禍）於公子

清華七·越公 74 天加褶（禍）于吳邦

清華八·邦道 02 古（故）褶（禍）福不遠

～，與䄏（上博六·用 9）同，从"示"，"骨"聲，"禍"之異體。

清華一·尹至 03"棘褐",讀爲"速禍"。《左傳·隱公三年》:"去順效逆,所以速禍也。"

清華一·金縢 08"褐人乃舁旻",讀爲"禍人乃斯得"。《書·金縢》:"周公居東二年,則罪人斯得。"

清華二·繫年 084、131"记褐",讀爲"起禍",引起禍害,惹是生非。《韓非子·難四》:"鄭子都殺伯咺而食鼎起禍,吳王誅子胥而越句踐成霸。"賈誼《新書·五美》:"天下無可以徼倖之權,無起禍召亂之業。"

清華二·繫年 090、099"見褐",讀爲"見禍"。《國語·吳語》:"昔者越國見禍,得罪於天王。"

清華二·繫年 102、122"褐",讀爲"禍",災害,災殃,指一切有害之事。《禮記·表記》:"君子慎以辟禍。"《史記·孔子世家》:"聞君子禍至不懼,福至不喜。"

清華五·命訓 01"正以褐(禍)福",今本《逸周書·命訓》作"正之以禍福"。孔晁云:"司,主也。以德爲主,有德正以福,無德正以禍。"

清華五·命訓 02"隆之褐",讀爲"降之禍",即降禍。《國語·周語上》:"其刑矯誣,百姓攜貳,明神不蠲,而民有遠志,民神怨痛,無所依懷,故神亦往焉,觀其苛慝而降之禍。"

清華五·命訓 07"以亓(其)斧伐(鉞)尚(當)天之褐(禍)",今本《逸周書·命訓》作"以斧鉞當天之禍"。

清華五·命訓 08"亟(極)褐(禍)[則]民纍(畏)",今本《逸周書·命訓》作"極禍則民鬼,民鬼則淫祭,淫祭則罷家"。唐大沛云:"禍以懲惡,若降禍過多,則民思免禍,求媚於鬼神。巫祝祈禱之事盛行曰淫祭。弊其財以冀無禍,其家必至罷憊。"

清華五·命訓 10"褐(禍)莫大於㴿(淫)祭",今本《逸周書·命訓》作"福莫大於行義,禍莫大於淫祭"。《老子》:"禍莫大於不知足,咎莫大於欲得。"

清華七·子犯 02"不秉褐利",讀爲"不秉禍利",不持有或不承受因禍帶來的利益。

清華三·芮良夫 01,清華五·命訓 07,清華七·子犯 01、03"又褐",讀爲"有禍"。《周禮·秋官·小行人》:"若國有福事,則令慶賀之。若國有禍烖,則令哀弔之。"

清華七·子犯 07"天豐恁褐於公子",讀爲"天亡謀禍於公子",意謂老天不會嫁禍於公子。

清華七·越公74"天加褐于吴邦",讀爲"天加禍于吴邦"。《論衡·變虛篇》:"若是者,天使熒惑加禍於景公也,如何可移於將、相若歲與國民乎?"

清華八·邦道02"褐福",讀爲"禍福",本指災殃與幸福。《左傳·襄公二十三年》:"禍福無門,唯人所召。"這裏專指災禍。《文選·歐陽建〈臨終詩〉》:"潛圖密已構,成此禍福端。"

溪紐气聲

气

　　清華一·皇門02 气(訖)又(有)𩇾(孚)

～,與 𠄞(上博三·周44)同。《説文·气部》:"气,雲气也。象形。"

清華一·皇門02"气又𩇾",讀爲"訖有孚"。今本《逸周書·皇門》作"訖亦有孚"。

"訖",副詞,終究,竟然。《逸周書·皇門》:"罔不茂揚肅德,訖亦有孚,以助厥辟,勤王國王家。"孔晁注:"訖,既也。"《後漢書·伏湛傳》:"自行束脩,訖無毀玷。"李賢注:"訖,竟也。"

伎

　　清華三·琴舞12 伎(遹)舍(余)龏(恭)害(何)𢗊(息)

《説文·人部》:"伎,勇壯也。从人,气聲。《周書》曰:'伎伎勇夫。'"

清華三·琴舞12"伎",讀爲"遹",句首語氣詞。《詩·大雅·文王有聲》:"文王有聲,遹駿有聲,遹求遹寧,遹觀厥成,文王烝哉!"朱熹《集傳》:"(遹),疑與聿同,發語辭。"

訖

　　清華三·琴舞03 訖(遹)我俑(夙)夜不兔(逸)

清華三·琴舞 16 訖(遹)我敬之

《說文·言部》:"訖,止也。从言,气聲。"
清華三·琴舞"訖",讀爲"遹",句首語氣詞。參上。

汔

 清華六·子儀 14 君欲汔(迄)丹(旦)才(在)公

《說文·水部》:"汔,水涸也。或曰泣下。从水,气聲。《詩》曰:'汔可小康。'"
清華六·子儀 14"汔",讀爲"迄",至,到。《爾雅·釋詁》:"迄,至也。"《詩·大雅·生民》:"后稷肇祀,庶無罪悔,以迄于今。"毛傳:"迄,至也。"趙壹《刺世疾邪賦》:"于茲迄今,情僞萬方。"《後漢書·黨錮列傳》:"自春迄冬,不蒙降恕,遐邇觀聽,爲之歎息。""丹",讀爲"旦",天亮。《書·太甲上》:"先王昧爽丕顯,坐以待旦。"簡文"汔丹",讀爲"迄旦",到天亮。《詩·召南·采蘩》:"被之僮僮,夙夜在公。"《詩·魯頌·駉之什》:"有駜有駜,駜彼乘黄。夙夜在公,在公明明。"鄭箋:"夙,早也。言時臣憂念君事,早起夜寐,在於公之所。"簡文"迄旦在公"與《詩》"夙夜在公"義同。

炁

 清華七·越公 20 不兹(使)達炁(氣)

～,从"火","气"聲。

清華七·越公 20"炁",讀爲"暨",至,到。《國語·周語中》:"上求不暨。"韋昭注:"暨,至也。"《史記·秦始皇本紀》:"地東至海暨朝鮮。"張守節《正義》:"暨,及也。"簡文"不使達暨",指不能使寡人之辭到達。(王凱博)或說"達氣",通氣,猶達意。《鶡冠子·近迭》:"縱法之載於圖者,其於以喻心達意,揚道之所謂。"

透紐出聲

出

 清華一·金縢 12 王乃出逆公至鄗(郊)

 清華一·祭公 21 乃出

 清華一·楚居 01 遳(前)出于喬山

 清華一·楚居 03 渭(潰)自脅(脅)出

 清華二·繫年 017 方(旁)執(設)出宗子

 清華二·繫年 029 文王以北啓出方成(城)

 清華二·繫年 093 鄹(欒)經(盈)出奔齊

 清華二·繫年 100 䜣(許)公佗出奔晉

 清華三·說命中 05 夋(且)天出不羕(祥)

 清華三·說命中 06 夋(且)隹(惟)口记(起)戎出好

 清華三·良臣 09 佭(後)出邦

清華四·筮法 06 響（數）而出，乃述（遂）

 清華四·筮法 15 響（數）而出，乃宇（旱）

 清華四·筮法 22 響（數）出，乃亦雠（售）

 清華四·筮法 22 凸（凡）行，響（數）出

 清華四·筮法 42 外事響（數）而出，乃果

 清華四·筮法 49 霉（震）祟：日出，東方

 清華五·湯丘 03 三月不出

 清華五·三壽 21 弫（強）敚（並）丩（糾）出

 清華六·管仲 26 出外必張

 清華六·太伯甲 04 昔虡（吾）先君逗（桓）公遂（後）出自周

 清華六·太伯甲 13 君之亡（無）出也

 清華六·太伯乙 11 君之亡（無）出［也］

清華六·子產 06 出言遉（覆）

清華六·子產 15 不以唐（虐）出民力

清華七·子犯 04 必出又（有）□

清華七·晉文公 06 爲熊羿（旗）夫=（大夫）出

清華七·晉文公 06 爲貏（豹）羿（旗）士出

清華七·晉文公 07 爲蒉苂（採）之羿（旗）戠（侵）糧者出

清華七·越公 15 吳王乃出

清華七·越公 53 乃出共（恭）敬（敬）

清華七·越公 53 乃出不共（恭）不敬（敬）

清華八·攝命 03 肇（肇）出內（納）朕命

清華八·處位 05 無灋（津）以出

清華八·處位 06 頯（美）亞（惡）乃出

清華八·處位 10 乃胃（謂）良人出於無尼（度）

 清華八·邦道 02 肀（盡）自身出

 清華八·邦道 24 忎（仁）聖不出

 清華八·心中 01 心所出少（小）大

～，與 (上博一·緇 15)、 (上博一·性 8)、 (上博二·昔 3) 同。《説文·出部》："出，進也。象艸木益滋，上出達也。凡出之屬皆从出。"

清華一·金縢 12"王乃出逆公至鄗（郊）"，今本《書·金縢》作"王出郊，天乃雨"。

清華一·楚居 03"出"，出生。

清華二·繫年 017"出宗子"，當指支子而言，即《左傳》昭公九年、二十六年"建母弟以蕃屏周"的"母弟"。

清華二·繫年 093、100"出奔"，出走，逃亡。《禮記·檀弓下》："衛獻公出奔。"

清華三·説命中 05"复天出不䍒"，讀爲"且天出不祥"。《書·君奭》："其終出于不祥。"

清華三·説命中 06"复隹口記戎出好"，讀爲"且惟口起戎出好"。《禮記·緇衣》引《説命》作："惟口起羞，惟甲冑起兵，惟衣裳在笥，惟干戈省厥躬。"《墨子·尚同中》："是以先王之書《術令》之道曰：'唯口出好興戎。'"孫詒讓《閒詁》已指出《術令》就是《説命》。

清華三·良臣 09"𢓜（後）出邦"，指其後裔不留在周之朝廷。

清華四·筮法 06、15、22、42"出"，與"入"相對。

清華四·筮法 49"日出，東方"，《禮記·祭義》："日出於東，月生於西。陰陽長短，終始相巡，以致天下之和。"

清華五·湯丘 03"三月不出"，《禮記·祭義》："樂正子春下堂而傷其足，數月不出，猶有憂色。"

清華五·三壽21"出",或讀爲"绌"。(補白)

清華六·管仲26"出外必張",《文子·下德》:"在內而合乎道,出外而同乎義。"

清華六·太伯甲04"昔虐先君逗公遂出自周",讀爲"昔吾先君桓公後出自周"。《左傳·昭公十六年》:"昔我先君桓公,與商人皆出自周,庸次比耦,以艾殺此地,斬之蓬蒿藜藋,而共處之。"

清華六·子產06"出言",說話,發言。《詩·小雅·都人士》:"其容不改,出言有章。"劉向《說苑·談叢》:"口者關也,舌者機也,出言不當,四馬不能追也。"

清華六·子產15"不以虗(虐)出民力"之"出",使出,拿出,取出。《書·盤庚上》:"各長于厥居,勉出乃力,聽予一人之作猷。"

清華七·子犯04"出",除去。《吕氏春秋·忠廉》"殺身出生以徇其君",高誘注:"出,去也。"或讀爲"黜",貶斥、罷退。《漢官六種》:"太守專郡,信理庶績,勸農賑貧,決訟斷辟,興利除害,檢察郡奸,舉善黜惡,誅討暴殘。"與簡文的"不蔽有善,必黜有惡"意思相同。(趙嘉仁)

清華八·攝命03"肇出內朕命",讀爲"肇出納朕命"。《書·舜典》:"命汝作納言,夙夜出納朕命,惟允。"孔傳:"納言,喉舌之官。聽下言納於上,受上言宣於下。"簡文"出內",讀爲"出納",傳達帝王命令,反映下面意見。《後漢書·陳蕃傳》:"輔弼先帝,出內累年。"

清華八·邦道24"悉(仁)聖不出"之"出",出現,顯露。《易·繫辭上》:"河出圖,洛出書,聖人則之。"

清華八·心中01"心所出少(小)大"之"出",猶"行"也。《大戴禮記·主言》:"吾主言其不出而死乎?"

清華七·晉文公06、07,清華七·越公15"出",自內而外,與"入""進"相對。《禮記·祭義》:"樂正子春下堂而傷其足,數月不出。"

飿

 清華五·湯丘02 鹽(絕)飭(芳)旨以飿(粹)

~,從"食","出"聲。

清華五·湯丘02"飿",讀爲"粹",純美。《後漢書·張衡傳》:"欻神化而蟬蛻兮,朋精粹而爲徒。"李賢注:"粹,美也。"或讀爲"滑"。(曹方向)

續

 清華七·越公 37 群采勿(物)之不繽(對)

~,從"糸","賁"聲。或疑從"貝","紃"聲。或釋爲"繽"。(石小力)"真"作"🙥"(清華伍·筥門 18)、"填"作"🙥"(楚帛書乙·四時)、"顛"作"🙥"(上博三·周易 25)。

清華七·越公 37"不繽",讀爲"不對",不匹配,有悖於常典。55 號簡相同的意思表達爲:"群物品采之愆於故常。"或讀爲"慎"。

屈

 清華一·楚居 04 至酓(熊)䋣(繹)與屈約(紃)

 清華二·繫年 075 王命繡(申)公屈晉(巫)迌(適)秦求自(師)

 清華二·繫年 108 繡(申)公屈晉(巫)自晉迌(適)吳

 清華五·筥門 10 燹(氣)屈乃終

 清華七·越公 74 以屈聿(盡)王年

~,與🙥(上博六·競 4)同。《説文·尾部》:"屈,無尾也。從尾,出聲。"

清華一·楚居 04"屈約",人名。

清華二·繫年 075、108"繡公屈晉",讀爲"申公屈巫",即《左傳·宣公十二年》申公巫臣,屈氏別族。《左傳·成公二年》:"及共王即位,將爲陽橋之役,使屈巫聘于齊,且告師期。巫臣盡室以行。申叔跪從其父將適郢,遇之。"《國語·楚語上》:"莊王既以夏氏之室賜申公巫臣,則又畀之子反,卒於襄老。襄老死於邲,二子爭之,未有成。恭王使巫臣聘於齊,以夏姬行,遂奔晉。晉人用之,寔通吳、晉。使其子狐庸爲行人於吳,而教之射御,導之伐楚,至於今爲患,則申公巫臣之爲也。"

清華五·厚父 10 "屈",竭盡,窮盡。

清華七·越公 74 "屈聿",讀爲"屈盡",同義連用,竭盡,窮盡。《孫子·作戰》:"攻城則力屈。"《漢書·食貨志上》:"生之有時,而用之亡度,則物力必屈。"顏師古曰:"屈,盡也。"《説苑·辨物》:"今宫室崇侈,民力屈盡,百姓疾怨,莫安其性。"《孔子家語·三恕》:"浩浩乎無屈盡之期,此似道。"

透紐夊聲

退

清華三·芮良夫 23 甬(用)交躐(亂)進退

清華七·晉文公 05 爲降龍之羿(旗)師以退

清華七·趙簡子 03 不善人退

清華七·趙簡子 04 善人退

清華七·越公 60 進者莫退

清華七·越公 60 鼓(鼓)而退之

清華八·邦道 14 進退不勋(稽)

清華八·攝命 12 女(汝)有退進于朕命

清華八·攝命 13 女(汝)母(毋)敢有退于之

清華八·邦道 09 必慮耑(前)退

清華八·八氣 01 進退五日

清華八·八氣 02 進退五日

清華五·湯丘 19 退不募(顧)死生

～，與(上博六·用 19)、(上博八·顏 9)同。《說文·彳部》：“退，卻也。一曰：行遲也。从彳、从日、从夂。𨒫，復或从內。𨓴，古文从辵。”

清華三·芮良夫 23"進退"，損益變化。《周禮·秋官·小司寇》：“孟冬祀司民，獻民數於王。王拜受之，以圖國用而進退之。”鄭玄注：“進退，猶損益也。”顏之推《顏氏家訓·歸心》：“封建已來，誰所制割？國有增減，星無進退，災祥禍福，就中不差。”

清華七·晉文公 05"爲降龍之斿(旗)師以退"，《左傳·襄公二十五年》：“吳人救之，子木遽以右師先，子彊、息桓、子捷、子駢、子盂帥左師以退。”

清華七·趙簡子 03"不善人退"、趙簡子 04"善人退"，參《管子·五輔》：“不能爲政者，田疇荒而國邑虛，朝廷兇而官府亂，公法廢而私曲行，倉廩虛而囹圄實，賢人退而姦民進。”

清華七·越公 60"退"，退卻，後退。《易·大壯》：“羝羊觸藩，不能退，不能遂。”

清華八·攝命 12"退進"，猶云進退。《周禮·秋官·小司寇》"孟冬祀司民,獻民數于王,王拜受之,以圖國用而進退之",鄭玄注:"進退,猶損益也。"

清華八·邦道 14"進退",升降、任免意。《韓非子·姦劫弑臣》:"夫姦臣得乘信幸之勢以毀譽進退群臣者,人主非有術數以御之也。"

清華八·八氣 01、02"進退",提前、推遲。

定紐朮聲

述

清華一·保訓 01 志(恐)述(墜)保(寶)訓

清華二·繫年 019 翟述(遂)居衛

清華二·繫年 043 命(令)尹子玉述(遂)銜(率)奠(鄭)……之

自(師)

清華二·繫年 044 述(遂)朝周襄王于衡澭(雍)

清華二·繫年 054 述(遂)奔秦

清華二·繫年 061 臧(莊)王述(遂)加奠(鄭)䚋(亂)

清華二·繫年 063 臧(莊)王述(遂)北

清華二·繫年 065 述(遂)敗晉自(師)于河

清華二・繫年 079 自齊述(遂)逃迲(適)晉

清華二・繫年 083 述(遂)内(入)郢

清華二・繫年 091 述(遂)以翟(遷)䜌(許)於鄟(葉)而不果

清華二・繫年 098 述(遂)以伐郐(徐)

清華二・繫年 101 述(遂)明(盟)者(諸)侯於聖(召)陵

清華二・繫年 112 述(遂)以伐齊

清華二・繫年 124 述(遂)以齊侯貣(貸)、魯侯羴(顯)、宋公畋(田)、衛侯虔、奠(鄭)白(伯)刕(駘)朝周王于周

清華二・繫年 138 述(遂)還

清華四・筮法 06 出,乃述(遂)

清華四・筮法 07 凸(凡)咎,見述(術)日

清華四・筮法 10 凸(凡)瘝,見述(術)日

 清華四・筮法 23 述(遂);譻(數)内(入),復(復)

 清華五・厚父 06 廼述(墜)氒(厥)命

 清華五・命訓 08 方三述

 清華六・孺子 05 亓(其)可(何)不述(遂)

 清華七・子犯 13 邦乃述(遂)喪(亡)

 清華七・越公 67 左軍右軍乃述(遂)涉

 清華七・越公 68 雩(越)帀(師)乃述(遂)閡(襲)吴

 清華七・越公 74 女(焉)述(遂)逹(失)宗窗(廟)

 清華三・良臣 04 述(遂)差(佐)成王

～,作,與(上博二・容 44)、(上博六・莊 4)同。或从“彳”,作,“述”字異體。《説文・辵部》:“述,循也。从辵,术聲。,籀文从秫。”

清華一・保訓 01“忎述保訓”,讀爲“恐墜寶訓”。《書・金縢》:“無墜天之降寶命。”《國語・晉語二》:“敬不墜命。”韋昭注:“墜,失也。”

清華二・繫年 019“述居”,讀爲“遂居”。《左傳・桓公十五年》:“秋,鄭伯因櫟人殺檀伯,而遂居櫟。”

清華二·繫年043"述衘",讀爲"遂率",於是率領。《禮記·大傳》："牧之野,武王之大事也。既事而退,柴於上帝,祈於社,設奠於牧室。遂率天下諸侯,執豆籩,逡奔走。追王大王亶父、王季歷、文王昌,不以卑臨尊也。"

清華二·繫年044"述朝周襄王于衡澭",讀爲"遂朝周襄王于衡雍"。《說苑·奉使》："諸侯曰：'齊伐周公之後,而吳救之。'遂朝于吳。"

清華二·繫年054"述奔秦",讀爲"遂奔秦"。《左傳·襄公十七年》："華臣懼,遂奔陳。"

清華二·繫年063"臧王述北",讀爲"莊王遂北"。《戰國策·燕二》："燕因合於魏,得趙,齊遂北矣。"

清華二·繫年065"述敗晉自于河",讀爲"遂敗晉師于河"。《左傳·桓公十一年》："遂敗鄖師於蒲騷,卒盟而還。"

清華二·繫年079"自齊述逃迈晉",讀爲"自齊遂逃適晉"。《左傳·成公十五年》："遂逃,奔宋。"

清華二·繫年083"述内郢",讀爲"遂入郢"。《戰國策·楚一》："吳與楚戰於柏舉,三戰入郢,君王身出,大夫悉屬,百姓離散。蒙穀給鬬於宮唐之上,舍鬬奔郢,曰：'若有孤,楚國社稷其庶幾乎？'遂入大宮,負雞次之典,以浮於江,逃於雲夢之中。"

清華二·繫年098"述以伐郐",讀爲"遂以伐徐"。《春秋·襄公二十三年》："秋,齊侯伐衛,遂伐晉。"

清華二·繫年101"述明者侯於聖陵",讀爲"遂盟諸侯於召陵"。《左傳·昭公二十年》："秋七月戊午朔,遂盟國人。"

清華二·繫年138"述還",讀爲"遂還"。《左傳·成公六年》："乃遂還。"

清華三·良臣04"述差成王",讀爲"遂佐成王"。《越絕書·越絶外傳記范伯》："伊尹負鼎入殷,遂佐湯取天下。"

清華四·筮法06"述",讀爲"遂",成也,順也。《禮記·月令》："百事乃遂。"鄭玄注："遂,猶成也。"

清華四·筮法07、10"述日",讀爲"術日",占筮之日,與"當日"意同,指出現與該日干支相當之卦。

清華五·厚父06"述氒命",讀爲"墜厥命"。《書·酒誥》："今惟殷墜厥命,我其可不大監撫于時！"《後漢書·隗囂傳》："高祖、文皇、武皇,俾墜厥命,厥宗受兵,族類滅亡。"

清華五·命訓08"方三述",今本《逸周書·命訓》作"六方三述"。潘振云:"方,比也。述,稱也。合而比之則六,別而稱之則三。天有極,人無極,道皆至善,故曰其極一也。"唐大沛云:"曰命、曰禍、曰福、曰醜、曰紼絻、曰斧鉞,有此六方,方即道也。術者,道之用也。天人相合,則道之用惟三述耳。論其極,三術實皆一理耳。"

清華六·孺子 05"述",讀爲"遂"。《逸周書·常訓》:"順政曰遂。"

清華七·子犯 13"邦乃述巟",讀爲"邦乃遂亡"。《戰國策·齊五》:"然而國遂亡,君臣於齊者,何也?"

清華七·越公 67"左軍右軍乃述涉",讀爲"左軍右軍乃遂涉"。《國語·吳語》:"越之左軍、右軍乃遂涉而從之,又大敗之於没,又郊敗之,三戰三北,乃至於吳。"

清華七·越公 68"雩帀乃述闇吳",讀爲"越師乃遂襲吳"。《左傳·襄公二十三年》:"遂襲莒,門于且于,傷股而退。"

清華七·越公 74"女述遷宗审",讀爲"焉遂失宗廟"。《墨子·非命下》:"繁爲無用,暴逆百姓,遂失其宗廟。"或讀爲"墜失"。

清華三·良臣 04"述",讀爲"遂",副詞,于是,就。《春秋·僖公四年》:"四年春,王正月,公會齊侯、宋公……侵蔡。蔡潰。遂伐楚,次于陘。"杜預注:"遂,兩事之辭。"

墜

清華六·管仲 30 余日三墜之

清華六·管仲 30 夕三墜之

~,從"止","陊"聲。

清華六·管仲 30"墜",疑讀爲"怵"。《說文》:"怵,恐也。"

墜

清華八·邦道 23 古(故)墜(墜)遷(失)社稷(稷)

~,從"土","陊"聲。

清華八·邦道23"墜遾",讀爲"墜失",失去,廢弛。《國語·周語上》:"庶人、工、商各守其業,以共其上。猶恐其有墜失也,故爲車服、旗章以旌之。"

袾

　　清華五·湯丘05 繙(適)奉(逢)道洛(路)之袾(祟)

~,從"示","术"聲。

清華五·湯丘05"袾",讀爲"祟",鬼神的禍害。《説文》:"祟,神禍也。"《戰國策·東周》:"及王病,使卜之。太卜譴之曰:'周之祭地爲祟。'"鮑彪注:"神禍也。"

絉

　　清華三·説命下09 余罔絉(墜)天休

　　清華三·琴舞01 鎣(琴)諅(舞)九絉(卒)

　　清華三·琴舞02 鎣(琴)諅(舞)九絉(卒)

　　清華三·芮良夫07 兝(變)改棠(常)絉(術)

　　清華三·芮良夫19 惪(德)型(刑)態(怠)絉(憻)

~,從"糸","术"聲。

清華三·説命下09"絉",讀爲"墜",訓爲失。《書·金縢》:"無墜天之降寶命,我先王亦永有依歸。"

清華三·琴舞01、02"九絉",讀爲"九卒"或"九遂",義同文獻中的"九成"。《書·益稷》:"簫韶九成。"孔穎達疏:"成猶終也,每曲一終,必變更奏,故

《經》言九成,《傳》言九奏,《周禮》謂之九變,其實一也。"九篇詩簡文稱爲"九阦"。或疑讀爲"闋",《呂氏春秋·古樂》:"昔葛天氏之樂,三人操牛尾投足以歌八闋。"高誘注:"闋,終也。"《漢書·張良傳》:"歌數闋。"顏師古注:"闋,盡也。曲終爲闋。"(白於藍)

清華三·芮良夫07"阦",讀爲"術"。《國語·晉語六》:"盡戒之術也。"韋昭注:"術,道也。"《淮南子·詮言》:"有大地者,以有常術而無鈐謀,故稱平焉,不稱智也。"

清華三·芮良夫19"態阦",讀爲"怠惰",懈怠,懶惰。《國語·魯語下》:"朝夕處事,猶恐忘先人之業,況有怠惰,其何以避辟。"《史記·司馬相如列傳》:"南夷之君,西僰之長,常效貢職,不敢怠墮。"或讀爲"痳"。(白於藍)

泥紐內聲

內

清華一·尹至05 顕(夏)舋民內(入)于水曰罟(戰)

清華一·程寤07 佳(惟)容內(納)棶(棘)

清華一·金縢05 周公乃內(納)亓(其)所爲玒(貢)

清華一·楚居04 無以內之

清華一·楚居05 夜而內屍(尸)

清華一·楚居12 盍(闔)虞(廬)內(入)郢

清華二·繫年024 必内(入)

 清華二·繫年024 賽(息)爲(媯)乃内(入)于郲(蔡)

 清華二·繫年033 秦穆公乃内(納)惠公于晉

 清華二·繫年034 我句(苟)果内(入)

 清華二·繫年034 惠公既内(入)

 清華二·繫年036 而弗能内(入)

 清華二·繫年037 亦莫之能内(入)

 清華二·繫年038 秦人記(起)自(師)以内(納)文公于晉

 清華二·繫年076 王内(入)陳

 清華二·繫年083 述(遂)内(入)鄟

 清華二·繫年093 奔内(入)於曲禾(沃)

 清華二·繫年121 戉(越)公内(入)喜(饗)於魯

清華二·繫年 121 齊侯晶(參)蠚(乘)以內(入)

 清華二·繫年 122 內(入)至汧水

 清華二·繫年 123 晉三子之夫₌(大夫)內(入)齊

 清華二·繫年 129 晉腄余衍(率)晉𠂤(師)與奠(鄭)𠂤(師)以內(入)王子定

 清華二·繫年 129 不果內(入)王子

 清華二·繫年 131 奠(鄭)𠂤(師)逃內(入)於蔑

 清華二·繫年 136 陳人女(焉)反而內(入)王子定於陳

 清華三·說命中 01 內(入)才(在)宗

 清華三·琴舞 01 元內(納)啓(啓)曰

 清華三·琴舞 02 元內(納)啓(啓)曰

 清華三·琴舞 08 曰內(入)辠(罪)𥃩(舉)不寍(寧)

• 2705 •

清華三·芮良夫02 内(芮)良夫乃复(作)諆(惎)再終

 清華四·筮法08 嚳(數)而内(入)

 清華四·筮法14 内(入)於金(陰)

 清華四·筮法14 嚳(數)而内(入)

 清華四·筮法23 嚳(數)内(入),复(復)

 清華四·筮法24 内戠(勝)外

 清華四·筮法27 外戠(勝)内

 清華四·筮法40 内(入)月五日豫(舍)巽

 清華四·筮法42 内事嚳(數)内(入)

 清華四·筮法42 嚳(數)内(入)

 清華四·筮法61 内又(有)哭(咎)

 清華五·三壽20 内(納)諫受訾

清華五·三壽 20 內亞(基)而外比

清華六·太伯甲 12 茲賠(詹)父內謫於中

清華六·太伯甲 13 則亦亡(無)內(入)也

清華六·太伯乙 11 茲賠(詹)父內謫於中

清華六·太伯乙 11 則亦亡(無)內(入)也

清華六·子產 03 內君子亡攴(變)

清華七·晉文公 01 晉文公自秦內(入)於晉

清華七·晉文公 02 四坴(封)之內皆肰(然)

清華七·晉文公 03 四圭(封)之內皆肰(然)

清華七·晉文公 04 四圭(封)之內皆肰(然)

清華七·晉文公 04 四圭(封)之內皆肰(然)

清華七·越公 11 昔虐(吾)先王盍膚(盧)所以克內(入)郢邦

清華七·越公 13 虐(吾)先王用克内(入)于郢

 清華七·越公 22 孤用内(入)守於宗宙(廟)

 清華七·越公 68 吳人昆奴乃内(入)雩(越)帀(師)

 清華八·攝命 03 肇(肇)出内(納)朕命

 清華八·邦政 06 不内(納)誨(謀)夫

 清華八·處位 02 還内(入)它(施)政

 清華八·處位 11 必内(納)膣(貢)

 清華八·處位 11 既備内(納)膣(貢)

 清華八·虞夏 02 昏(海)内又(有)不至者

～，作 ，與 (上博二·容 41)同。或作 。《說文·入部》："内，入也。从门，自外而入也。"

　　清華一·尹至 05"内于水"，讀爲"入於水"。《淮南子·主術》："獺未祭魚，網罟不得入於水。"

　　清華一·程寤 07"内"，讀爲"納"。簡文"惟容納棘"，喻對小人亦予包容。

　　清華一·金縢 05"周公乃内(納)亓(其)所爲紅(貢)"，《書·金縢》："公歸，乃納册于金縢之匱中"。

清華一·楚居04、05"内",讀爲"納",入,使入。《書·舜典》:"納于百揆,百揆時叙;賓于四門,四門穆穆;納于大麓,烈風雷雨弗迷。"(李家浩)

清華一·楚居12"盍虜内郢",讀爲"闔廬入郢"。《戰國策·楚一》:"昔吳與楚戰於柏舉,三戰入郢,寡君身出,大夫悉屬,百姓離散。"

清華二·繫年024"内",讀爲"入",進入。

清華二·繫年033"秦穆公乃内惠公于晉",《左傳·僖公九年》:"晉郤芮使夷吾重賂秦以求入……齊隰朋帥師會秦師,納晉惠公。"

清華二·繫年034"内",讀爲"入",回到晉國。

清華二·繫年036、037"能内",讀爲"能入"。《左傳·哀公十一年》:"冉有用矛於齊師,故能入其軍。"

清華二·繫年038"秦人記自以内文公于晉",讀爲"秦人起師以納文公于晉"。《左傳·僖公九年》:"九月,晉獻公卒,里克、丕鄭欲納文公,故以三公子之徒作亂。"

清華二·繫年076"王内陳",讀爲"王入陳"。《左傳·宣公十一年》:"丁亥,楚子入陳,納公孫寧、儀行父于陳。"

清華二·繫年083,清華七·越公11、13"内郢",讀爲"入郢"。《春秋·定公四年》:"冬十有一月庚午,蔡侯以吳子及楚人戰于柏舉,楚師敗績。楚囊瓦出奔鄭。庚辰,吳入郢。"

清華二·繫年093"奔内於曲夭",讀爲"奔入於曲沃"。《左傳·襄公二十三年》:"欒盈奔曲沃,晉人圍之。"

清華二·繫年129"内王子定",讀爲"入王子定",當是使王子入周。

清華二·繫年131"奠自逃内於蔑",讀爲"鄭師逃入於蔑"。《史記·吳王濞列傳》:"擊之不勝,乃逃入海,未晚也。"

清華二·繫年136"反而内",讀爲"反而入",反方嚮使其進入。王子定入周與入齊是反方嚮。

清華三·琴舞01、02"内",讀爲"納",進獻。簡文"元納啓",首章之啓。

清華三·琴舞08"内",讀爲"入"。《廣雅·釋詁》:"入,得也。"

清華三·芮良夫02"内良夫",讀爲"芮良夫",芮國國君,厲王時入朝爲大夫,是西周時有名的賢臣。《國語·周語上》:"厲王説榮夷公,芮良夫曰。"

清華四·筮法08、14、23、42,清華六·太伯甲13、太伯乙11"内",讀爲"入",與"出"相對。

清華四·筮法14、24、27、61,清華六·太伯甲12、太伯乙11"内",與"外"

相對。

清華四·筮法 40"内月五日",讀爲"入月五日",即初五日。

清華五·三壽 20"内諫",讀爲"納諫",接受規勸,多指君主接受臣下進諫。《國語·晉語八》:"納諫不忘其師,言身不失其友。"

清華五·三壽 20"内至(基)而外比",以内爲本,以外爲輔。

清華六·子產 03"内君子亡支(變)",内心始終爲君子,没有改變。"内",《禮記·禮器》孔穎達疏:"猶心也。"《大戴禮記·曾子事父母》:"兄之行若中道,則兄事之;兄之行若不中道,則養之;養之内,不養於外,則是越之也;養之外,不養於内,則是疏之也;是故君子内外養之也。"王聘珍《解詁》:"'養'讀若'中心養養',憂念也。内謂心,外謂貌……内外養之,謂憂誠於中,形於外,冀感悟之也。"

清華七·晉文公 02、03、04"四青(封)之内",四面疆界之内。《國語·越語下》:"王曰:'蠡爲我守於國。'范蠡對曰:'四封之内,百姓之事,蠡不如種也。四封之外,敵國之制,立斷之事,種亦不如蠡也。'"《管子·中匡》:"愛四封之内,而後可以惡竟外之不善者。"

清華七·越公 22"孤用内守於宗宙",讀爲"孤用入守於宗廟"。《漢書·蕭望之傳》:"書聞,徵入守少府。"

清華八·攝命 03"出内朕命",讀爲"出納朕命",傳達帝王命令,反映下面意見。《書·舜典》:"命汝作納言,夙夜出納朕命,惟允。"孔傳:"納言,喉舌之官。聽下言納於上,受上言宣於下,必以信。"

清華八·邦政 06"不内謀夫",讀爲"不納謀夫"。《戰國策·魏一》:"魏因不納張儀。"

清華八·處位 02"還内它政",讀爲"還入施政"。《左傳·僖公二十四年》:"宋及楚平。宋成公如楚,還入於鄭。"

清華八·處位 11"内瞳",讀爲"納貢",古代諸侯嚮天子貢獻財物土產。《史記·齊太公世家》:"命燕君復修召公之政,納貢于周,如成康之時。"

清華八·虞夏 02"晉内",讀爲"海内",國境之内,全國。《孟子·梁惠王上》:"海内之地,方千里者九。"焦循《正義》:"古者内有九洲,外有四海……此海内,即指四海之内。"《史記·貨殖列傳》:"漢興,海内爲一。"

郱

清華三·良臣 03 又（有）郱（芮）白（伯）

～，從"邑"，"内"聲。

清華三·良臣 03"郱白"，讀爲"芮伯"。《書序》："巢伯來朝，芮伯作《旅巢命》。"

來紐類聲

頪

清華八·邦政 11 亓（其）頪（類）不長虖（乎）

～，與 、同，從"米"，從"頁"。

清華八·邦政 11"頪"，讀爲"類"，族類。《左傳·僖公十年》："神不歆非類，民不祀非族。"孔穎達疏："族、類一也，皆謂非其子孫。"

心紐帥聲

帥

清華一·楚居 07 至焚冒酓（熊）帥（率）自箬（鄀）遷（徙）居焚

～，與西周金文彔伯簋（《集成》04302）字形相近。《說文·巾部》："帥，佩巾也。從巾、𠂤。![]，帥或從兑。又音税。"

清華一·楚居 07"酓帥"，讀爲"熊率"。《國語·鄭語》："及平王末……楚蚡冒於是乎始啟濮。"韋昭注："蚡冒，楚季紃之孫，若敖之子熊率。"

心紐率聲

衛

清華二·繫年054 秦康公衛(率)自(師)以遣(送)癰(雍)子

清華二·繫年059 臧(莊)王衛(率)自(師)回(圍)宋九月

清華二·繫年063 晉中行林父衛(率)自(師)栽(救)奠(鄭)

清華二·繫年066 陵(隨)會衛(率)自(師)

清華二·繫年071 郇(駒)之克衛(率)自(師)栽(救)魯

清華二·繫年075 臧(莊)王衛(率)自(師)回(圍)陳

清華二·繫年089 衛(率)自(師)會者(諸)侯以伐秦

清華二·繫年090 龏(共)王亦衛(率)自(師)回(圍)奠(鄭)

清華二·繫年092 坪(平)公衛(率)自(師)會者(諸)侯

清華二·繫年093 齊臧(莊)公光衛(率)自(師)以逐鄉(欒)經(盈)

（救）楚

清華二·繫年 105　秦異公命子甫（蒲）、子虎衒（率）自（師）救

句伐齊

清華二·繫年 112　灼（趙）狗衒（率）自（師）與戉（越）公朱（朱）

清華二·繫年 114　王命莫囂（敖）易爲衒（率）自（師）以定公室

清華二·繫年 115　衒（率）自（師）回（圍）黃池

清華二·繫年 116　王命莫囂（敖）易爲衒（率）自（師）戡（侵）晉

清華二·繫年 117　衒（率）自（師）救（救）赤壄

清華二·繫年 120　衒（率）自（師）與戉（越）公殹（翳）伐齊

清華二·繫年 126　王衒（率）宋公以城贖（犢）闚（關）

之自（師）

清華二·繫年 127　旐（陽）城洹（桓）悉（定）君衒（率）犢闚（關）

清華二·繫年 129　晉臦余衒（率）晉自（師）與奠（鄭）自（師）以

内（入）王子定

清華二·繫年129 遊（魯）昜（陽）公衒（率）𠂤（師）以这晉人

 清華二·繫年130 郎臧（莊）坪（平）君衒（率）𠂤（師）戠（侵）奠（鄭）

 清華二·繫年130 鄭皇子=（子、子）馬、子池、子坃（封）子衒（率）𠂤（師）以这（邀）楚人

 清華二·繫年133 王命坪（平）亦（夜）悼武君衒（率）𠂤（師）戠（侵）晉

 清華二·繫年134 𠂤（韓）緅（取）、畾（魏）繘（擊）衒（率）𠂤（師）回（圍）武旘（陽）

 清華二·繫年134 遊（魯）昜（陽）公衒（率）𠂤（師）救（救）武昜（陽）

 清華二·繫年137 陳疾目衒（率）車千𩵋（乘）

～，從"行""幺"，"率"之異體。《說文·率部》："率，捕鳥畢也。象絲罔，上下其竿柄也。"

清華二·繫年126"王衒宋公以城贖闖"，讀爲"王率宋公以城犢關"。《左傳·文公七年》："穆、襄之族率國人以攻公，殺公孫固、公孫鄭于公宮。"

清華二·繫年137"陳疾目衒車千𩵋"，讀爲"陳疾目率車千乘"。《韓非子·內儲說上》："遊吉率車騎與戰，一日一夜，僅能剋之。"

清華二·繫年"衒𠂤"，即"率師"，率領軍隊。《左傳·僖公十五年》："公孫敖帥師及諸侯之大夫救徐。"

衡（達）

清華一·尹至 03 亓（其）又（有）民衡（率）曰

清華一·尹至 04 女（汝）告我顕（夏）瘇（隱）衡（率）若寺

清華一·程寤 02 晉（巫）衡（率）敝（蔽）大（太）姒

清華一·楚居 01 秉兹衡（率）相

清華二·繫年 025 邯（蔡）哀侯衡（率）帀（師）以救（救）賽（息）

清華二·繫年 034 秦公衡（率）㠯（師）与（與）惠公戰（戰）于韩

（韓）

清華二·繫年 041 楚成王衡（率）者（諸）侯以回（圍）宋伐齊

清華二·繫年 043 命（令）尹子玉述（遂）衡（率）奠（鄭）

清華二·繫年 043 文公衡（率）秦、齊、宋及群戎之㠯（師）

清華二·繫年 047 乃以奠（鄭）君之命袋（勞）秦三衡（帥）

清華二·繫年 048 襄公新（親）衡（率）㠯（師）御（禦）秦㠯（師）

· 2715 ·

于嶜(崤)

清華二·繫年 055 衛(率)𠂤(師)爲河曲之戰(戰)

清華二·繫年 069 齊三辟(嬖)夫=(大夫)南章(郭)子、鄭(蔡)
子、安(晏)子衛(率)𠂤(師)以會于幽(斷)䢰(道)

清華二·繫年 094 坪(平)公衛(率)𠂤(師)會者(諸)侯

清華七·越公 06 孤其衛(率)雩(越)庶眚(姓)

清華七·越公 19 孤用衛(率)我壹弍子弟

清華八·處位 05 民甬(用)衛(率)欲逃

清華八·八氣 05 旬(玄)楑(冥)衛(率)水以飤(食)於行

清華八·八氣 05 祝螎(融)衛(率)火以飤(食)於㝦(竈)

清華八·八氣 05 句余亡(芒)衛(率)木以飤(食)於户

清華八·八氣 05 司兵之子衛(率)金以飤(食)於門

清華八·八氣 06 句(后)土衛(率)土以飤(食)於室中

～，與 、同。《玉篇》："達，先道也，引也，今爲帥。"《古文四聲韻》"率"字下引《義雲章》作"![]"，與簡文同。《儀禮·聘禮》："使者朝服，帥衆介夕。"鄭玄注："古文帥皆作率。"

清華一·尹至 03"銜"，即"率"，一概，都。《荀子·議兵》："無禮義忠信，焉慮率用賞慶、刑罰、埶詐除阸其下，獲其功用而已矣。"

清華一·尹至 04"女(汝)告我顕(夏)疐(隱)銜(率)若寺(時)"，《呂氏春秋·慎大》："湯謂伊尹曰：'若告我曠夏盡如詩。'"

清華一·程寤 02"啓"，即"巫"，即女巫。《周禮·春官·女巫》："女巫，掌歲時祓除、釁浴。"《國語·楚語下》："在男曰覡，在女曰巫。""銜"，即"率"，是女巫的名字。

清華一·楚居 01"銜"，即"率"，率順。

清華二·繫年 025、034、048、055、069、094"銜自"，即"率師"，讀爲"帥師"，率領軍隊。《書·秦誓序》："秦穆公伐鄭，晉襄公帥師敗諸崤，還歸，作《秦誓》。"

清華二·繫年 041"楚成王銜者侯以回宋伐齊"，讀爲"楚成王率諸侯以圍宋伐齊"。《國語·晉語四》："文公立四年，楚成王伐宋，公率齊、秦伐曹、衛以救宋。"

清華二·繫年 047"秦三銜"，讀爲"秦三帥"，指孟明、西乞、白乙。

清華二·繫年 043，清華七·越公 06、19，清華八·八氣 05、06"銜"，率領，帶領。《書·顧命》："成王將崩，命召公、畢公率諸侯相康王。"孔穎達疏："使率領天下諸侯輔相康王。"《史記·吴太伯世家》："越王句踐率其衆以朝吴。"

清華八·處位 05"銜"，即"率"，大都。

蟋

清華一·耆夜 09 蚩(蟋)蟀(蟀)趯(躍)隆(降)于[尚(堂)]

清華一·耆夜 10 [周]公复(作)訶(歌)一終曰《蟋(蟋)蟀(蟀)》

清華一·耆夜 11 蟋(蟋)蟀(蟀)才(在)筐(席)

清華一·耆夜 13 螻(蟋)蟴(蟀)才(在)舒(序)

～,从"虫","衛"聲,"蟀"字異體。《説文》作"蟋"。《説文·虫部》:"蟋,悉蟋也。从虫,帥聲。"

清華一·耆夜"螻蟴",讀爲"蟋蟀",《詩經》篇名。《詩·唐風·蟋蟀》:"蟋蟀在堂,歲聿其莫。今我不樂,日月其除。無已大康,職思其居。好樂無荒,良士瞿瞿。"

邪紐㒸聲

俼

 清華八·邦政 05 亓(其)[民]志俼(遂)而植(直)

～,从"人","㒸"聲。

清華八·邦政 05"俼",讀爲"遂"。《吕氏春秋·仲秋》:"百事乃遂。"高誘注:"遂,成也。"《墨子·修身》:"功成名遂。""志遂",得志。

㒸

 清華六·子産 14 此胃(謂)因㝱(前)㒸(遂)者(故)

～,从"彳","㒸"聲,"遂"字異體。

清華六·子産 14"㒸",即"遂",順應,符合。《國語·周語下》:"如是,而鑄之金,磨之石,繫之絲木,越之匏竹,節之鼓而行之,以遂八風。"韋昭注:"遂,順也。""㒸前"指繼承前人,即繼承"先聖君"。

腺

 清華五·封許 07 贈尔薦(薦)彝:鬳□、腺觥、龍盉(鬲)、繡(璉)、蘿(鑵)

～,從"肉","豖"聲。

清華五·封許 07"脉𣂁",或讀爲"遂兆"。《國語·晉語三》韋昭注:"兆,見也。"或讀爲"銳銚"。(王寧)

絭

 清華八·邦政 03 亓(其)器少(小)而絭(粹)

～,從"帛","豖"聲。

清華八·邦政 03"絭",讀爲"粹",素純。《呂氏春秋·用眾》:"天下無粹白之狐。"高誘注:"粹,純。"《廣雅·釋言》:"粹,純也。"

幫紐弗聲

弗

清華一·尹至 02 弗悬(虞)亓(其)又(有)衆

清華一·尹至 05 湯逞(往)征(征)弗䎽(附)

清華一·程寤 02 王弗敢占

清華一·保訓 03 志(恐)弗念(堪)終

清華一·保訓 09 耑(微)寺(志)弗忘

清華一·金縢 11 隹(惟)余沖(沖)人亦弗返(及)智(知)

清華一·皇門07 廼弗肎(肯)用先王之明荆(刑)

清華一·皇門07 弗卹王邦王豪(家)

清華一·皇門08 弗畏不恙(祥)

清華一·皇門12 天用弗寷(保)

清華一·祭公19 弗遂(失)于政

清華一·祭公20 余隹(惟)弗记(起)絭(朕)疾

清華三·說命下04 廼弗悬(虞)民

清華三·說命下08 弗易百青(姓)

清華三·說命下09 余隹(惟)弗迸(雍)天之叚(嘏)命

清華三·琴舞16 弗亓(其)甽(墜)孳(哉)

清華三·芮良夫05 所而弗敬

清華三·赤鵠02 少(小)臣弗敢嘗

清華二·繫年 002 卿奉（士）、者（諸）正、萬民弗刃（忍）于氒（厥）心

 清華二·繫年 004 洹（宣）王是訂（始）弃（棄）帝攸（籍）弗畋（田）

 清華二·繫年 006 繡（申）人弗敢（畀）

 清華二·繫年 024 賽（息）侯弗訓（順）

 清華二·繫年 034 乃偩（背）秦公弗夋（予）

 清華二·繫年 036 而弗能內（入）

 清華二·繫年 037 䧹（衛）人弗善

 清華二·繫年 037 鄭人弗善

 清華二·繫年 052 豫（舍）亓（其）君之子弗立

 清華二·繫年 064 弗卲（召）

 清華五·湯丘 10 此言弗或（又）可旻（得）而䎽（聞）巳（矣）

清華六·管仲 23 管(篤)利而弗行

清華五·命訓 08 弗智(知)則不行

清華五·湯丘 08 女(如)我弗見

清華六·孺子 10 女(如)弗果善

清華六·子儀 19 臣見遺者弗返(復)

清華六·子產 18 嚻(敖)達(佚)弗訐(誅)

清華五·厚父 02 帝亦弗巩(鞏)啓之經惪(德)

清華五·厚父 04 天則弗臭(斁)

清華五·厚父 06 弗甬(用)先劃(哲)王孔甲之典荊(刑)

清華五·厚父 06 天廼弗若(赦)

清華五·厚父 07 廼弗怹(慎)氒(厥)惪(德)

清華五·厚父 10 廼弗畏不羕(祥)

清華七·子犯03 誠我宔(主)古(故)弗秉

清華七·越公39 弗果

清華七·越公46 弗余(予)酓(飲)飤(食)

清華七·越公57 可返(復)弗返(復)

清華七·越公71 句戔(踐)弗許

清華七·越公71 吳弗受

清華七·越公73 句戔(踐)不敢弗受

清華八·攝命01 余弗造民庚(康)

清華八·攝命09 佳(雖)民卣(攸)歠(協)弗郹(恭)其魯(旅)

清華八·攝命11 弗羿(功)我一人才(在)立(位)

清華八·攝命13 母(毋)弗臸(節)

清華八·攝命19 是亦尚弗毅(逢)乃彝

清華八·攝命 22 寺（時）隹（唯）子乃弗受鵗（幣）

清華八·攝命 27 所弗克哉（職）甬（用）朕命朕教

清華八·攝命 30 女（汝）母（毋）弗敬

清華八·攝命 31 弗爲我一人䏐（羞）

清華八·邦道 05 則或🈳於弗智（知）

清華八·邦道 19 則弗敢言

清華八·邦道 23 可慼弗慼

清華八·邦道 23 可憙（喜）弗憙（喜）

清華八·邦道 24 謹（讒）人才（在）戺（側）弗智（知）

清華八·邦道 27 而上弗智（知）虖（乎）

清華八·心中 04 耑（短）長弗智

清華八·天下 07 女（如）弗儳（察）

～,與、、、同。《說文·丿部》:"弗,撟也。从丿从\,从韋省。"

清華一·尹至02、清華三·説命下04"弗恳",讀爲"弗虞",不憂。

清華一·程寤02、清華三·赤鵠02"弗敢",不敢。《左傳·隱公三年》:"先君舍與夷而立寡人,寡人弗敢忘。"

清華一·保訓03"忎弗念終",讀爲"恐弗堪終"。《左傳·昭公元年》:"民弗堪也,將何以終?"

清華一·保訓09"弗忘",《禮記·祭義》:"父母愛之,嘉而弗忘;父母惡之,懼而無怨。"

清華一·金縢11"隹(惟)余沖(沖)人亦弗返(及)智(知)",今本《書·金縢》作"惟予沖人弗及知"。

清華一·皇門07"廼弗肎(肯)用先王之明刑(刑)",《書·大誥》:"厥父菑,厥子乃弗肯播,矧肯穫?"

清華一·皇門07"弗卹",不憂憫,不顧惜。《書·湯誓》:"我后不恤我衆。"孔穎達疏:"我君夏桀不憂念我等衆人。"《史記·魏公子列傳》:"今秦攻魏,魏急而公子不恤,使秦破大梁而夷先王之宗廟,公子當何面目立天下乎?"

清華一·皇門12"天用弗寁(保)",今本《逸周書·皇門》作"天用弗保"。

清華一·祭公19"弗達(失)于政",今本《逸周書·祭公》作"不失于正"。

清華一·祭公20"余隹(惟)弗记(起)綮(朕)疾",今本《逸周書·祭公》作"予維不起朕疾"。

清華三·芮良夫05"所而弗敬",《書·泰誓下》:"今商王受,狎侮五常,荒怠弗敬。"

清華二·繫年002"卿夆(士)、者(諸)正、萬民弗刃(忍)于氒(厥)心",《左傳·昭公二十六年》:"至于厲王,王心戾虐,萬民弗忍,居王于彘。"

清華二·繫年004"洹(宣)王是訇(始)弃(棄)帝忟(籍)弗畋(田)",《詩·小雅·祈父》疏引孔晁云:"宣王不耕籍田,神怒民困,爲戎所伐,戰於近郊。"

清華二·繫年006"繒人弗敃",讀爲"申人弗畀"。《國語·鄭語》:"申、繒、西戎方彊,王室方騷……王欲殺太子以成伯服,必求之申,申人弗畀,必伐之。若伐申,而繒與西戎會以伐周,周不守矣。"

清華二·繫年024"賽(息)侯弗訓(順)",《左傳·昭公十四年》:"國人弗順,欲立著丘公之弟庚輿。"

清華二·繫年034"乃俴秦公弗叁",讀爲"乃背秦公弗予"。《戰國策·魏一》:"知伯索地於魏桓子,魏桓子弗予。"

清華二·繫年037"弗善",《史記·楚世家》:"嬰子弗善而用申紀。"

清華二·繫年052"豫亓君之子弗立",讀爲"舍其君之子弗立"。《左傳·文公七年》:"曰:'先君何罪?其嗣亦何罪?舍適嗣不立而外求君,將焉寘此?'"

清華六·管仲23"弗行",《墨子·魯問》:"翟聞之:'言義而弗行,是犯明也。'"

清華五·命訓08"弗智(知)則不行",今本《逸周書·命訓》作"六方三述,其極一也,不知則不存"。

清華五·厚父04"弗臭",讀爲"弗斁",相當於金文中的"亡臭",古書中的"無斁""無射"。毛公鼎(《集成》02841):"肆皇天亡臭。"《詩·周南·葛覃》:"服之無斁。"毛傳:"斁,厭也。"《詩·小雅·車舝》:"式燕且譽,好爾無射。"鄭箋:"射,厭也。"

清華五·厚父06"天廼弗若",讀爲"天廼弗赦"。《左傳·僖公二十六年》:"我先王熊摯有疾,鬼神弗赦而自竄于夔。"

清華五·厚父07"廼弗悠厎惪",讀爲"廼弗慎厥德"。《書·五子之歌》:"弗慎厥德,雖悔可追?"

清華七·子犯03"弗秉",即上文"不秉禍"的略語。指重耳不順隨災禍發生,故而亡走他國。

清華七·越公39"弗果",不果,完成不了。

清華七·越公57"可返弗返",即"可復弗復",可以踐行卻不踐行,意思是空言不行。

清華七·越公71"句戏(踐)弗許",《吕氏春秋·古樂》:"文王弗許。"

清華七·越公71、73"弗受",《左傳·宣公四年》:"王以三王之子爲質焉,弗受,師于漳澨。"

清華八·攝命01"余弗造民庚(康)",《書·大誥》:"延洪惟我幼沖人……弗造哲迪民康。"

清華八·攝命11"弗羿我一人才立",讀爲"弗功我一人在位",略同於毛公鼎(《集成》02841)"毋童(動)余一人在位"。

清華八·攝命27"所弗克戠(職)甬(用)朕命朕教",《書·君奭》:"在我後嗣子孫,大弗克恭上下。"

清華八·攝命30"女(汝)母(毋)弗敬",《書·泰誓下》:"今商王受,狎侮五常,荒怠弗敬。"

清華八·攝命 31"弗爲我一人朋（羞）"，毛公鼎（《集成》02841）作"俗（欲）我弗作先王羞"。

清華八·邦道 19"則弗敢言"，《呂氏春秋·順民》："有甘胆不足分，弗敢食。"

清華八·邦道 05、24、27"弗智"，讀爲"弗知"。《禮記·儒行》："儒有澡身而浴德，陳言而伏，靜而正之，上弗知也。"

清華八·天下 07"女弗僕"，讀爲"如弗察"。《呂氏春秋·召類》："謀利而得害，猶弗察也。"

枾

清華六·子產 16 母（毋）茲憪（違）枾（拂）兀（其）事

清華八·八氣 07 木曰隹（唯）從母（毋）枾（拂）

《說文·木部》："枾，擊禾連枷也。从木，弗聲。"

清華六·子產 16"憪枾"，讀爲"違拂"，違背，不順從。沈德符《野獲編·禮部一·改謚》："大學士石珤，謚文隱，則以議大禮時，依違兩端。其死時，正其門人張璁在揆地，心恨甚，故以違拂不成謚之。"

清華八·八氣 07"枾"，讀爲"拂"，違逆。《荀子·臣道》："無撟拂。"楊倞注："拂，違也。"《漢書·王莽傳》："拂世矯俗。"顏師古注："拂，違也。"

並紐弼聲

弼（弼）

清華三·說命下 03 弼（弼）羕（永）脡（延）

清華三·琴舞 03 弼（弼）寺（持）兀（其）又（有）肩

清華三·琴舞 11 弼（弼）敢忘（荒）才立（位）

清華三·琴舞 15 彌(弼)敢阣(荒)悳(德)

 清華五·菅門 16 大彌(費)於邦

 清華八·邦政 08 亓(其)祭彌(拂)以不時以婁(數)

《說文·弜部》：「彌，輔也。重也。从弜丙聲。䰜，彌或如此。㒿、㒿，並古文彌。」

清華三·說命下 03 "彌"，《說文》："輔也。"《書·冏命》："嗚呼，欽哉！永彌乃后于彝憲。"

清華三·琴舞 03 "彌寺亓又肩"，讀爲 "彌持其有肩"。《詩·周頌·敬之》作 "佛時仔肩，示我顯德行"。"彌"，糾正，輔佐。《書·益稷》："予違，汝彌。汝無面從，退有後言。" "寺"，讀爲 "持"，扶持，護持。"彌""持"同義。

清華三·琴舞 11、15 "彌敢"，即 "彌敢"，讀爲 "弗敢"。《左傳·文公十八年》："弗敢失隊。"

清華五·菅門 16 "大彌"，讀爲 "大費"，巨大消耗。《戰國策·秦四》："割河東，大費也；免於國患，大利也。"

清華八·邦政 08 "彌"，讀爲 "拂"。《荀子·臣道》："無撟拂。"楊倞注："拂，違也。"

弝

 清華三·說命上 01 隹(惟)弝(彌)人旻(得)敚(說)于尃(傅)厰(巖)

～，从 "弓" "攴"，乃《說文》"彌" 字古文㒿的省簡。上博三·周 26 "㒿(𦤕)"，今本作 "腓"，何琳儀等指出 "弝"，即㒿省。

清華三·說命上 01 "弝"，即 "彌"。《荀子·臣道》楊倞注："彌，所以輔正弓弩者也。""弼人",當爲與製弓有關的職官。白於藍、段凱讀其作"罪"。

彌

 清華八·邦道 19 則亦母(毋)彌(弼)女(焉)

～,從"弼",贅加"丙","弼"字繁體。

清華八·邦道 19"弼",讀爲"畀",給予,賜與。《書·洪範》:"帝乃震怒,不畀洪範九疇。"孔傳:"畀,與。"《詩·小雅·巷伯》:"取彼譖人,投畀豺虎。"高亨注:"畀,給予。"

嚳

 清華八·攝命 18 少(小)大乃有嚚(聞)智(知)嚳(弼)恙(詳)

～,從"丙""攴"。"攴"與《説文》"弼"字古文同。也可分析爲從"攴","弼"聲。"弼"字繁體。

清華八·攝命 18"弼",《説文》:"輔也。""詳",《説文》:"審議也。"

並紐孛聲

悖

 清華六·子産 29 固用不悖、以能成卒

～,從"心","孛"聲,與《説文》"誖"字或體同。《説文·言部》:"誖,亂也。從言,孛聲。𢛳,誖或從心。𢎞,籀文誖從二或。"

清華六·子産 29"固用不悖",《禮記·樂記》:"禮樂刑政,四達而不悖,則王道備矣。"《左傳·文公元年》:"先王之正時也,履端於始,舉正於中,歸餘於終。履端於始,序則不愆。舉正於中,民則不惑。歸餘於終,事則不悖。"

祊

　　清華三·赤鵠 05 湯乃祊（祓）之

～，從"示"，"孛"聲。

清華三·赤鵠 05"湯乃祊之"之"祊"，讀爲"祓"，古代爲除災去邪而舉行的祭禮。《左傳·僖公六年》："昔武王克殷，微子啓如是，武王親釋其縛，受其璧而祓之。"杜預注："祓，除凶之禮。"《管子·小匡》："鮑叔祓而浴之三。"尹知章注："祓，謂除其凶邪之氣。"《史記·呂太后本紀》："三月中，呂后祓，還過軹道，見物如蒼犬。"（王寧）

臧

　　清華一·祭公 06 甬（用）臧（畢）城（成）大商

～，從"戕"，"朧（脖）"聲。"朧（脖）"，與 ![] （上博一·性 19）同。郭店·性自 31 作 ![]，性自 44 作 ![]，應該是包山簡寫作 ![]（包山 80）形的"脖"字的省體，而 ![] 上部所從是侯馬盟書 ![] 字上部所從的變體，即將一正一倒兩"戈"旁改爲同方嚮的兩"戈"旁，即"戔"旁之省。《說文》"戔"是"誇"字的籀文。

清華一·祭公 06"臧"，讀爲"畢"，統統，全部。《書·康誥》："若有疾，惟民其畢棄咎。""城"，讀爲"成"，《儀禮·少牢饋食禮》注："畢也。"

𢧵

　　清華一·金縢 09 大木异（斯）𢧵（拔）

　　清華一·金縢 13 凡大木斎=（之所）𢧵（拔）

～，從"止"，"臧"聲。"臧"，從"戕"，"朧（脖）"聲。

清華一·金縢09"大木异臧",讀爲"大木斯拔"。《書·金縢》:"天大雷電以風,禾盡偃,大木斯拔,邦人大恐。"《漢書·劉向傳》:"高宗、成王亦有雊雉、拔木之變,能思其故,故高宗有百年之福,成王有復風之報。"《漢書·五行志下之上》:"厥災風雨霧,風拔木,亂五穀。"

惢

 清華八·邦道13 飤(食)母(毋)諰(慎)甚惢(費)

～,從"化""或"。"化"會意,一正人一倒人。"化""或"會意,"或"之變化,一正"或"一倒"或",即"惢",乃《説文》"諻"字籀文。

清華八·邦道13"惢",讀爲"費"。《説苑·談叢》:"木馬不能行,亦不費食。"

滂紐配聲

配

 清華三·説命下02 經惪(德)配天

《説文·酉部》:"配,酒色也。从酉,己聲。"

清華三·説命下02"配天",與天相比併。《書·君奭》:"故殷禮陟配天,多歷年所。"蔡沈《集傳》:"故殷先王終以德配天,而享國長久也。"《禮記·中庸》:"高明配天。"孔穎達疏:"言聖人功業高明,配偶於天,與天同功,能覆物也。"

明紐勿聲

勿

 清華一·尹至05 一勿遺

 清華一·尹誥03 卑(俾)我眾勿韋(違)朕言

清華一·程寤 06 引（矧）又勿亡戏（秋）明武禩（威）

清華一·程寤 08 意（億）亡勿甬（用）

清華一·保訓 04 勿淫

清華一·保訓 06 測会（陰）䧹（陽）之勿（物）

清華一·耆夜 07 明日勿稻

清華一·金縢 06 勿敢言

清華一·金縢 11 公命我勿敢言

清華三·説命上 05 勿殺

清華三·説命下 03 勿易卑（俾）邮（越）

清華三·琴舞 13 勿諆福之侃（愆）

清華五·厚父 08 肆（肆）女（如）其若龜筮（筮）之言亦勿可逓（專）改

清華五·封許 08 勿瀘（廢）朕命

 清華五·命訓 13 勿（物）乑（厥）尚（權）之欘（屬）也

 清華六·管仲 05 尚勿（勉）之

 清華六·子產 07 勿以骿也

 清華六·子產 24 班羞（好）勿（物）眅（俊）之行

 清華七·子犯 10 寍（寧）孤是勿能用

 清華七·晉文公 05 乃乍（作）爲羿（旗）勿（物）

 清華七·越公 07 勿兹（使）句戔（踐）屬（繼）蔡於雩（越）邦已（矣）

 清華七·越公 09 王亓（其）勿許

 清華七·越公 37 群采勿（物）之不縯（對）

 清華七·越公 39 初日政勿若某

清華七·越公 39 凡此勿(物)也

 清華七·越公 55 群勿(物)品采之侃(愆)于耆(故)棠(常)

 清華八·攝命 09 亦勿玫(侮)其遄(童)

 清華八·攝命 10 勿繇之庶不訓(順)

 清華八·攝命 16 勿教人悳(德)我

 清華八·攝命 22 女(汝)勿受髆(幣)

 清華八·處位 07 亓(其)勿氏(是)是難

 清華八·邦道 11 分(貧)癃勿登(廢)

 清華八·邦道 27 此勿(物)也

～，與 、、同。《説文·勿部》："勿，州里所建旗。象其柄，有三游。雜帛，幅半異。所以趣民，故遽，稱勿勿。凡勿之屬皆从勿。![]，勿或从㫃。"

清華一·尹至 05"一勿遺"，即皆勿遺。禹鼎（《集成》02833、02834）："勿遺壽幼。"又作"無遺"，參《書·盤庚中》："我乃劓殄滅之，無遺育。"

清華一·程寤 06"勿亡"，或讀爲"忽芒"。（《讀本一》第 66 頁）

清華一·程寤 08"意（億）亡勿甬（用）"，《書·康誥》："無作怨，勿用非謀非彝蔽時忱。"

清華一·保訓 04"勿淫"，《書·無逸》："繼自今嗣王，則其無淫于觀于逸于遊于田，以萬民惟正之供。"

清華一·保訓 06"勿"，讀爲"物"。《詩·大雅·烝民》："天生烝民，有物有則。"毛傳："物，事。"簡文"陰陽之物"，見於《禮記·祭統》："夫祭也者，必夫婦親之，所以備外內之官也。官備則具備。水草之菹，陸産之醢，小物備矣；三牲之俎，八簋之實，美物備矣；昆蟲之異，草木之實，陰陽之物備矣。"

清華一·耆夜 07"明日勿稻"，《詩·唐風·蟋蟀》："今我不樂，日月其慆。"毛傳："慆，過也。"

清華一·金縢 11"公命我勿敢言"，今本《書·金縢》作"公命我勿敢言"。

清華三·説命上 05"勿殺"，《管子·輕重己》："生而勿殺，賞而勿罰，罪獄勿斷，以待期年。"

清華三·説命下 03"勿易"，不改變。

清華五·封許 08"勿瀘朕命"，讀爲"勿廢朕命"。《墨子·節葬下》："仁者將興之天下，誰賈而使民譽之，終勿廢也。"

清華五·命訓 13"勿（物）氒（厥）尚（權）之欘（屬）也"，今本《逸周書·命訓》作"凡此，物攘之屬也"。潘振和丁宗洛等皆改"攘"爲"權"。

清華六·管仲 05"尚勿之"之"勿"，讀爲"勉"。

清華六·子産 24"物"，《周禮·地官·載師》："載師，掌任土之灋，以物地事、授地職，而待其政令。"鄭玄注："物色之。"

清華七·子犯 10"窞（寧）孤是勿能用"，《説苑·修文》："若夫置鐏俎、列籩豆，此有司之事也，君子雖勿能可也。"

清華七·晉文公 05"羿勿"，讀爲"旗物"，諸旗統稱。《周禮·夏官·大司馬》："辨旗物之用。"《地官·鄉師》四時之田"以司徒之大旗致衆庶，而陳之以旗物"。《春官·巾車》："掌公車之政令，辨其用與其旗物而等敘之。"《春官·司常》："及國之大閱，贊司馬、頒旗物。"

清華七·越公 07"勿茲"，讀爲"勿使"。"勿"，副詞，毋，不要，表禁止。《詩·大雅·行葦》："敦彼行葦，牛羊勿踐履。"

清華七·越公 09"王亓（其）勿許"，《左傳·僖公七年》："君其勿許，鄭必受盟。"

清華七·越公 37"采勿"，讀爲"采物"，旌旗、衣物等標明身份等級的禮制之物。《左傳·文公六年》:"分之采物,著之話言。"孔穎達疏:"采物,謂采章物色、旌旗衣服,尊卑不同,名位高下,各有品制。"

清華七·越公39"政勿",讀爲"徵物",所徵之物。當時的"徵取、徵求"(包括賦税),應該有很大一部分是各種實物。(陳劍)

清華七·越公55"群勿",讀爲"群物",猶萬物。

清華八·攝命09"亦勿秋其遫",讀爲"亦勿侮其童"。《書·康誥》:"不敢侮鰥寡,庸庸、祗祗、威威。"

清華八·攝命22"女勿受鞴",讀爲"汝勿受幣"。《戰國策·齊三》:"臣願君勿受。"

清華八·處位07"亓勿氏是難",讀爲"其勿是是難",即不要以此爲難。

清華八·邦道11"分癗勿癹",讀爲"貧癗勿廢"。《墨子·節葬下》:"仁者將興之天下,誰賈而使民譽之,終勿廢也。"

清華七·越公39 清華八·邦道27"勿",讀爲"物"。《左傳·桓公六年》"與吾同物",杜預注:"類也。"

明紐未聲

未

清華一·保訓10 命未又所次(延)

清華一·耆夜09 周公秉爵(爵)未歙(飲)

清華一·金縢01 未可以慼(戚)虞(吾)先王

清華一·金縢09 王亦未逆公

清華一·金縢09 未刈

清華二·繫年 047 未國（葬）

 清華二·繫年 050 未可奉承也

 清華二·繫年 062 楚𠂤（師）未還

 清華二·繫年 087 未還

 清華三·芮良夫 09 曰余（予）未均

 清華四·筮法 53 丑未

 清華四·筮法 53 丑未

 清華五·湯丘 03 未成

清華五·湯丘 07 未能亓（其）事而旻（得）其飤（食）

清華六·管仲 20 肙（怨）亦未逯（濟）

清華七·越公 10 君臣父子亓（其）未相旻（得）

清華七·越公 62 吳帀（師）未迲（起）

清華八·邦政 04 亓(其)未(味)不齍(齊)

 清華八·邦政 08 亓(其)未(味)黻(雜)而齍(齊)

 清華八·處位 05 心斥(度)未愈(愉)而進

 清華八·處位 08 史(使)人未智(知)旻(得)啟(度)之踐(踐)

 清華八·處位 09 良人女(如)未行政

 清華八·虞夏 03 型縫(鐘)未弃(棄)文章

〜，與 ※(上博一·孔 17)、※(上博四·柬 9)、※(上博四·曹 43)同。《説文·未部》："未，味也。六月，滋味也。五行，木老於未。象木重枝葉也。凡未之屬皆从未。"

清華一·保訓 10"未又"，讀爲"未有"，没有，不曾有。《詩·大雅·緜》："古公亶父，陶復陶穴，未有家室。"《史記·魏公子列傳》："如姬之欲爲公子死，無所辭，顧未有路耳。"

清華一·耆夜 09"未歠"，即未飲。《三國志·吳書·諸葛滕二孫濮陽傳》："設酒，恪疑未飲。"

清華一·金縢 01"未可以感(戚)虐(吾)先王"，今本《書·金縢》作"未可以戚我先王"。

清華一·金縢 09"王亦未逆公"，今本《書·金縢》作"王亦未敢誚公"。

清華一·金縢 09"未刈"，没有收穫。今本《書·金縢》作"秋，大熟，未穫"。

清華二·繫年 047"未國"，即未葬。《禮記·檀弓下》："知悼子卒，未葬，平公飲酒，師曠、李調侍，鼓鐘。"

清華二·繫年 062、087"未還",《漢書·西域傳》:"龜茲前遣人至烏孫求公主女,未還。"

清華三·芮良夫 09"未均",《鹽鐵論·未通》:"陛下富於春秋,委任大臣,公卿輔政,政教未均,故庶人議也。"

清華四·筮法 53"丑未",配"八"。天水放馬灘秦簡《日書》乙 181"丑八金"、187"未八木"。

清華七·越公 62"吳帀未迡",讀爲"吳師未起"。《左傳·哀公十六年》:"未起師,晉人伐鄭,楚救之,與之盟。"

清華八·邦政 04、08"未",讀爲"味",味道。《墨子·節用中》:"不極五味之調,芬香之和,不致遠國珍怪異物。"

孨

 清華一·祭公 01 孨(昧)亓(其)才(在)立(位)

~,从"子","未"聲。

清華一·祭公 01"孨",讀爲"昧",暗,昏暗。《說文·日部》:"昧,闇也。"《淮南子·原道》:"氣不當其所充而用之則泄,神非其所宜而行之則昧。"高誘注:"昧,不明也。"

味

清華一·程寤 05 旨味既甬(用)

清華五·湯丘 15 五味皆哉(觙)

清華五·啻門 06 唯皮(彼)五味之燹(氣)

清華六·管仲 10 和之以味

～,從"口"或"甘","未"聲。《說文·口部》:"味,滋味也。從口,未聲。"

清華一·程寤05"旨味",即美味。《禮記·禮器》:"三牲魚腊,四海九州之美味也,籩豆之薦,四時之和氣也。"

清華五·湯丘15、筭門06"五味",指酸、甜、苦、辣、鹹五種味道。《孫子·勢篇》:"味不過五,五味之變,不可勝嘗也。"《禮記·禮運》:"五味、六和、十二食,還相爲質也。"鄭玄注:"五味,酸、苦、辛、鹹、甘也。"

清華六·管仲10"和之以味",用五味調和。《左傳·昭公二十年》:"和如羹焉,水火醯醢鹽梅以烹魚肉,燀之以薪。宰夫和之,齊之以味,濟其不及,以洩其過。"《藝文類聚》卷九九引晉郭璞《贊》:"和味養賢,以無化有。"

疧（寐）

清華三·赤鵠05 少(小)臣乃疧(寐)而帰(寢)於迲(路)

～,與(上博五·弟22)所從同,從"爿"(床之象形),"未"聲,"寐"之異體。"爿""疒"作爲偏旁在古文字中常混。《說文·寢部》:"寐,臥也。從寢省,未聲。"

清華三·赤鵠05"疧",即"寐"。《左傳·昭公十二年》:"王揖而入,饋不食,寢不寐,數日,不能自克,以及於難。"

昧

清華一·保訓01 己丑昧[爽]

～,與(《集成》04240,免簋)、(上博四·內8)同,從"日","未"聲,"日"在"未"下。《說文·日部》:"昧,爽,旦明也。從日,未聲。一曰:闇也。"

清華一·保訓01"昧爽",指黎明。《書·太甲上》:"先王昧爽丕顯,坐以待旦。"《書·武成》:"甲子昧爽,受率其旅若林,會於牧野。"《逸周書·鄷保》:"維二十三祀庚子朔,九州之侯咸格丁周。王在鄷,昧爽,立于少庭。"

釁

　　清華二·繫年 011 亓(其)夫=(大夫)高之巨(渠)爾(彌)殺卲(昭)公而立亓(其)弟子釁(眉)壽

　　清華二·繫年 012 殺子釁(眉)壽

～,與 (《集成》04690.2,魯大嗣徒厚氏元簠)、 (《集成》04574,鑄公簠蓋)、 (《集成》03987,魯大宰遼父簠)同,"沬"之異體。《說文·水部》:"沬,洒面也。从水,未聲。 ,古文沬从頁。"

清華二·繫年 011、012"釁壽",即《左傳》之"子亹"。"釁""亹"爲通假字。《左傳·桓公十八年》:"秋,齊侯師于首止,子亹會之,高渠彌相。七月戊戌,齊人殺子亹而轘高渠彌。"

正編·文部

文　部

影紐殷聲

殷

清華二·繫年 013 乃執（設）三監于殷

清華二·繫年 017 周成王、周公既遷（遷）殷民于洛邑

清華二·繫年 018 以侯殷之夋（餘）民

清華五·封許 03 攻（干）敦殷受（紂）

清華五·封許 07 余既監于殷之不若

清華八·虞夏 01 殷人弋（代）之以晶（三）

～，從"攴"，從"月"，會意。戰國文字"月"與"户"形近易混。《説文·月部》："殷，作樂之盛稱殷。從月、從殳。《易》曰：'殷薦之上帝。'"

清華二·繫年 013"乃執（設）三監于殷"，《漢書·地理志》："周既滅殷，分

其畿内爲三國,《詩》風邶、庸、衛國是也。邶,以封紂子武庚;庸,管叔尹之;衛,蔡叔尹之,以監殷民,謂之三監。"

清華二·繫年017"周成王、周公既遷（遷）殷民于洛邑",《書·多士》:"成周既成,遷殷頑民,周公以王命誥,作《多士》。"

清華二·繫年018"殷",殷商。《詩·大雅·文王》:"殷之未喪師,克配上帝。宜鑒於殷,駿命不易。"《孟子·公孫丑上》:"天下歸殷久矣。久則難變矣。"

清華五·封許03"殷受",讀爲"殷紂",即商紂王。《禮記·明堂位》:"昔殷紂亂天下,脯鬼侯以饗諸侯。"

清華五·封許07"余既監于殷之不若",《書·君奭》:"告汝,朕允保奭。其汝克敬以予監於殷喪大否,肆念我天威。"

清華八·虞夏01"殷人",《論語·八佾》:"夏后氏以松,殷人以柏,周人以栗。"

壐

　　清華一·祭公10 皇天改大邦壐（殷）之命

～,從"土","殷"聲,"殷"字繁體。

清華一·祭公10"皇天改大邦壐（殷）之命",《書·康王之誥》:"敢敬告天子,皇天改大邦殷之命。"《書·召誥》:"天既遐終大邦殷之命,兹殷多先哲王在天,越厥後王后民,兹服厥命。"

毉

　　清華一·金縢01 武王既克毉（殷）三年

　　清華二·繫年013 周武王既克毉（殷）

　　清華三·説命上01 隹（惟）毉（殷）王賜敓（説）于天

清華三·說命上 07 自從事于毆（殷）

清華三·說命中 01 才（在）毆（殷）

清華五·三壽 10 毆（殷）邦之蚤（妖）蓳（祥）並記（起）

清華五·三壽 28（背）毆（殷）高宗𩖂（問）於三壽

清華六·太伯甲 13 虐（吾）若聞（聞）夫毆（殷）邦

清華七·子犯 12 毆（殷）邦之君子

～，與（上博二·容 53）、 （上博五·鮑 1）同，从"邑"，"殷"聲，"殷商"之"殷"的專用字。

清華一·金縢 01、清華二·繫年 013"周武王既克毆（殷）"，《左傳·僖公六年》："昔武王克殷，微子啓如是。"

清華三·說命上 01"毆王"，即"殷王"，商王。《書·多士》："自成湯至於帝乙，罔不明德恤祀。亦惟天丕建，保乂有殷，殷王亦罔敢失帝，罔不配天其澤。"

清華三·說命上 07"毆"，即"殷"，殷商。《詩·大雅·文王》："殷之未喪師，克配上帝。宜鑒于殷，駿命不易。"

清華三·說命中 01"才毆"，讀爲"在殷"。《孫子·用間》："周之興也，呂牙在殷。"

清華五·三壽 28（背）"毆高宗"，即殷高宗。《書·無逸》："自殷王中宗及高宗及祖甲及我周文王，茲四人迪哲。"

清華五·三壽 10、清華六·太伯甲 13、清華七·子犯 12"毆邦"，即"殷邦"。《書·無逸》："不敢荒寧，嘉靖殷邦。"

影紐昷聲

慍

 清華六·子儀 06 此慍(慍)之易(傷)僅

～，與 ❂(上博二·從乙 4)、❂(郭店·性自命出 35)形近，从"心"，"昷"聲，"慍"字異體。"昷"，上博六·壽 7 作 ❂。《說文·心部》："慍，怒也。从心，昷聲。"

清華六·子儀 06"慍"，即"慍"，含怒，怨恨。《論語·學而》："人不知而不慍。"陸德明《釋文》引鄭玄云："慍，怨也。"《詩·邶風·柏舟》："憂心悄悄，慍於群小。"毛傳："慍，怒也。"

䢵

 清華六·太伯甲 08 北䘒(城)䢵(溫)、原

 清華六·太伯乙 07 北䘒(城)䢵(溫)、原

～，从"邑"，"昷"聲，"溫"地之"溫"的專字。《說文·水部》："溫，水。出犍爲涪，南入黔水。从水，昷聲。"

清華六·太伯"䢵"，即"溫"，地名。《左傳·隱公十一年》："王取鄔、劉、蒍、邘之田於鄭，而與鄭人蘇忿生之田溫、原、絺、樊、隰郕、欑茅、向、盟、州、陘、隤、懷。"溫、原爲周桓王所與鄭人蘇忿生之田。

曉紐昏聲

昏

清華五·三壽 26 諗（感）高玟（文）寡（富）而昏忘寶（詢）

清華六·孺子 07 老婦亦不敢以賸（兄）弟昏（婚）因（姻）之言以䜌（亂）夫=（大夫）之正（政）

清華六·管仲 26 昏褰（彖）以行

清華七·越公 64 及昏

～，與 、 同。《說文·日部》："昏，日且冥也。從日，氐省。氐者，下也。一曰：民聲。"段玉裁注："字從氐省爲會意，絕非從民聲爲形聲也。蓋隸書淆亂，乃有從民作昏者。"作"昏"者，乃"隸書淆亂"，"昏"字俗體。

清華六·孺子 07"賸弟昏因"，讀爲"兄弟婚姻"。《詩·小雅·采菽》："騂騂角弓，翩其反矣。兄弟婚姻，無胥遠矣。"《爾雅·釋親》："壻之父爲姻，婦之父爲婚……婦之父母、壻之父母相謂爲婚姻。"《史記·項羽本紀》："沛公奉卮酒爲壽，約爲婚姻。"

清華六·管仲 26、清華七·越公 64"昏"，天剛黑的時候，傍晚。《詩·陳風·東門之楊》："昏以爲期，明星煌煌。"

䎽/䎩（聞）

清華一·程寤 06 朕䎽（聞）周長不式（貳）

清華一·保訓 10 朕聞(聞)茲不舊(久)

清華一·皇門 02 我聞(聞)昔才(在)二又(有)或(國)之折(哲)王

清華一·皇門 08 以聞(問)求于王臣

清華一·楚居 02 季繼(連)聞(聞)亓(其)又(有)甹(聘)

清華四·筮法 13 聞(昏)聞(聞)不至

清華五·湯丘 15 不史(事)聞(問)

清華六·孺子 03 史(使)人姚(遙)聞(聞)於邦

清華六·孺子 10 邦人既肁(盡)聞(聞)之

清華六·太伯甲 01 吝(文)公逌(往)聞(問)之

清華六·太伯甲 12 君之亡(無)聞(問)也

清華六·太伯甲 13 則亦亡(無)聞(聞)也

清華六·太伯甲 13 虔(吾)若聞(聞)夫醫(殷)邦

清華六·太伯乙 01 吝（文）公逞（往）餌（問）之

清華六·太伯乙 11 君之亡（無）餌（問）也

清華六·太伯乙 11 則亦亡（無）餌（聞）也

清華六·太伯乙 12 虗（吾）若餌（聞）夫鄯（殷）邦曰

清華七·子犯 13 凡君所餌（問）

清華七·子犯 13 莫可餌（聞）

清華七·子犯 13 公子褘（重）耳餌（問）於邗（蹇）吾（叔）

清華七·子犯 14 敢大胗（膽）餌（問）

清華七·子犯 15 㐅（奚）袞（勞）餌（問）女（焉）

清華七·趙簡子 05 盆（趙）柬（簡）子餌（問）於成剶（剬）

清華七·趙簡子 05 敢餌（問）齊君遑（失）之㐅（奚）繇（由）

清華七·越公 09 吳王餌（聞）雩（越）使（使）之柔以弜（剛）也

清華七·越公 31 王䎽(聞)之

 清華七·越公 45 䎽(問)之于左右

 清華七·越公 49 皆䎽(聞)雩(越)堡(地)之多飤(食)

 清華七·越公 51 以䎽(問)五兵之利

 清華七·越公 51 王乃歸(親)徟(使)人情(請)䎽(問)群大臣及鄢(邊)鄙(縣)成(城)市之多兵亡(無)兵者

 清華八·邦道 17 必管(熟)䎽(問)亓(其)行

 清華八·邦道 17 既䎽(聞)亓(其)訇(辭)

 清華一·金縢 10 王䌛(問)執事人

 清華一·祭公 01 我䌛(聞)且(祖)不余(豫)又(有)辰(遲)

 清華一·祭公 05 専(敷)䌛(聞)才(在)下

 清華二·繫年 051 襄天〈夫〉人䌛(聞)之

 清華三·芮良夫 03 母(毋)脜䌛(聞)諕

清華三·赤鵠13 是思（使）句（后）䚈（昏）䚈（亂）甘心

清華四·筮法13 䚈（昏）䚈（聞）不至

清華五·厚父01 䚈（問）前文人之觏（恭）明悳（德）

清華五·厚父01 威（遹）䚈（聞）禹……川

清華五·厚父03 䚈（問）民之若否

清華五·湯丘04 方惟䚈（聞）之乃䇂（箴）

清華五·湯丘06 民人䚈（聞）之亓（其）胃（謂）

清華五·湯丘10 此言弗或（又）可旻（得）而䚈（聞）也

清華五·湯丘13 湯或（又）䚈（問）於少（小）臣

清華五·湯丘14 湯或（又）䚈（問）於少（小）臣

清華五·湯丘18 湯或（又）䚈（問）於少（小）臣

清華五·耆門01 䚈（問）於少（小）臣

清華五·耑門 18 湯或（又）䚃（問）於少（小）臣

清華五·耑門 19 湯或（又）䚃（問）於少（小）臣

清華五·湯丘 16 湯或（又）䚃（問）於少臣

清華五·湯丘 17 湯或（又）䚃（問）於少（小）臣

清華五·耑門 03 湯或（又）䚃（問）於少（小）臣曰

清華五·耑門 05 湯或（又）䚃（問）於少（小）臣曰

清華五·耑門 10 湯或（又）䚃（問）於少（小）臣

清華五·耑門 11 湯或（又）䚃（問）於少（小）臣

清華五·三壽 01 高宗乃䚃（問）於少壽曰

清華五·三壽 02 敢䚃（問）人可（何）胃（謂）長

清華五·三壽 04 敢䚃（問）人可（何）胃（謂）長

清華五·三壽 04 虖（吾）䚃（聞）夫長莫長於風

清華五・三壽05 虗(吾)䎽(聞)夫朁(險)莫朁(險)於心

清華五・三壽05 高宗乃或(又)䎽(問)於彭且(祖)曰

清華五・三壽06 敢䎽(問)人可(何)胃(謂)長

清華五・三壽06 虗(吾)䎽(聞)夫長莫長於水

清華五・三壽07 虗(吾)䎽(聞)夫朁(險)莫朁(險)於甶(鬼)

清華五・三壽07 虗(吾)䎽(聞)夫長莫長於□

清華五・三壽08 虗(吾)䎽(聞)夫朁(險)非(必)矛及(及)干

清華五・三壽12 敢䎽(問)先王之遺忎(訓)

清華五・三壽14 䎽(聞)天之棠(常)

清華五・三壽24 高宗或(又)䎽(問)於彭且(祖)曰

清華五・三壽24 敢䎽(問)疋(胥)民古(胡)曰昜(揚)

清華五・三壽27 䎽(聞)㫚(教)忎(訓)

清華五·三壽 28(背)醫(殷)高宗䚅(問)於三臮(壽)

清華六·管仲 02 趄(桓)公或(又)䚅(問)於笑(管)中(仲)曰

清華六·管仲 03 趄(桓)公或(又)䚅(問)於笑(管)中(仲)曰

清華六·管仲 03 丌(其)從人之道可旻(得)䚅(聞)虎(乎)

清華六·管仲 07 趄(桓)公或(又)䚅(問)於笑(管)中(仲)曰

清華六·管仲 09 敢䚅(問)耑(前)文句(后)為之女(如)可(何)

清華六·管仲 11 趄(桓)公或(又)䚅(問)笑(管)中(仲)曰

清華六·管仲 12 敢䚅(問)可(何)以執成

清華六·管仲 14 趄(桓)公或(又)䚅(問)於笑(管)中(仲)曰

清華六·管仲 17 臣䚅(聞)之

清華六·管仲 20 趄(桓)公或(又)䚅(問)於笑(管)中(仲)曰

清華六·管仲 21 臣之䚅(聞)之也

清華六·管仲01 齊起(桓)公鼏(問)於笑(管)中(仲)曰

清華六·管仲05 起(桓)公或(又)鼏(問)於笑(管)中(仲)曰

清華六·管仲08 起(桓)公或(又)鼏(問)於笑(管)中(仲)曰

清華六·管仲16 起(桓)公或(又)鼏(問)於笑(管)中(仲)曰

清華六·管仲24 亦可旻(得)而鼏(聞)虎(乎)

清華六·管仲24 起(桓)公或(又)鼏(問)於笑(管)中(仲)曰

清華六·管仲27 起(桓)公或(又)鼏(問)於笑(管)中(仲)

清華五·湯丘11 湯或(又)鼏(問)於少(小)臣

清華七·子犯01 公乃訋(召)子靶(犯)而鼏(問)女(焉)

清華七·子犯03 省(少)公乃訋(召)子余(餘)而鼏(問)女(焉)

清華七·子犯07 公乃鼏(問)於邗(蹇)昋(叔)

清華七·子犯09 公乃鼏(問)於邗(蹇)昋(叔)

清華七·子犯09 不穀（穀）余敢䚂（問）亓（其）道系（奚）女（如）

 清華七·子犯10 㺔（猶）咠（叔）是䚂（聞）遺老之言

 清華七·子犯10 凡君斎=（之所）䚂（問）

 清華七·子犯11 莫可䚂（聞）

 清華七·趙簡子06 臣不旻（得）䚂（聞）亓（其）所繇（由）

 清華七·趙簡子06 臣亦不旻（得）䚂（聞）亓（其）所繇（由）

 清華七·趙簡子07 亓（其）所繇（由）豊（禮）可䚂（聞）也

 清華七·越公52 䚂（問）于左右

 清華八·攝命18 少（小）大乃有䚂（聞）智（知）醬（弼）恙（詳）

 清華八·攝命20 隹（唯）人乃亦無智（知）亡䚂（聞）于民若否

 清華八·攝命26 不則戠（職）智（知）之䚂（聞）之言

 清華八·邦政12 至（丘）䚂（聞）之曰

清華八·心中 02 心欲聾（聞）之

 清華八·心中 05 聾（聞）係（訊）視聖（聽）

，與 （上博二·從甲 3）、 （上博二·從甲 8）、 （上博五·弟 9）同，從"耳"，"昏"聲，與《説文》古文同。 ，與 （新蔡零 173）同。《説文·耳部》："聞，知聞也。从耳，門聲。 ，古文从昏。"

清華一·保訓 10"聾"，即"聞"。《説文》："聞，知聞也。"

清華一·皇門 02"我聾（聞）昔才（在）二又（有）或（國）之折（哲）王"，今本《逸周書·皇門》作"我聞在昔有國誓王之不綏于卹"，陳逢衡注："在昔有國誓王，古我夏先后與殷先哲王也。"

清華一·皇門 08"以聾（問）求于王臣"，今本《逸周書·皇門》作"以昏求臣"。

清華一·楚居 02"季繹聾亓又鳴"，讀爲"季連聞其有聘"，季連聽説妣隹有聘婚之事。

清華四·筮法 13"聾聾"，或讀爲"昏聞"。或讀爲"聞問"，打探消息，問候。《漢書·嚴助傳》："數年，不聞問。賜書曰：'制詔會稽太守：君厭承明之廬，勞侍從之事，懷故土，出爲郡吏。會稽東接於海，南近諸越，北枕大江。閒者，闊焉久不聞問，具以《春秋》對，毋以蘇秦從橫。'"（《讀本四》第 37 頁）

清華五·湯丘 15"不史聾"，讀爲"不事問"，不敬業多問。《論語·季氏》："事思敬，疑思問。"

清華六·鄭子 03"史人姚聾於邦"，讀爲"使人遥聞於邦"。武公在衛，故以使人聞知鄭邦大事。"聞"，與"知"同義。《戰國策·齊三》："吾所未聞者。"高誘注："聞，知。"

清華六·太伯甲 13"吾若聾夫豐邦"，讀爲"吾若聞夫殷邦"，殷邦湯聞之，受亦聞之。

清華一·金縢 10"王聾（問）執事人"，今本《書·金縢》作"二公及王乃問諸史與百執事"。

清華一·祭公01"我䎽（聞）且（祖）不余（豫）又（有）尼（遲）"，今本《逸周書·祭公》作"我聞祖不豫有加"。

清華一·祭公05"尃䎽才下"，讀爲"敷聞在下"。《書·文侯之命》："丕顯文、武，克慎明德，昭升于上，敷聞在下；惟時上帝，集厥命于文王。"

清華三·芮良夫03"母䐊䎽䛊"，讀爲"毋瞶聞詬"，毋亂聞道。

清華三·赤鵠13"䎽䎽"，讀爲"昏亂"，混亂，悖亂。《老子》："國家昏亂，有忠臣。"《淮南子·主術》："頃襄好色，不使風議，而民多昏亂，其積至昭奇之難。"

清華五·厚父03"䎽（問）民之若否"，《呂氏春秋·簡選》："顯賢者之位，進殷之遺老，而問民之所欲，行賞及禽獸，行罰不辟天子，親殷如周，視人如己，天下美其德，萬民説其義，故立爲天子。"

清華五·湯丘10"此言弗或（又）可旻（得）而䎽（聞）巳（矣）"，《論語·公冶長》："夫子之文章，可得而聞也；夫子之言性與天道，不可得而聞也。"

清華五·三壽04、05、07、08"虖䎽夫"，讀爲"吾聞夫"。《國語·周語上》："吾聞夫犬戎樹，惇帥舊德而守終純固，其有以禦我矣！"

清華五·三壽14"䎽（聞）天之裳（常）"之"聞"，《廣雅·釋詁》："智（知）也。"

清華六·管仲03"丌（其）從人之道可旻（得）䎽（聞）虖（乎）"，《韓非子·十過》："公曰：'清徵可得而聞乎？'"

清華五·三壽02、04、06、12、24，清華六·管仲09、12，清華七·子犯09"敢䎽"，讀爲"敢問"，古恆語。《論語·顔淵》："樊遲從遊於舞雩之下，曰：'敢問崇德、修慝、辨惑。'"《論語·先進》："曰：'敢問死。'曰：'未知生，焉知死？'"《禮記·孔子閒居》："子夏曰：'民之父母，既得而聞之矣，敢問何謂五至？'"

清華七·子犯11"莫可䎽（聞）"，《荀子·大略》："孝子言爲可聞，行爲可見。"

清華八·攝命18"少大乃有䎽智䣤恙"，讀爲"小大乃有聞知弼詳"。毛公鼎（《集成》02841）言小大政"引唯乃智，余非用有聞"。"聞知"，聽説，知道。《書·胤征》："羲和尸厥官，罔聞知。"

清華八·邦政12"坒（丘）䎽（聞）之曰"，《禮記·檀弓下》："夫子曰：'丘聞之，親者毋失其爲親也，故者毋失其爲故也。'"

清華七·越公52"䎽"，讀爲"問"，詢問。《禮記·曾子問》："曾子問曰：'君薨而世子生，如之何？'"

清華八·邦政12"䎽"，即"聞"，聽説，知道。《左傳·隱公元年》："公聞其期，曰：'可矣！'"

慁

　清華八·邦道01 以至于邦豪（家）慁（昏）嬬（亂）

～，與🖼（上博二·從乙3）同，从"心"，"䰟"聲，"惛"字繁體。《説文·心部》："惛，不憭也。从心，昏聲。"

清華八·邦道01"慁嬬"，讀爲"昏亂"，指政治黑暗，社會混亂。《老子》："國家昏亂，有忠臣。"袁宏《後漢紀·孝靈皇帝紀下》："國家昏亂，賢人斥逐。"

緍

　清華五·三壽10 八緄（紀）則緍（紊）

　清華六·子儀13 溋（嬴）氏多絲〈絲〉緍而不縪（續）

～，與🖼（郭店·六德38）同。《説文·糸部》："緍，釣魚繁也。从糸，昏聲。吳人解衣相被，謂之緍。"

清華五·三壽10"緍"，讀爲"紊"。《説文·糸部》："紊，亂也。"

清華六·子儀13"溋氏多絲緍而不縪"，讀爲"嬴氏多絲緍而不續"。上博一·緇衣15："子曰：王言如絲，其出如緍。""緍"，或作"緡"。《詩·召南·何彼襛矣》："其釣維何？維絲伊緡。"高亨注："緡，釣魚繩也。"

匣紐云聲

芸

　清華二·繫年085 鄭人戠（止）芸（鄖）公義（儀）

　清華二·繫年086 乃敓（説）芸（鄖）公

清華二·繫年 086 龍（共）王史（使）芸（郧）公鸣（聘）於晉

《說文·艸部》：" 芸，艸也。似目宿。从艸，云聲。《淮南子》說：'芸艸可以死復生。'"

清華二·繫年"芸公義"，即《左傳》"郧公鍾儀"。《左傳·成公七年》："鄭共仲、侯羽軍楚師，囚郧公鍾儀，獻諸晉……晉人以鍾儀歸，囚諸軍府。"

峹

　　清華二·繫年 054 敗之于㾞〈聹〉峹（陰）

　　清華二·繫年 055 秦公以戡（戰）于聹峹（陰）之古（故）

　　清華六·子儀 13 不穀（穀）佃（宿）之霝（靈）峹（陰）

～，從"山"，"云"聲，"陰"字異體。楚文字"云"或作 （上博七·君甲 9）。

清華二·繫年 054、055"㾞峹""聹峹"，地名。待考。

清華六·子儀 13"霝峹"，讀爲"靈陰"，地名。

員

　　清華一·耆夜 12 戠（歲）喬員（云）莈（莫）

　　清華二·繫年 081 亓（其）子五（伍）員與五（伍）之雞逃歸（歸）吳

　　清華二·繫年 083 五（伍）員爲吳大銄（宰）

清華三·説命上 06 是隹(惟)員(圓)土

 清華三·説命下 02 □□□員

 清華三·芮良夫 09 屯員(云)圓(滿)盜(溢)

 清華五·湯丘 06 子之員(云)先=(先人)又(有)言

 清華五·湯丘 10 善才(哉)子之員(云)也

 清華七·越公 41 昔日與吕(己)言員(云)

～，从"鼎"，"○(圓)"聲，爲《説文》籀文所本。《説文·貝部》："員，物數也。从貝，口聲。凡員之屬皆从員。，籀文从鼎。"

清華一·耆夜 12"哉禽員苍"，讀爲"歲聿云莫"。參《詩·唐風·蟋蟀》"歲聿其莫"。"員"，讀爲"云"，與"其"字用法相似，乃句中助詞。

清華二·繫年 081、083"五員"，讀爲"伍員"，爲吳大宰。《左傳·定公四年》："秋，楚爲沈故，圍蔡。伍員爲吳行人以謀楚。"《史記·伍子胥列傳》："伍子胥者，楚人也，名員。員父曰伍奢。員兄曰伍尚。其先曰伍舉，以直諫事楚莊王，有顯，故其後世有名於楚。"

清華三·説命上 06"員土"，讀爲"圓土"，牢獄。《周禮·地官·比長》："若無授無節，則唯圓土内之。"鄭玄注："圓土者，獄城也。"《釋名·釋宮室》："獄……又謂之'圓土'，言築表牆，其形圓也。"《墨子·尚賢下》："昔者傳説居北海之洲，圓土之上。"

清華三·芮良夫 09"屯員圓盜"，讀爲"屯云滿溢"。《易·比》："有孚盈缶。"李鼎祚《集解》引虞翻曰："屯者，盈也。"《廣雅·釋詁》："屯，滿也。"《吕氏春秋·審時》："其粟圓而薄糠。"高誘注："圓，豐滿也。"屯、圓、滿、溢，近義連用。

清華五・湯丘 06、10,清華七・越公 41"員",讀爲"云",説。《禮記・坊記》:"子云:'善則稱人,過則稱己,則民讓善,《詩》云:"考卜惟王,度是鎬京,惟龜正之,武王成之。"'"

敗

清華四・別卦 02 敗(損)

清華六・子産 08 敗(損)難又(有)事

清華八・邦道 01 戮(翦)小刖(削)敗(損)

～,從"攴","員"聲,"損"字異體。馬王堆漢帛書《老子甲本》"損"作"敗"。

清華四・別卦 02"敗",即"損"。六十四卦之一,兌下艮上。《易・損》:"象曰:'山下有澤,損。'"王弼注:"山下有澤,損之象也。"孔穎達疏:"澤在山下,澤卑山高,似澤之自損以崇山之象也。"此字王家臺秦簡本《歸藏》、馬王堆帛書本、今本《周易》皆作"損"。

清華六・子産 08"敗",即"損"。《説文・手部》:"損,減也。"《墨子・七患》:"歲饉,則仕者大夫以下皆損禄五分之一。"

清華八・邦道 01"敗",即"損"。簡文"翦小削損",意謂小國將被翦滅,大國則國土侵削。

勛

清華六・子産 17 勛勉救善

清華六・子産 27 虞(獻)勛和悥(喜)

清華六・太伯甲 06 刈戈盾以媎(造)勛(勳)

清華六·太伯乙 05 刈戈盾以媢（造）勛（勳）

《説文·力部》："勳，能成王功也。从力，熏聲。![img],古文勳从員。"

清華六·子産 17"勛勉救善"，讀爲"勤勉救善"。（趙平安）"勛"，或疑爲"勗"字之譌，勗、勉同義。

清華六·子産 27"虞勛"，讀爲"獻損"，獻本身就意味着損，故"獻損"連用。"勛"也可讀爲"捐"，《漢書·貨殖傳》："唯毋鹽氏出捐千金貸。"表示捐獻、捐助。簡文"獻損和意"，如果能平和快樂地奉獻。（趙平安）

清華六·太伯甲 06、太伯乙 05"勛"，讀爲"勳"，功勳，功勞。《書·大禹謨》："爾尚一乃心力，其克有勳。"

䰟

清華一·祭公 03 朕（朕）䰟（魂）才（在）朕（朕）辟卲（昭）王所=（之所）

～，从"蚰"，"員"聲。或説"蚰"即"蚰（昆）"，與"魂""員"音近。（陳劍）《説文·鬼部》："魂，陽氣也。从鬼，云聲。"

清華一·祭公 03"䰟"，讀爲"魂"，魂魄，魂靈。《易·繫辭上》："精氣爲物，遊魂爲變。"

圓

清華四·筮法 58 爲圓（圓）

～，从"囗"，"員"聲，"圓"字異體。《説文·囗部》："圓，圜全也。从囗，員聲，讀若員。"

清華四·筮法 58"圓"，即"圓"字。其下之鼓、珥、環等形皆圓。

匣紐圂聲

圂

 清華八·攝命 02 咸(湛)圂才(在)惎(憂)

 清華五·封許 08 圂童才(在)惎(憂)

《説文·口部》:"圂,廁也。从口,象豕在口中也。會意。"

清華八·攝命 02"咸圂才惎",讀爲"湛圂在憂",與毛公鼎(《集成》02841)"圂湛于艱"義近。"圂",豬圈。《漢書·五行志中之下》:"燕王宫永巷中豕出圂,壞都竈。"顔師古注:"圂者,養豕之牢也。"

清華五·封許 08"圂童",讀爲"圂湛"。(蔡偉)

見紐斤聲

斤

 清華七·子犯 09 斤亦不遵(僭)

～,與 斤(上博五·季 7)同。《説文·斤部》:"斤,斫木也。象形。"

清華七·子犯 09"斤",指斤斧,喻民衆,與"繩"喻君上正相對。《鹽鐵論·大論》:"夫治民者,若大匠之斲,斧斤而行之,中繩則止。"《潛夫論·贊學》:"夫瑚簋之器,朝祭之服,其始也,乃山野之木、蠶繭之絲耳。使巧倕加繩墨而制之以斤斧,女工加五色而制之以機杼,則皆成宗廟之器,黼黻之章,可羞於鬼神,可御於王公。"(陳偉)

忻

 清華一·程寤 02 祝忻敚(蔽)王

清華一·程寤 03 忻（祈）于六末山川

清華七·子犯 05 幸旻（得）又（有）利不忻蜀（獨）

清華七·子犯 05 不忻以人

清華七·晉文公 07 忻（近）羿（旗）罰

清華七·越公 26 以忻（祈）民之窓（寧）

清華八·心中 06 亓（其）母（毋）蜀（獨）忻（祈）保豪（家）旻（没）身於畏（鬼）與天

清華八·心中 06 亓（其）亦忻（祈）者（諸）□與身

～，與 、同。《說文·心部》：“忻，闓也。从心，斤聲。《司馬法》曰：‘善者，忻民之善，閉民之惡。’”

清華一·程寤 02 "忻"，人名。"祝"，祭祀時司禮儀的人。

清華一·程寤 03、清華八·心中 06 "忻"，讀爲"祈"，嚮天或神求禱。《書·召誥》："我非敢勤，惟恭奉幣，用供王能祈天永命。"孔傳："求天長命，將以慶王多福。"《禮記·大傳》："牧之野，武王之大事也。既事而退，柴於上帝，祈於社，設奠於牧室。"鄭玄注："柴、祈、奠，告天地及先祖。"

清華七·子犯 05 "忻"，或讀爲"憖"，寧肯，願意。《左傳·昭公二十八年》："鈞將皆死，憖使吾君聞勝與臧之死也以爲快。"簡文"不憖"即不肯。（馮勝君、郭倪）或說《玉篇·心部》："忻，喜。"《淮南子·原道》："聖人不以身役物，不以欲滑和，是故其爲懽不忻忻，其爲悲不惙惙。"

清華七·晉文公07"忻羿",讀爲"近旗",與"遠旗"相對。

清華七·越公26"以忻(祈)民之窑(寧)",來祈禱百姓的安寧。

耂

　　清華五·封許07 鉦(鼗)、耂弓、盤

～,从"老","斤"聲。

清華五·封許07"耂",或疑係"旅"之誤。或讀爲"壴"。（秉太一者）

斻

　　清華五·封許06 綝(鸞)鋁(鈴)索(素)斻

《説文·㫃部》："斻,旗有衆鈴,以令衆也。从㫃,斤聲。"

清華五·封許06"斻",古代畫有兩龍並在竿頭懸鈴的旗。《詩·周頌·載見》："龍斻陽陽,和鈴央央。"《周禮·春官·司常》："交龍爲斻……諸侯建斻。"《孟子·萬章下》："敢問招虞人何以? 曰:以皮冠,庶人以旃,士以斻,大夫以旌。"

惢

　　清華二·繫年131 奠(鄭)大宰(宰)惢(欣)亦记(起)禍(禍)於奠(鄭)

～,與 (上博二·子12)同,从"心","斻"聲。

清華二·繫年131"奠大宰惢",讀爲"鄭太宰欣"。《韓非子·説疑》："若夫齊田恆、宋子罕、魯季孫意如、晉僑如、衛子南勁、鄭太宰欣、楚白公、周單荼、燕子之,此九人者之爲其臣也,皆朋黨比周以事其君,隱正道而行私曲,上逼君,下亂治,援外以撓内,親下以謀上,不難爲也。如此臣者,唯聖王智主能禁之,若夫昏亂之君,能見之乎?"

2768

忻

　　清華六·子產 08 多難忻（近）亡

～，與 ❖（上博五·弟 12）同，從"心"，從"彳"，"斤"聲，疑"忻"字繁體。

清華六·子產 08"多難忻亡"，讀爲"多難近亡"。《新語·輔政》："樸質者近忠，便巧者近亡。""近"，接近，靠近。《韓非子·難二》："景公過晏子曰：'子宮小近市，請徙子家豫章之圃。'"

斸

　　清華三·良臣 10 斸斦

～，從"龱"，"斤"聲。

清華三·良臣 10"斸斦"，讀爲"渾罕"。（羅小華引袁金平說）

見紐艮聲

艮

　　清華四·筮法 37 艮羅（離）大凶

　　清華四·筮法 37 艮羅（離）岙=（小凶）

　　清華四·筮法 38 艮羅（離）少（小）吉

　　清華四·筮法 38 艮羅（離）大吉

清華四·筮法 40 臸（乾）與（坤）長（當）艮

 清華四·筮法 45 艮祟

 清華四·筮法 45 艮

 清華四·筮法 56 艮

～，與 ![] （上博三·周 48）、![] （上博三·周 48）同。《説文·匕部》："艮，很也。从匕目。匕目，猶目相匕，不相下也。《易》曰：'艮其限。'匕目爲艮，匕目爲真也。"

清華四·筮法"艮"，《易》卦名，象徵山。《易·説卦》："艮爲山。"《左傳·昭公五年》："艮，山也。"《易·説卦》："艮，止也。"高亨注："艮爲山，山是靜止不動之物，故艮爲止。"《易·艮》："艮其背，不獲其身。"王弼注："施止於背，不隔物欲，得其所止也。"孔穎達疏："施之於人，則是止物之情，防其動欲。"

見紐軍聲

軍

 清華一·皇門 06 軍用多寶

 清華二·繫年 064 敓（席）于楚軍之門

 清華二·繫年 123 齊侯明（盟）於晉軍

清華二·繫年131 聿(盡)逾奠(鄭)自(師)與亓(其)四遞(將)軍

清華二·繫年132 楚人歸(歸)奠(鄭)之四牺(將)軍與亓(其)萬民於奠(鄭)

清華四·筮法32 上軍之立(位)

清華四·筮法32 中軍之立(位)

清華四·筮法35 奴(如)筶(筮)軍遞(旅)

清華四·筮法35 下軍之立(位)

清華四·筮法35 㐜(次)軍之立(位)

清華四·筮法38 凸(凡)筶(筮)志事及軍遞(旅)

清華六·子儀12 敨(豈)曰奉晉軍以相南面之事

清華七·趙簡子01 盆(趙)朿(簡)子既受寕牺(將)軍

清華七·趙簡子02 今虐(吾)子既爲寕遞(將)軍巳(已)

清華七・越公 63 軍於江北

 清華七・越公 63 軍於江南

 清華七・越公 64 左軍

 清華七・越公 64 右軍

 清華七・越公 64 以亓（其）厶（私）䘏（卒）君子䘏=（六千）以爲中軍

 清華七・越公 64 乃命左軍監（銜）桚（枚）鮴（溯）江五里以須

 清華七・越公 65 亦命右軍監（銜）桚（枚）渝江五里以須

 清華七・越公 65 乃命左軍

 清華七・越公 65 右軍涉江

 清華七・越公 67 左軍

 清華七・越公 67 右軍

清華七·越公 68 雩(越)帀(師)乃因軍吴

～，與 、同，从"車"，"勻"聲。《說文·車部》："軍，圜圍也。四千人爲軍。从車，从包省。軍(車)，兵車也。"

清華一·皇門 06"軍用多寶"，今本《逸周書·皇門》作"軍用克多"，潘振注："軍用，楨榦翎茭之類。""軍用"，軍中用費。《漢書·蕭望之傳》："昔先帝征四夷，兵行三十餘年，百姓猶不加賦，而軍用給。"

清華二·繫年 064"抶于楚軍之門"，讀爲"席于楚軍之門"。《左傳·宣公十二年》："趙旃夜至於楚軍，席於軍門之外，使其徒入之。"

清華二·繫年 123、清華六·子儀 02"晉軍"，晉國軍隊。

清華二·繫年 131"遬軍"、132"牭軍"，清華七·趙簡子 01、02"牭軍"，均讀爲"將軍"，官名。《墨子·非攻中》："昔者晉有六將軍。"孫詒讓《閒詁》："六將軍，即六卿爲軍將者也。春秋時通稱軍將爲將軍。"

清華四·筮法 32、35"上軍""中軍""下軍"，古代軍隊編制的稱謂。古軍制分上軍、中軍、下軍，以中軍爲最尊，上軍次之，下軍又次之。《國語·晉語一》："十六年，公作二軍，公將上軍，太子申生將下軍以伐霍。"《史記·齊太公世家》："晉使郤克以車八百乘爲中軍將，士燮將上軍，欒書將下軍，以救魯衛伐齊。"

清華四·筮法 35"弟軍"，讀爲"次軍"，疑即偏軍，在三軍之次，指主力以外的部分軍隊。《史記·燕召公世家》："燕王不聽，自將偏軍隨之。"

清華四·筮法 35、38"軍遞"，即"軍旅"，部隊。《周禮·地官·小司徒》："五人爲伍，五伍爲兩，四兩爲卒，五卒爲旅，五旅爲師，五師爲軍，以起軍旅，以作田役。"又指作戰或戰爭。《韓非子·難一》："然必曰出於詐僞者，軍旅之計也。"

清華七·越公 63"軍於江北，軍於江南"，《國語·吳語》："於是吳王起師，軍於江北，越王軍於江南。"

清華七·越公 64、65、67"左軍、右軍、中軍"，即"三軍"。《左傳·宣公十二年》："楚子北師次於郔。沈尹將中軍，子重將左，子反將右。"《國語·吳語》："越王乃中分其師以爲左右軍。以其私卒君子六千人爲中軍。"

清華七·越公 68"雩(越)帀(師)乃因軍吴"之"軍"，包圍。《說文·車部》："軍，圜圍也。"《廣雅·釋言》："軍，圍也。"王念孫《疏證》："《淮南子·覽冥》:'畫隨灰而月運闕。'高注云:'運,讀連圍之圍。運者,軍也,將有軍事相圍守,則月運出也。'軍、運、圍,古聲竝相近。"(孟蓬生)

見紐昆聲

臾

清華四·筮法 27 月朝臾(坤)之卒(萃)

清華四·筮法 39 臾(坤),月朝吉

清華四·筮法 39 臾(坤)朝(晦)之日

清華四·筮法 40 紂(乾)臾(坤)長(當)艮

清華四·筮法 40 紂(乾)、臾(坤)乃各仮(返)亓(其)所

清華四·筮法 44 臾(坤),乙癸

清華四·筮法 44 臾(坤)祟

～,从"大","昆"聲。楚文字"昆"或作 (郭店·六德 28),从"臼","云"聲。上古音"坤",見紐文部;"昆",溪紐文部。二字聲紐均屬見系,韻部相同,"坤"可以"昆"爲聲符。因"坤"是地,地大,所以从"大"表意。《老子》:"故道大、天大、地大、王亦大。"《說文·大部》:"大,天大,地大,人亦大,故大象人形。"《易·說》:"立天之道曰陰與陽,立地之道曰柔與剛,立人之道曰仁與義,兼三才而兩之,故《易》六畫而成卦,分陰分陽,迭用柔剛,故《易》六位而成章。"

又"坤也者,地也。"《説文·土部》:"坤,地也。《易》之卦也。从土从申。土位在申。"《左傳·莊公二十二年》:"坤,土也。"傳抄古文中的"坤"字或作 ▨(碧落碑)、▨(汗6·81碧落碑),與簡文"坤"字形體相比較,下部是"大",上部所从 ,明顯是源於 形。(程燕)

清華四·筮法"坤",《易》卦名,六十四卦之一,坤下坤上,象徵地。《易·坤》:"坤。元亨,利牝馬之貞。"《易·説》:"坤也者,地也。"《易·説》:"坤爲地。"

昆

▨ 清華三·芮良夫04 敎(狢)昆(悃)

▨ 清華七·越公68 吴人昆奴乃内(入)雩(越)帀(師)

～,與 ▨(郭店·六德28)、▨(郭店·六德29)同,黃德寬、徐在國分析爲从臼从云聲。古音"昆"屬見紐文部,"云"屬匣紐文部,二字聲紐同屬喉音,韻部相同,故"昆"字可以"云"爲聲符。李家浩頗疑古文"昆"即昆蟲之"昆"的象形。"昆"是小蟲,故古文"昆"的頭比"黽"的小。《説文·日部》:"昆,同也。从日、从比。"

清華三·芮良夫04"敎昆",讀爲"狢悃",亂。"悃",《廣雅·釋詁》:"亂也。"或讀爲"混"或"渾"。(白於藍)

清華七·越公68"昆奴",讀爲"閽奴",守門的奴僕。《左傳·襄公二十九年》:"吴人伐楚,獲俘焉,以爲閽,使守舟。吴子餘祭觀舟,閽以刀弑之。"《禮記·内則》:"深宫固門,閽寺守之。"鄭玄注:"閽,掌守中門之禁也;寺,掌内人之禁令也。"吴人以越國俘虜爲閽,簡文中的"吴人昆(閽)奴"很可能也是越國的俘虜,被吴人差使守吴都城門。(魏宜輝)

見紐鰥聲

鰥

 清華八·邦道 15 鰥(懷)恖(惻)聖君

～，與 𩵋(上博六·用 16)同。《說文·魚部》："鰥，魚也。从魚，眔聲。"

清華八·邦道 15 "鰥"，讀爲"懷"，懷念，思念。《詩·周南·卷耳》："嗟我懷人，寘彼周行。"

見紐堇聲

堇

清華一·程寤 06 女(如)械柞亡堇(根)

清華一·金滕 11 昔公堇(勤)勞王豪(家)

清華一·皇門 03 堇(勤)䘏王邦王豪(家)

清華一·皇門 05 堇(勤)勞王邦王豪(家)

清華五·封許 05 以堇(勤)余天(一人)

清華七·越公 32 亓(其)見蓐(農)夫老溺(弱)堇(勤)歷者

清華八·邦道 13 古（故）四坒（封）之审（中）亡（無）堇（勤）袋（勞）

～，與 （上博五·三 7）同。《説文·堇部》："堇，黏土也。从土，从黄省。凡堇之屬皆从堇。𦱴、𦱵皆古文堇。"

清華一·程寤 06"堇"，讀爲"根"，樹根。《文子·符言》："故再實之木，其根必傷。"

清華一·金縢 11"昔公堇（勤）勞王豪（家）"，《書·金縢》："昔公勤勞王家，惟予沖人弗及知。"簡文"堇勞"，讀爲"勤勞"，憂勞，辛勞。

清華一·皇門 03"堇（勤）卹王邦王豪（家）"，今本《逸周書·皇門》作"勤王國王家"。簡文"堇卹"，讀爲"勤卹"，亦作"勤恤"，憂憫，關懷。《書·召誥》："上下勤恤。"《書·武成》："至于大王，肇基王迹，王季其勤王家。"

清華五·封許 05"堇"，讀爲"勤"。《國語·晉語二》："秦人勤我矣。"韋昭注："勤我，助我也。"

清華七·越公 32"堇"，讀爲"勤"。《爾雅·釋詁》："勤，勞也。"《左傳·僖公二十八年》："令尹其不勤民。"杜預注："盡心盡力，無所愛惜爲勤。"

懃

 清華八·邦道 13 亡（無）堇（勤）袋（勞）懃（殣）疠（病）之人

～，從"心"，"堇"聲。《玉篇·心部》："懃，憂也。"

清華八·邦道 13"懃"，讀爲"殣"，餓死。《大戴禮記·千乘》："此以氣食得節，作事得時，勸有功……是故年穀不成，天之饑饉，道無殣者。"孔廣森《補注》："餓死爲殣。"

蓳/蓳

清華六·管仲 17 而蓳（勤）事也

清華六·管仲 26 辰(蠢)童(動)蓮(謹)畏

～,从“辵”,“堇”聲。

清華六·管仲 17“蓮事”,讀爲“勤事”,盡心盡力於職事。《國語·魯語上》:“夫聖王之制祀也,法施於民則祀之,以死勤事則祀之,以勞定國則祀之,能禦大災則祀之。”

清華六·管仲 26“蓮畏”,讀爲“謹畏”,謹小慎微。《新唐書·席豫傳》:“性謹畏,與子弟、屬吏書,不作草字。”

勤

清華八·邦道 13 古(故)母(毋)窸(慎)甚勤(勤)

清華八·邦道 22 勤(謹)逄(路)室

～,與(上博一·緇 4)同,从“支”,“堇”聲。

清華八·邦道 13“勤”,讀爲“勤”。《爾雅·釋詁》:“勤我,勞也。”或讀爲“謹”,《説文·言部》:“慎也。”

清華八·邦道 22“勤(謹)逄(路)室”之“勤”,讀爲“謹”。《廣韻》:“謹,絜也。”或讀爲“墐”。《説文》:“涂也。”“路室”,客舍。

堇

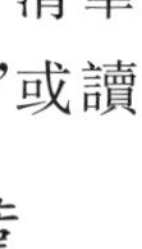

清華六·子産 04 固身堇(謹)訫(信)

《説文·艸部》:“堇,艸也。根如薺,葉如細栁,蒸食之甘。从艸,堇聲。”

清華六·子産 04“堇訫”,讀爲“謹信”,恭謹誠信。《論語·學而》:“謹而信,汎愛衆。”邢昺疏:“言恭謹而誠信也。”《後漢書·臧宮傳》:“宮以謹信質樸,故常見任用。”

勤

清華三·琴舞 10 思輔舍（余）于勤（艱）

清華三·芮良夫 26 民多勤（艱）戁（難）

清華五·三壽 19 昔勤不居

清華六·孺子 07 勤力弞（价）馭（馭）

《說文·力部》："勤，勞也。从力，堇聲。"

清華三·琴舞 10 "思輔舍于勤"，讀爲"思輔余于艱"。參叔夷鐘、鎛（《集成》00272、00285）："汝輔余於艱卹。"

清華三·芮良夫 26 "勤戁"，讀爲"艱難"，困苦，困難。《詩·王風·中谷有蓷》："嘅其嘆矣，遇人之艱難矣。"鄭箋："所以嘅然而嘆者，自傷遇君子之窮厄。"

清華五·三壽 19 "昔勤不居"，不居舊功。"勤"，《說文·力部》："勞也。"

清華六·孺子 07 "勤力"，勤勞，勞費體力。《楚辭·天問》："禹之力獻功，降省下土四方。"王逸注："言禹以勤力獻進其功，堯因使省迨下土四方也。"

懃

清華八·攝命 15 亦鬼（畏）䐜（獲）懃朕心

～，从"心"，"勤"聲，"勤"字繁體。

清華八·攝命 15 "懃"，即"勤"，盡心竭力。《逸周書·芮良夫》："今爾執政小子，惟以貪詸爲事，不懃德以備難。"朱右曾《校釋》："懃者，盡心盡力之謂。"

溪紐困聲歸脂部口聲

溪紐困聲

困

 清華四·別卦 06 困

 清華八·八氣 07 土曰隹（唯）定母（毋）困

～，與 、同。《說文·口部》："困，故廬也。從木在口中。![]，古文困。"

清華四·別卦 06"困"，卦名。六十四卦之一。坎下兌上。《易·困》："象曰：澤无水，困。"

清華六·子儀 11 辟（譬）之女（如）兩犬猱（延）河致（啜）而猌（猌）

～，從"狀"，"困"聲，"猌"字異體。《說文·犬部》："猌，犬張齗怒也。從犬，來聲，讀又若銀。"

清華六·子儀 11"猌"，讀爲"猌"。《說文·犬部》："猌，犬張齗怒也。"

疑紐憖聲

憖（憖）

 清華二·繫年 045 晉人以不憖（憖）

清華三·芮良夫 15 萬民具（俱）憖（憖）

《說文·心部》："憖，問也。謹敬也。从心，猌聲。一曰：說也。一曰：甘也。《春秋傳》曰：'昊天不憖。'又曰：'兩君之士皆未憖。'"

清華二·繫年 045"不憖"，即"不憖"，不悅。《國語·晉語五》："敢歸諸下執政以憖御人。"王引之《經義述聞》引《說文·心部》："憖，說也。"

清華三·芮良夫 15"憖"，即"憖"，悅也。

端紐屯聲

屯

 清華三·芮良夫 09 屯員（圓）圖（滿）盜（溢）

 清華三·芮良夫 26 屯可與忢（忨）

 清華三·赤鵠 08 帝命句（后）土爲二茨（陵）屯

 清華三·赤鵠 12 帝命句（后）土爲二茨（陵）屯

 清華四·筮法 02 屯（純）牝

 清華四·筮法 03 月夕屯（純）戊（牡）

 清華四·筮法 29 屯（純）吉

清華四·筮法 43 屯(純)、五

 清華四·筮法 43 莫(暮)屯(純)乃室中

 清華四·筮法 44 屯(純)乃母

 清華五·三壽 22 夭(效)屯(純)亙(宣)猷

 清華六·子產 18 民屯茝然

《說文·屮部》:"屯,難也。象艸木之初生。屯然而難。从屮貫一。一,地也。尾曲。《易》曰:'屯,剛柔始交而難生。'"

清華三·芮良夫 09"屯",《易·比》:"有孚盈缶。"李鼎祚《集解》引虞翻曰:"屯者,盈也。"《廣雅·釋詁》:"屯,滿也。"簡文"屯""圓""滿""溢",近義連用。

清華三·芮良夫 26、清華六·子產 18"屯",訓"皆",爲總括詞。信陽楚簡"屯"字凡二十一見,鄂君啟節的"屯"字,新蔡甲三 214"就禱三楚先屯一牂",均訓爲"皆"。《考工記·玉人》:"諸侯純九,大夫純五。"鄭玄注:"純猶皆也。"《墨子·節用上》:"若純三年而字。"孫詒讓《墨子閒詁》亦引《周禮》鄭注訓"純"爲"皆"。(參看《朱德熙文集》第五卷,第三二一三五、一七三一一八四頁,商務印書館,一九九九年)

清華三·赤鵠 08、12"陵屯",讀爲"陵屯"。見於《莊子·至樂》:"生於陵屯,則爲陵舄。""陵屯",即陵阜。簡文云后土受帝命,在夏后床下隆起兩道陵阜,其氣上犯,夏后罹疾。

清華四·筮法 02、03"屯牝""屯戊",讀爲"純牝""純牡",無雜色的犧牲。或云"屯"訓"皆"。

清華四·筮法 29"屯吉",皆吉。

清華四·筮法 43"屯",讀爲"純",意指僅以一構成的乾卦。五,乾卦中有五爻出現。

清華四·筮法 44 "屯",讀爲"純",指僅以六構成的坤卦。

清華五·三壽 22 "屯",讀爲"純"。《國語·晉語九》:"德不純。"韋昭注:"純,壹也。"

萅(春)

清華二·繫年 067 今萅(春)亓(其)會者(諸)侯

清華三·說命中 03 戠(捷)萅(蠢)邦

清華五·湯丘 12 萅(春)秌(秋)改則

清華八·邦道 06 皮(彼)萅(春)頿(夏)秌(秋)冬之相受既巡(順)

芚

清華五·瘖門 20 晝、夜、芚(春)、頿(夏)、秌(秋)冬

旾

清華四·筮法 16 旾(春)見八

清華四·筮法 30 亡旾(春)頿(夏)秌(秋)冬

清華四·筮法 30 旾(春)頿(夏)秌(秋)冬

清華四·筮法 37 旾（春）：栚（來）巺大吉

～，作![]者，與、同；作![]者，與同；作![]者，與同。均从"屯"聲。《説文·艸部》："萅，推也。从艸、从日，艸春時生也；屯聲。"

清華二·繫年 067"今萅亓會者侯"，讀爲"今春其會諸侯"。《説苑·貴德》："今春築臺，是奪民時也。"

清華三·説命中 03"萅邦"，讀爲"蠢邦"，指不服統治的邦國。《詩·小雅·采芑》："蠢爾蠻荆。"毛傳："蠢，動也。"《書·大誥》："有大艱于西土，西土人亦不靜，越兹蠢。"孔傳："四國作大難於京師，西土人亦不安，於此蠢動。"孫星衍疏："蠢者，《釋詁》云：'動也。'"

清華五·湯丘 12"萅猷改"，即"春秋改"，意云隨時變改。

清華四·筮法 30"萅顕猷冬"、清華五·帝門 20"苫顕猷冬"、清華八·邦道 06"萅顕猷冬"，即"春秋冬夏"。《禮記·孔子閒居》："天有四時，春秋冬夏，風雨霜露，無非教也。"

清華四·筮法 16、37"萅"，即"春"，春天。

純

清華三·琴舞 16 純隹（惟）敬帀

清華三·芮良夫 16 不秉純惪（德）

《説文·糸部》："純，絲也。从糸，屯聲。《論語》曰：'今也純，儉。'"

清華三·琴舞 16"純"，訓善。《詩·周頌·維天之命》："於乎不顯，文王之德之純。"《史記·漢興以來諸侯年表》："非德不純，形勢弱也。"《索隱》："純，善也。"

清華三·芮良夫 16"純惪"，讀爲"純德"，純粹的德行。《國語·鄭語》："建九紀以立純德，合十數以訓百體。"韋昭注："純，純一不駁也。"《淮南子·原道》:"穆忞隱閔,純德獨存。"高誘注:"純,不雜粗也。"或認爲"純德"即大德。《詩·周頌·維天之命》:"文王之德之純。"毛傳:"純,大。"中山王礜壺(《集成》09735):"寡有純德遺訓。"

邨

 清華二·繫年030 女(焉)取邨(頓)以贛(恐)陳侯

《説文·邑部》:"邨,地名。从邑,屯聲。"

清華二·繫年030"邨",讀爲"頓",國名。《左傳·僖公二十三年》:"楚成得臣帥師伐陳,討其貳於宋也。遂取焦、夷,城頓而還。"杜預注:"頓國,今汝陰南頓縣。"

宒

 清華一·楚居04 思(使)若(鄀)嗌(噬)卜遷(徙)於夷宒

 清華一·楚居05 聿(盡)居夷宒

~,从"宀","屯"聲。

清華一·楚居04、05"夷宒",讀爲"夷陵",是楚先祖居住在丹陽時的陵墓所在地,簡文"夷陵"指代丹陽。《史記·楚世家》:"(楚頃襄王)二十一年,秦將白起遂拔我郢,燒先王墓夷陵。楚襄王兵散,遂不復戰,東北保於陳城。"(李家浩)

端紐典聲

典

 清華一·尹至03 亡(無)箟(典)

清華五·厚父 06 弗甬（用）先劼（哲）王孔甲之典刑（刑）

清華六·管仲 13 百官之典

清華六·子儀 03 徒𩂣（逸）于舊典六百

清華八·處位 02 史（使）人甬（用）查（倚）典政

《說文·丌部》："典，五帝之書也。从册在丌上，尊閣之也。莊都說：典，大册也。𠔏，古文典从竹。"

清華一·尹至 03"亡𥸸"，讀爲"無典"，不守典常。《儀禮·士昏禮》："對曰：'吾子順先典，貺某重禮，某不敢辭，敢不承命！'"鄭玄注："典，常也，法也。"

清華五·厚父 06"典刑"，典刑，謂舊法，常規。《詩·大雅·蕩》："雖無老成人，尚有典刑。"鄭箋："猶有常事故法可案用也。"

清華六·管仲 13"百官之典"之"典"，《儀禮·士昏禮》："對曰：'吾子順先典，貺某重禮，某不敢辭，敢不承命！'"鄭玄注："常也，法也。"

清華六·子儀 03"舊典"，舊時的制度、法則。《書·君牙》："君牙，乃惟由先正舊典時式。"孔穎達疏："惟當奉用先世正官之法，諸臣所行故事舊典，於是法則之。"

清華八·處位 02"典政"，指法典政令。《國語·晉語四》："陽人有夏、商之嗣典。"韋昭注："典，法也。"

透紐川聲

川

清華一·程寤 03 忻（祈）于六末山川

巛　　清華一•程寤08 思(使)卑腒(柔)和川(順)

巛　　清華一•保訓06 咸川(順)不諍(逆)

巛　　清華五•厚父02 咸(감)䎽(聞)禹……川

川　　清華五•命訓09 無讓則不川(順)

巛　　清華六•子儀16 公及三方者(諸)邘(任)君不賠(瞻)皮(彼)泹(沮)漳之川屏(開)而不盧(闔)殹(也)

巛　　清華六•子產24 逆川(順)

川　　清華七•子犯11 昔者成湯以神事山川

～，與 巛(上博二•容31)、巛(上博三•周58)、川(上博六•競7)同。《說文•川部》："川，貫穿通流水也。《虞書》曰：'濬く巜，距川。'言深く巜之水會爲川也。"

清華一•程寤03、清華七•子犯11"山川"，指名山大川。《書•舜典》："望于山川，徧于群神。"孔傳："九州名山大川，五岳四瀆之屬，皆一時望祭之。"也指名山大川之神。《楚辭•九章•惜誦》："俾山川以備禦兮，命咎繇使聽直。"朱熹《集注》："山川，名山大川之神也。"《史記•蒙恬列傳》："秦始皇……道病，使蒙毅還禱山川，未反。"

清華一•程寤08"和川"，讀爲"和順"，和善溫順。《禮記•樂記》："和順積中，而英華發外。"荀悅《漢紀•元帝紀》："上義高節則民興行，寬柔和順則衆相愛。"

清華一•保訓06"咸川不諍"，讀爲"咸順不逆"。《禮記•祭統》："孝者畜也。順於道不逆於倫,是之謂畜。"《晏子春秋·内篇諫下》:"聖人之服中,倪而不馴,可以導衆;其動作,倪順而不逆,可以奉生,是以下皆法其服,而民爭學其容。"

清華六·子產 24"逆川",讀爲"逆順",逆與順。多指臣民的順與不順,情節的輕與重,境遇的好與不好,事理的當與不當等。《管子·版法解》:"人有逆順,事有稱量。"《史記·張釋之馮唐列傳》:"法如是足也。且罪等,然以逆順爲差。"

清華五·命訓 09"無讓則不川"之"川"讀爲"順",順理,合乎事理。《易·蒙》:"象曰:勿用取女,行不順也。"《左傳·襄公二十五年》:"其辭順,犯順不祥。"

清華五·厚父 02、清華六·子儀 16"川",河流。《莊子·天下》:"禹親自操橐耜而九雜天下之川。"

訓

清華一·保訓 01 志(恐)述(墜)保(寶)訓

清華一·保訓 03 志(恐)不女(汝)及訓

清華一·皇門 08 乃隹(惟)不訓(順)是絅(治)

清華一·楚居 06 至酓(熊)甬(勇)及酓(熊)嚴、酓(熊)相(霜)
及酓(熊)霊(雪)及酓(熊)訓(徇)、酓(熊)噩(咢)及若囂(敖)酓(熊)義(儀)

清華二·繫年 024 賽(息)侯弗訓(順)

清華二·繫年 078 司馬不訓(順)繡(申)公

清華五·湯丘 11 朕隹(惟)逆訓(順)是煮(圖)

清華五·筮門 15 记(起)殳(役)時訓(順)

清華六·管仲 12 既訓(順)亓(其)經

清華七·越公 32 启(顔)色訓(順)必(比)而酒(將)勜(耕)者

清華七·越公 33 先賠(誥)王訓

清華八·攝命 06 則由護(勸)女(汝)訓言之譔

清華八·攝命 10 勿繇之庶不訓(順)

～,與 ▨(上博二·從甲 16)、▨(上博四·曹 51)同。《說文·言部》："訓,說教也。从言,川聲。"

清華一·保訓 01 "保訓",讀爲"寶訓",指珍貴的訓誡。《逸周書·文傳》："嗚呼！我身老矣！吾語汝,我所保與我所守,傳之子孫。"其中的"所保"亦指所珍視而言。或疑"寶訓"爲前人流傳下來的書有得天命及治國之道的玉版,《書·顧命》："陳寶、赤刀、大訓、弘璧、琬琰在西序。"

清華一·皇門 08 "不訓",讀爲"不順",不順理。《詩·大雅·桑柔》："維彼不順,自獨俾臧,自有肺腸,俾民卒狂。"朱熹《集傳》："彼不順理之君則自以爲善而不考衆謀。"簡文"乃惟不順是治",而祇是采用不順理之人的意見。(《讀本一》第 220 頁)或認爲是做不合理的事情。

清華一·楚居 06 "酓訓",讀爲"熊徇"。《史記·楚世家》："熊霜元年,周宣王初立。熊霜六年,卒,三弟爭立。仲雪死;叔堪亡,避難於濮;而少弟季徇立,是爲熊徇。熊徇十六年,鄭桓公初封於鄭。二十二年,熊徇卒,子熊咢立。熊咢九年,卒,子熊儀立,是爲若敖。"《國語·鄭語》又作"熊紃"。

清華二·繫年 024 "賽侯弗訓",讀爲"息侯弗順"。《左傳·昭公十四年》：

"國人弗順,欲立蓍丘公之弟庚與。"

清華二·繫年078"訓",讀爲"順"。《禮記·月令》注:"猶服也。"

清華五·湯丘11"朕隹逆訓是煮",讀爲"朕惟逆順是圖",行動全依是否順於天意而定。

清華五·啻門15"時訓",讀爲"時順",即"順時",謂順應時宜,適時。《左傳·成公十六年》:"禮以順時,信以守物。"《文選·王粲〈從軍詩〉之二》:"我軍順時發,桓桓東南征。"李善注:"順時,應秋以征也。《禮記》曰:'舉事必順其時。'"

清華六·管仲12"訓",讀爲"順",順應,依順。《易·革》:"天地革而四時成,湯武革命,順乎天而應乎人,革之時大矣哉。"孔穎達疏:"殷湯周武聰明睿智,上順天命,下應人心。"《詩·大雅·抑》:"有覺德行,四國順之。"鄭箋:"於其俗有大德行,則天下順從其政。"

清華七·越公32"訓必",讀爲"順比",順附,不抵觸。《莊子·徐無鬼》:"遭時有所用,不能无爲也。此皆順比於歲,不物於易者也。"《荀子·禮論》:"若夫斷之繼之,博之淺之,益之損之,類之盡之,盛之美之,使本末終始,莫不順比純備,足以爲萬世則,則是禮也。"《詩·大雅·皇矣》:"王此大邦,克順克比。"《大戴禮記·保傅》:"色不比順。"

清華七·越公33"訓",教誨,教導。《書·高宗肜日》:"乃訓于王。"孔傳:"祖己既言,遂以道訓諫王。"《孟子·萬章上》:"三年,以聽伊尹之訓己也,復歸于亳。"趙岐注:"以聽伊尹之教訓己,故復得歸之於亳。"

清華八·攝命10"不訓",讀爲"不順",不順理。《詩·大雅·桑柔》:"維彼不順,自獨俾臧,自有肺腸,俾民卒狂。"朱熹《集傳》:"彼不順理之君則自以爲善而不考衆謀。"《孟子·盡心上》:"伊尹曰:'予不狎于不順,放太甲于桐,民大悅;太甲賢,又反之,民大悅。'"

忈

清華三·芮良夫18 疋(胥)忈(訓)疋(胥)孝(教)

清華五·三壽12 敢䚈(問)先王之遺忈(訓)

清華五·三壽 14 辵（上）卲（昭）忻（順）穆而敬民之行

清華五·三壽 21 經緯忻（順）齊

清華五·三壽 27 聶（聞）孝（教）忻（訓）

～，與 (上博七·吳 3)、 (上博七·吳 3)同，从"心"，"川"聲，"順"字異體。

清華三·芮良夫 18"疋忻疋孝"，讀爲"胥訓胥教"。"訓教"，謂施教化，使順服。《呂氏春秋·執一》："吳起曰：'治四境之內，成訓教，變習俗，使君臣有義，父子有序，子與我孰賢？'"

清華五·三壽 12"遺忻"，讀爲"遺訓"，前人留下或死者生前所說的有教育意義的話。《國語·周語上》："賦事行刑，必問於遺訓，而咨於故實。"韋昭注："遺訓，先王之教也。"

清華五·三壽 14"辵（上）卲（昭）忻（順）穆而敬民之行"之"忻"，即"順"，順序，次序。《左傳·宣公四年》："鄭人立子良。辭曰：'以賢則去疾不足，以順則公子堅長。'"楊伯峻注："順謂長少。"

清華五·三壽 21"忻"，即"順"，有條理，通順。《荀子·榮辱》："故曰斬而齊，枉而順，不同而一，夫是之謂人倫。"楊倞注："枉而順，雖枉曲不直，然而歸於順也。"

清華五·三壽 27"孝忻"，讀爲"教訓"，教育訓練。《左傳·哀公元年》："越十年生聚，而十年教訓，二十年之外，吳其爲沼乎！"

洲

清華一·楚居 01 逆上洲水

～，从"水"，"川"聲。

清華一·楚居 01"洲水"，新蔡葛陵簡甲三·11＋24"昔我祖出自郍追，宅茲泲(雎)章(漳)","㔾追"之"㔾"疑與此訓水有關。

巡

　清華八·邦道 06 皮(彼)萅(春)頢(夏)眛(秋)冬之相受既巡(順)

《說文·辵部》:"巡,延行皃。从辵,川聲。"

清華八·邦道 06 "巡",讀爲"順"。《釋名·釋言語》:"順,循也,循其理也。""春夏秋冬之相受既順"與前文"歲之不時"相對。

定紐豚聲

歷

　清華八·邦道 11 唯皮(彼)瀗(廢)民之不歷(循)教者

～,从"止","豚"聲,"遯"字異體。

清華八·邦道 11 "不歷教",讀爲"不循教"。《禮記·王制》:"命鄉簡不帥教者以告。"鄭玄注:"帥,循也。不循教,謂敖很不孝弟者,司徒使鄉簡擇以告者,鄉屬司徒。"

㹜(豚)

　清華六·子產 20 善君必㹜(循)昔耑(前)善王之𤳇(法)

～,右旁所從與郭店·語二 14 "豚"字󰀀右旁同,一从"豕",一从"犬"。"犬""豕"二旁古通。

清華六·子產 20 "豚",讀爲"循"。典籍中"盾"聲字與"豚"聲字相通,詳見《古字通假會典》第 132 頁。"循",沿着,順着。《左傳·僖公四年》:"若出於東方,觀兵於東夷,循海而歸,其可也。"引申爲遵守,遵從,遵循。《書·顧命》:"臨君周邦,率循大卞。"孔傳:"率群臣,循大法。"簡文"善君必㹜(循)昔耑(前)

善王之躧（法）",意爲好君主一定遵循前代好君王的法。

定紐辰聲

𦦙/𦦘

清華四·筮法 48 是古（故）胃（謂）之𦦙（震）

清華四·筮法 49 𦦙（震）

清華四·筮法 49 𦦙（震）祟

清華四·筮法 52 𦦙（震）

清華四·筮法 45 糸（奚）古（故）胃（謂）之𦦙（震）

清華七·越公 03 𦦙（震）鳴

清華七·越公 58 粵（越）邦庶民則皆𦦙（震）僮（動）

～，从"臼"，"晨"聲，"震"字異體。

清華四·筮法"𦦙"，即"震"，八卦之一。象徵雷震。又爲六十四卦之一。震下震上。《易·震》："《象》曰：洊雷，震。"孔穎達疏："洊者，重也，因仍也。雷相因仍，乃爲威震也。"《左傳·僖公十五年》："《震》之《離》，亦《離》之《震》，爲雷爲火。"杜預注："《震》爲雷，《離》爲火。"庾信《傷心賦》："《震》爲長男之宮，《巽》爲長女之位。"

清華七·越公 03"𦦙鳴"，讀爲"震鳴"。《國語·吳語》："王乃秉枹，親就鳴鐘鼓、丁寧、錞于，振鐸。"

清華七·越公58"譽僮",讀爲"震動",震驚,驚動。《書·盤庚下》:"爾謂朕:'曷震動萬民以遷?'"《國語·周語上》:"民用莫不震動,恪恭於農,修其疆畔,日服其鏄,不解於時,財用不乏,民用和同。"

晨/唇

清華三·琴舞08 夜之才(在)視晨(辰)

清華三·芮良夫23 日月星晨(辰)

清華五·三壽16 晨(振)箬(若)敘(除)態(慝)

清華三·説命下06 夜女(如)視晨(辰)

清華五·三壽23 我聅(寅)晨共(降)孿(在)九尻(宅)

清華二·繫年084 吳王子唇(晨)酒(將)记(起)褐(禍)於吳

清華二·繫年088 靓(共)王事(使)王子唇(辰)鴨(聘)於晉

清華四·筮法27 而見堂(當)日奴(如)堂(當)唇(辰)

清華四·筮法56 唇(辰)戌

清華四·筮法56 唇(辰)戌

清華五·封許02 向(尚)脣(純)氒(厥)惪(德)

 清華六·管仲26 脣(蠢)童(動)蓳(謹)畏

 清華七·越公21 孤用叏(委)命潼(重)脣(臣)

～，从"日"，"辰"聲，與(上博六·莊9)同。

清華三·琴舞08"夜之才(在)視晨(辰)"、清華三·說命下06"夜女(如)視晨(辰)"，"夜"與"晨"相對，《詩·小雅·庭燎》："夜如何其？夜鄉晨，庭燎有煇。"鄭箋："晨，明也。"

清華三·芮良夫23"日月星晨(辰)"，《書·堯典》："厤象日月星辰。""星晨"，讀爲"星辰"，星的通稱。

清華五·三壽16"晨若敘慝"，讀爲"振若除慝"，舉善除惡。"晨"，讀爲"振"。《荀子·王制》："明振毫末。"楊倞注："振，舉也。"

清華五·三壽23"畜晨"，讀爲"寅晨"，清晨。《論衡·調時》："平旦寅。""寅"，十二辰之一，相當於今北京時間凌晨三點鐘至五點鐘。

清華二·繫年084、088"王子脣(晨)"，即夫槩王。《左傳·定公四年》："闔廬之弟夫槩王晨請於闔廬。"

清華四·筮法27"見豈日奴豈脣"，讀爲"見當日如當辰"。卦象中出現筮日干支相當之卦，"當日"指天干，"當辰"指地支。

清華四·筮法56"脣(辰)戌"，"辰""戌"配"五"。天水放馬灘秦簡《日書》184貳"辰五水"、190貳"戌五火"。

清華五·封許02"向脣氒惪"，讀爲"尚純厥德"，此指文王之德。《詩·周頌·維天之命》："於乎不顯，文王之德之純。"

清華六·管仲26"脣童"，讀爲"蠢動"。《爾雅·釋詁》："蠢，動也。"

清華七·越公21"潼脣"，讀爲"重臣"，猶權臣。《韓非子·八說》："明主之國，有貴臣無重臣……重臣者，言聽而力多者也。"《史記·齊太公世家》："子哀公不辰立。"司馬貞《索隱》："《系本》作'不臣'，譙周亦作'不辰'。"

定紐盾聲

盾

 清華六·太伯甲 05 刈戈盾以媷（造）勳

 清華六·太伯乙 05 刈戈盾以媷（造）勳

～，从"盾"，"盾"的寫法和西周中期師旋簋（《集成》04217）所从相近，祇是在豎筆上加一橫而已；从"户"，是在象形"盾"字基礎上綴加的形旁。"户""盾"形、義俱近。《說文·盾部》："盾，瞂也。所以扞身蔽目。象形。"

清華六·太伯"戈盾"，戈和盾。亦泛指兵器。《左傳·昭公二十五年》："臧氏使五人以戈楯伏諸桐汝之間。"《周禮·夏官·旅賁氏》："掌執戈盾，夾王車而趨。"

定紐臺聲

臺

 清華二·繫年 071 以鶉骼玉笲（爵）與臺（淳）于之田

 清華七·越公 11 今雩（越）公亓（其）故（胡）又（有）繡（帶）甲夲（八千）以臺（敦）刃皆（偕）死

 清華七·越公 20 臺（敦）齊兵刃以玫（捍）御（禦）寡（寡）人

～，上博三·周 49 作。《說文·𠬝部》："臺，孰也。从𠬝、从羊，讀若純。一曰：鬻也。"

清華二·繫年071"臺于",讀爲"淳于",齊地名,在今山東安丘縣東北。《左傳·昭公元年》:"平秦亂,城淳于。"

清華七·越公11"臺刃",讀爲"敦刃"。《莊子·說劍》:"王曰:'今日試使士敦劍。'"郭慶藩《集釋》引郭嵩燾曰:"敦劍即治劍之意。"

清華七·越公20"臺齊",讀爲"敦齊",猶敦比,治理。《荀子·榮辱》:"孝弟原愨,軥錄疾力,以敦比其事業而不敢怠傲。"

敦

 清華五·封許03 攺(干)敦殷受(紂)

《說文·攴部》:"敦,怒也。詆也。一曰:誰何也。从攴,臺聲。"

清華五·封許03"敦",殷墟卜辭作"臺",有攻伐之義,參看趙誠《甲骨文簡明詞典》(中華書局,一九八八年,第三二九頁)。《玉篇·攴部》:"敦,敦撞也。"

戟

 清華七·越公03 戟(敦)力鈠鎗

~,从"戈","臺"聲,"敦"字異體。

清華七·越公03"敦",治理。《詩·魯頌·閟宮》:"敦商之旅。"鄭箋:"敦,治。"《莊子·說劍》:"今日試使士敦劍。"俞樾《諸子平議·莊子三》:"敦劍,猶治劍也。"

淳

 清華七·越公30 王辟(親)涉沟(溝)淳淵塗

 清華八·八氣04 鹹爲淳

《說文·水部》:"淳,淥也。从水,臺聲。"

清華七·越公30"淳",疑指低窪沼澤。《左傳·襄公二十五年》:"辨京陵,表淳鹵。"《漢書·食貨志上》:"若山林藪澤原陵淳鹵之地,各以肥磽多少爲差。"

清華八·八氣04"鹹爲淳",鹹平和。《素問·五常政大論》:"化淳則鹹守,氣專則辛化而俱治。"王冰注:"淳,和也。"《素問·藏氣法時論》:"辛散,酸收,甘緩,苦堅,鹹耎。"《管子·水地》:"酸主脾,鹹主肺,辛主腎,苦主肝,甘主心。""鹹主肺",故《素問·藏氣法時論》"鹹耎",即鹹柔软,與鹹平和義近。

定紐尹聲

尹

 清華一·尹至01 隹(惟)尹自顀(夏)蔓(徂)白(亳)

 清華一·尹至01 尹曰

 清華一·尹至04 尹曰

 清華一·尹至04 湯槑(盟)惎(誓)返(及)尹

 清華一·尹誥01 隹(惟)尹既返(及)湯

 清華一·尹誥01 尹念天之敗(敗)西邑顀(夏)

 清華二·繫年043 命(令)尹子玉

 清華二·繫年076 連尹襄老與之爭

 清華二·繫年076 連尹戠(止)於河灘

清華二·繫年 081 少帀（師）亡（無）斯（極）譖（譛）連尹額（奢）而殺之

清華二·繫年 085 命（令）尹子䗍（重）伐奠（鄭）

清華二·繫年 096 命（令）尹子木會邨（趙）文子武及者（諸）侯之夫=（大夫）

清華二·繫年 097 需（靈）王爲命（令）尹

清華二·繫年 111 以與戉（越）命（令）尹宋㮂（盟）于邢

清華二·繫年 135 三執珪之君與右尹卲（昭）之姁（誅）死女（焉）

清華五·封許 02 晃（駿）尹三（四）方

清華五·啻門 21 天尹

清華八·邦道 26 以量亓（其）帀（師）尹之誌（徵）

～，與 ▨（上博四·柬 2）、▨（上博六·壽 3）、▨（上博八·王 5）同。

《說文·又部》："尹，治也。从又、丿，握事者也。▨，古文尹。"

清華一·尹至 01"尹"，伊尹。清梁玉繩《古今人表考》卷二云伊尹"伊氏，

· 2799 ·

尹字,名摯"。

清華二·繫年 076、081"連尹",楚官名。《國語·晉語七》:"邲之役,吕錡佐智莊子於下軍,獲楚公子穀臣與連尹襄老。"韋昭注:"連尹,楚官名。"《史記·樊酈滕灌列傳》:"(灌嬰)擊破柘公王武,軍於燕西,所將卒斬樓煩將五人,連尹一人。"

清華二·繫年 043、085、096、097、111"命尹",讀爲"令尹",春秋戰國時楚國執政官名,相當於宰相。《左傳·莊公四年》:"令尹鬭祁、莫敖屈重除道梁溠,營軍臨隨。隨人懼,行成。"《論語·公冶長》:"令尹子文,三仕爲令尹,無喜色;三已之,無愠色。"邢昺疏:"令尹,宰也……楚臣令尹爲長,從他國之言,或亦謂之宰。"

清華二·繫年 135"右尹",楚官名。《左傳·成公十六年》:"楚子救鄭,司馬將中軍,令尹將左,右尹子辛將右。"

清華五·封許 02"晁尹三方",讀爲"駿尹四方"。大克鼎(《集成》02836)作"畍尹四方"。

清華五·啻門 21"天尹",天賜之尹,指伊尹。

清華八·邦道 26"帀尹",讀爲"師尹",各屬官之長。《書·洪範》:"王省惟歲,卿士惟月,師尹惟日。"孔傳:"衆正官之吏,分治其職,如日之有歲月。"孔穎達疏:"師,衆也。尹,正也。衆正官之吏,謂卿士之下有正官大夫,與其同類之官爲長。"《國語·魯語下》:"(天子)日中考政,與百官之政事、師尹、維旅、牧、相宜序民事。"韋昭注:"三君云:'師尹,大夫官也,掌以美制王。'"

肙

 清華三·良臣 02 康(唐)又(有)伊肙(尹)

 清華三·良臣 05 楚成王又(有)命(令)肙(尹)子䓇(文)

 清華三·良臣 05 楚䛑(昭)王又(有)命(令)肙(尹)子西

清華六·管仲 12 帀(師)肙(尹)堂(當)日

～,與⿱尸月(新蔡零 200、323)、⿱尸月(歷博·燕 121)、⿱尸月(新鄭圖 403)同,贅加"肉"旁,"尹"字繁體。

清華三·良臣 02"伊肙",即"伊尹"。《史記·殷本紀》:"伊尹名阿衡。阿衡欲奸湯而無由,乃爲有莘氏媵臣,負鼎俎,以滋味說湯,致于王道。或曰,伊尹處士,湯使人聘迎之,五反,然後肯往從湯,言素王及九主之事。湯舉任以國政。伊尹去湯適夏。"

清華三·良臣 05"命(令)肙(尹)",參"尹"字頭下"命尹"。

清華三·良臣 05"命(令)肙(尹)子西",《荀子·非相》:"然白公之亂也,令尹子西、司馬子期皆死焉,葉公子高入據楚,誅白公,定楚國。"

清華六·管仲 12"帀肙",讀爲"師尹",各屬官之長。參上。

伊

伊 清華三·良臣 02 康(唐)又(有)伊肙(尹)

伊 清華三·良臣 02 又(有)伊陟

～,所從"尹"與伊(上博二·子 2)、伊(上博二·子 11)有別。《說文·人部》:"伊,殷聖人阿衡,尹治天下者。从人、从尹。𣉻,古文伊从古文死。"

清華三·良臣 02"伊肙",即"伊尹",參上。

清華三·良臣 02"伊陟",人名。《漢書·古今人表》"伊陟",顏師古注:"伊尹子也。"《書·君奭》:"在太戊,時則有若伊陟、臣扈,格于上帝。"

沪

 清華六·太伯乙 06 西䣭(城)沪(伊)闕(澗)

清華二·繫年 102 楚卲（昭）王戩（侵）尹（伊）、洛以返（復）方城之自（師）

～，从"水"，"尹"聲。，所从"尹"訛爲"貝"。，所从"尹"與所从同。或釋爲"泗"，讀爲"伊"。（陳劍）

清華六·太伯乙 06"尹澗"，讀爲"伊澗"，古水名。源出河南省新安縣南白石山，匯洛水入於河。《書·禹貢》："伊、洛、瀍、澗，既入于河。"

清華二·繫年 102"尹、洛"，讀爲"伊、洛"，伊水與洛水。兩水匯流，多連稱。亦指伊洛流域。《國語·周語上》："昔伊洛竭而夏亡，河竭而商亡。"韋昭注："伊出熊耳，洛出冢嶺。禹都陽城，伊洛所近。"

㳋

 清華六·太伯甲 07 西虢（城）㳋（伊）閒（澗）

～，从"水"，"伊"聲。

清華六·太伯甲 07"㳋閒"，讀爲"伊澗"。參上。

君

 清華一·耆夜 10 今夫君子

 清華一·耆夜 12 今夫君子

 清華二·繫年 007 邦君者（諸）正乃立幽王之弟舍（余）臣于虢（虢）

 清華二·繫年 008 邦君者（諸）侯女（焉）訏不朝于周

清華二·繫年025 君埜(來)伐我

 清華二·繫年025 君女(焉)敓(敗)之

 清華二·繫年027 君必命見之

 清華二·繫年031 欲亓(其)子瓠(奚)脊(齊)之爲君也

 清華二·繫年031 乃諈(讒)大子龏(共)君而殺之

 清華二·繫年034 囟(使)君涉河

 清華二·繫年047 以奠(鄭)君之命裦(勞)秦三衒(帥)

 清華二·繫年050 君幼

 清華二·繫年050 猷求弝(強)君

 清華二·繫年052 豫(舍)亓(其)君之子弗立

 清華二·繫年075 陳公子譀(徵)余(舒)殺亓(其)君霝(靈)公

 清華二·繫年095 齊襄(崔)芧(杼)殺亓(其)君臧(莊)公

清華二·繫年 104 改邦陳、郼（蔡）之君

 清華二·繫年 127 旔（陽）城洹（桓）叞（定）君衒（率）犢闗（關）

之自（師） 清華二·繫年 130 郎臧（莊）坪（平）君衒（率）自（師）戠（侵）奠

（鄭） 清華二·繫年 133 王命坪（平）亦（夜）悼武君衒（率）自（師）戠

（侵）晉 清華二·繫年 135 坪（平）亦（夜）恕（悼）武君

 清華二·繫年 135 昜（陽）城洹（桓）叞（定）君

 清華二·繫年 135 三執珪之君與右尹卲（昭）之妃（娛）死女

（焉） 清華二·繫年 137 王命坪（平）亦（夜）悼武君

 清華三·琴舞 01 無叞（悔）言（享）君

 清華三·芮良夫 02 敬之孷（哉）君子

清華三·芮良夫02 敬孴(哉)君子

清華三·芮良夫05 君子而受朿萬民之窘(咎)

清華三·芮良夫06 敬孴(哉)君子

清華三·芮良夫09 凡百君子

清華三·芮良夫13 先君以多玒(功)

清華三·芮良夫14 古□□□□□□□□元君

清華三·芮良夫17 凡隹(惟)君子

清華三·芮良夫27 亡(無)君不能生

清華三·良臣04 武王又(有)君奭

清華三·良臣04 又(有)君阾(陳)

清華三·良臣04 又(有)君蚤(牙)

清華四·筮法32 君之立(位)也

清華五・厚父 05 复(作)之君

 清華五・湯丘 04 君天王

 清華五・湯丘 05 不猷(猶)受君賜

 清華五・湯丘 05 吟(今)君迬(往)不以時

 清華五・湯丘 06 虗(吾)君可(何)

 清華五・湯丘 09 虗(吾)可(何)君是爲

 清華五・湯丘 10 君天王之言也

 清華五・湯丘 14 句(后)牆(將)君又(有)虽(夏)才(哉)

 清華五・湯丘 16 爲君系(奚)若

 清華五・湯丘 17 爲君惡(愛)民

 清華五・湯丘 19 君既濬明

 清華五・湯丘 19 既受君命

清華六·孺子01 昔虞（吾）先君

清華六·孺子02 古（故）君與夫=（大夫）𫊪（晏）女（焉）不相旻

（得）䛩（惡）

清華六·孺子03 區=（區區）奠（鄭）邦䇯（望）虞（吾）君

清華六·孺子03 亡（無）不盈（盈）亓（其）志於虞（吾）君之君㠯
（己）也

清華六·孺子03 亡（無）不盈（盈）亓（其）志於虞（吾）君之君㠯
（己）也

清華六·孺子03 虞（吾）君函（陷）於大難之中

清華六·孺子04 三年無君

清華六·孺子05 虞（吾）先君之棠（常）心

清華六·孺子05 今虞（吾）君既〈即〉枼（世）

清華六·孺子09 尃（布）恩（圖）於君

清華六·孺子09 昔虞（吾）先君史（使）二三臣

清華六·鄎子10 □臣、三(四)䣶(鄰)以虐(吾)先君爲能敘

清華六·鄎子10 歓虐(吾)先君而孤乳=(鄎子)

清華六·鄎子11 虐(吾)先君女(如)忍乳=(鄎子)志=(之志)

清華六·鄎子11 虐(吾)先君北(必)牉(將)相乳=(鄎子)

清華六·鄎子12 君共(拱)而不言

清華六·鄎子13 女(汝)訢(慎)䡀(重)君毇(葬)而舊(久)之於上三月

清華六·鄎子13 乃史(使)雩(邊)父於君

清華六·鄎子14 今君定

清華六·鄎子15 者(姑)窞(寧)君

清華六·鄎子15 或(又)辱虐(吾)先君

清華六·鄎子15 君倉(答)雩(邊)父曰

清華六·孺子16 二三夫=(大夫)膚(皆)虔(吾)先君齋=(之所)伋(守)孫也

清華六·孺子16 虔(吾)先君智(知)二三子之不忈=(二心)

清華六·孺子17 或(又)禹(稱)记(起)虔(吾)先君於大難之中

清華六·孺子18 归(抑)亡(無)女(如)虔(吾)先君之惥(憂)可(何)

清華六·管仲01 君子孥(學)與不孥(學)

清華六·管仲01 君子孥(學)才(哉)

清華六·管仲02 君子孥(學)才(哉)

清華六·管仲12 君堂(當)戠(歲)

清華六·管仲14 耑(前)又(有)道之君可(何)以䛒(保)邦

清華六·管仲14 耑(前)又(有)道之君所以䛒(保)邦

清華六·管仲16 臼(舊)天下之邦君

清華六·管仲 16 管(孰)可以爲君

 清華六·管仲 17 管(孰)不可以爲君

 清華六·管仲 17 湯可以爲君

 清華六·管仲 18 可以爲君才(哉)

 清華六·管仲 20 不可以爲君才(哉)

 清華六·管仲 21 亓(其)即君管(孰)諹(彰)也

 清華六·管仲 23 可以爲君才(哉)

 清華六·管仲 24 不可以爲君才(哉)

 清華六·管仲 25 夫年(佞)者之事君

 清華六·管仲 27 爲君與爲臣管(孰)裦(勞)

 清華六·管仲 30 爲君不裦(勞)而爲臣裦(勞)虍(乎)

 清華六·管仲 30 則爲君裦(勞)才(哉)

清華六·太伯甲01 君若曰

清華六·太伯甲02 忞（閔）霽（喪）虘（吾）君

清華六·太伯甲03 君，老臣□□□□

清華六·太伯甲04 先君逗（桓）公遚（後）出自周

清華六·太伯甲06 亦虘（吾）先君之力也

清華六·太伯甲07 枼（世）及虘（吾）先君武公

清華六·太伯甲08 枼（世）及虘（吾）先君臧（莊）公

清華六·太伯甲09 枼（世）及虘（吾）先君卲公

清華六·太伯甲10 今及虘（吾）君

清華六·太伯甲10 長不能莫（慕）虘（吾）先君之武敫（烈）臧（壯）釭（功）

清華六·太伯甲11 君而虢（狎）之

清華六·太伯甲11 君女(如)由皮(彼)孔𠱾(叔)

清華六·太伯甲12 方諫虗(吾)君於外

清華六·太伯甲12 君女(如)是之不能茅(懋)

清華六·太伯甲12 君之亡(無)餾(問)也

清華六·太伯甲13 君之亡(無)出也

清華六·太伯甲13 戒之𢦏(哉)君

清華六·太伯乙01 君若曰

清華六·太伯乙01 㥁(閔)𪉟(喪)虗(吾)君

清華六·太伯乙06 亦虗(吾)先君之力也

清華六·太伯乙06 枼(世)及虗(吾)先君武公

清華六·太伯乙07 枼(世)及虗(吾)先君臧(莊)公

清華六·太伯乙08 枼(世)及虗(吾)先君卲公、制〈剌〉(厲)公

清華六·太伯乙09 今[及吾]君弱

清華六·太伯乙09 長不能莫（慕）虐（吾）先君之武散（烈）臧（壯）社（功）

清華六·太伯乙09 君而虢（狎）之

清華六·太伯乙10 君女（如）由皮（彼）孔甼（叔）、逵（佚）之旦（夷）、帀（師）之佢鹿、皇之俞珥（彌）

清華六·太伯乙10 方諫虐（吾）君於外

清華六·太伯乙11 君女（如）是之不能茅（懋）

清華六·太伯乙11 君之亡（無）酣（問）也

清華六·太伯乙11 君之亡（無）出[也]

清華六·太伯乙12 [戒之哉]君

清華六·子儀04 君及不敦（穀）剌（專）心穆（戮）力以左右者（諸）侯

清華六·子儀08 佄（宿）君又縶（尋）言（焉）

清華六·子儀 11 以不穀（穀）之攸（修）遠於君

清華六·子儀 14 君欲汽（迄）丹（旦）才（在）公

清華六·子儀 16 公及三方者（諸）邱（任）君不贍（瞻）皮（彼）泜（沮）漳之川屏（開）而不盧（閭）殹（也）

清華六·子儀 19 君不尚芒鄙王之北旻（没）

清華六·子產 01 昔之聖君取虞（處）於身

清華六·子產 02 不良君古（怙）立（位）劫（固）𥛱（福）

清華六·子產 03 此胃（謂）才（存）亡才（在）君

清華六·子產 03 內君子亡攴（變）

清華六·子產 09 君人立（蒞）民又（有）道

清華六·子產 09 臣人畏君又（有）道

清華六·子產 10 君人亡事

清華六·子產 12 又(有)道之君

清華六·子產 13 先聖君所以徫(達)成邦或(國)也

清華六·子產 19 古之悻(狂)君

清華六·子產 19 窂(卑)不足先善君之憯(驗)

清華六·子產 20 善君必豚(循)昔萅(前)善王之瀌(法)

清華七·子犯 02 誠女(如)宔(主)君之言

清華七·子犯 10 凡君斋=(之所)畚(問)

清華七·子犯 12 九州而䉻君之逡(後)殊(世)

清華七·子犯 12 醫(殷)邦之君子

清華七·子犯 13 用凡君所䎽(問)莫可䎽(聞)

清華七·子犯 14 天下之君子

清華七·晉文公 04 命竄(蒐)攸(修)先君之鏊(乘)貢(式)車輅

（甲）

 清華七·趙簡子 05 齊君逵（失）政

 清華七·趙簡子 05 敢䚷（問）齊君逵（失）之系（奚）䌛（由）

 清華七·趙簡子 06 齊君逵（失）正（政）

 清華七·趙簡子 07 昔虐（吾）先君獻公是尻（居）

 清華七·趙簡子 08 稾（就）虐（吾）先君襄公

 清華七·趙簡子 10 稾（就）虐（吾）先君坪（平）公

 清華七·越公 03 虐（吾）君天王

 清華七·越公 04 募（寡）人不忍君之武礪（勵）兵甲之鬼（威）

 清華七·越公 05 君女（如）爲惠

 清華七·越公 06 君女（如）曰

 清華七·越公 07 君乃阤（陳）吳甲

清華七·越公 10 君臣父子亓（其）未相旻（得）

清華七·越公 15 君雩（越）公不命使（使）人而夫=（大夫）辟

（親）辱

清華七·越公 21 达（匍）遣（匐）臱（就）君

清華七·越公 21 君不尚（嘗）新（親）有（右）募（寡）人

清華七·越公 23 今夫=（大夫）嚴（儼）肰（然）監（監）君王之音

清華七·越公 61 乃由王卒（卒）君子卒（六千）

清華七·越公 64 以亓（其）厶（私）卒（卒）君子卒=（六千）以爲

中軍

清華八·攝命 14 是隹（唯）君子秉心

清華八·邦政 05 亓（其）君子曼（文）而請（情）

清華八·邦政 05 亓（其）君執棟

清華八·邦政 07 亓（其）君聖（聽）詑（佞）而棘（速）叀（變）

清華八·邦政 09 丌(其)君子專(薄)於敾(教)而行愳(詐)

清華八·處位 01 印(抑)君臣必果以厇(度)

清華八·處位 01 度君𢼸(救)臣

清華八·處位 01 臣啻(適)逆君

清華八·處位 03 君乃無從敗(規)下之蟲□

清華八·邦道 01 凸(凡)皮(彼)刐(削)坿(邦)、臧(戕)君

清華八·邦道 04 以旹(待)明王聖君之立

清華八·邦道 15 鰥(懷)㥈(惻)聖君

清華八·邦道 15 君獸(守)器

清華八·邦道 18 君以丌(其)所能衣飤

清華八·邦道 27 古(故)方(防)敓(奪)君目

清華八·心中 01 凥(處)身之中以君之

清華八·心中 03 爲君者亓（其）監（鑒）於此

　清華八·心中 03 以君民人

　清華八·心中 06 君公、侯王

～,與 ▨（上博一·緇 12）、▨（上博二·民 1）、▨（上博八·顔 10）同。《說文·口部》："君,尊也。从尹,發號,故从口。▨,古文象君坐形。"

清華二·繫年 007、008,清華六·管仲 16"邦君",諸侯。古代指諸侯國君主。《書·伊訓》："卿士有一于身,家必喪。邦君有一于身,國必亡。"孔傳："諸侯犯此,國亡之道。"

清華二·繫年 025、027"君",指楚文王。

清華二·繫年 031"爲君",做國君。

清華二·繫年 031"龍君",讀爲"共君",太子申生謚爲共君。《國語·晉語二》："驪姬見申生而哭之……驪姬退,申生乃雉經於新城之廟……是以謚爲共君。"

清華二·繫年 034"君",指秦穆公。

清華二·繫年 047"奠君",讀爲"鄭君",鄭國國君。

清華二·繫年 050、075"君",晉靈公高。

清華二·繫年 050"弴君",即"强君",指成年國君。《左傳·文公六年》："靈公少,晉人以難故,欲立長君。"

清華二·繫年 095"君",齊莊公。

清華二·繫年 127"易城洹惡君"、135"旟城洹惡君",均讀爲"陽城桓定君","桓定"是此封君的謚。

清華二·繫年 130"郎臧坪君",讀爲"郎莊平君",楚之封君,莊平是其謚,郎爲其封地。

清華二·繫年 135"三執珪之君",即魯陽公、平夜君、陽城君。

清華二·繫年 133、137"坪亦悼武君",讀爲"平夜悼武君"。平夜君見於曾侯乙墓簡、新蔡簡和包山簡。"平夜",封君的封地,在今河南平輿。悼武君可能是第三代平夜君。爲新蔡葛陵墓主平夜君成之子。

清華三·芮良夫 27 "亡君",讀爲"無君",沒有國君。

清華三·良臣 04 "君奭",召公奭。《史記·燕召公世家》:"召公奭與周同姓,姓姬氏。周武王之滅紂,封召公於北燕。"《書·君奭序》:"召公爲保,周公爲師,相成王爲左右。召公不説,周公作《君奭》。"

清華三·良臣 04 "君阵",即君陳。《書·君陳序》:"周公既没,命君陳分正東郊成周,作《君陳》。"《禮記·檀弓上》疏引鄭玄《詩譜》云"君陳"爲周公子、伯禽弟。

清華三·良臣 04 "君䜌",即君牙。《書·君牙序》:"穆王命君牙爲周大司徒,作《君牙》。"《禮記·緇衣》引有佚文。

清華五·厚父 05 "复(作)之君",《孟子·梁惠王下》:"《書》曰:'天降下民,作之君,作之師,惟曰其助上帝寵之。四方有罪無罪,惟我在,天下曷敢有越厥志?'"

清華五·湯丘 04、10 "君天王",指商湯。

清華五·湯丘 14 "君又虘",讀爲"君有夏",爲夏君主。

清華六·孺子 03 "君吕",即"君己","君"爲動詞。此云鄭國之人擁護武公。

清華六·孺子 14 "今君定",孺子已定君位。

清華六·管仲 12 "君堂戠",讀爲"君當歲"。《書·洪範》:"王省惟歲,卿士惟月,師尹惟日,歲月日時無易,百穀用成。"

清華六·子產 12、清華六·管仲 14 "有道之君",《管子·四稱》注云:"謂稱有道之君、無道之君、有道之臣、無道之臣,以戒桓公。"《管子·君臣上》:"是故有道之君正其德以蒞民,而不言智能聰明。"

清華六·管仲 27、30 "爲君與爲臣管(孰)袋(勞)",《論語·子路》:"人之言曰:'爲君難,爲臣不易。'"

清華六·子儀 16 "任君",大約指有抱負之君。

清華六·子產 01、13,清華八·邦道 04、15 "聖君",猶聖主。《管子·任法》:"聖君任法而不任智,任數而不任説,任公而不任私,任大道而不任小物,然後身佚而天下治。"《荀子·臣道》:"事聖君者,有聽從,無諫爭。"

清華六·子產 03 "內君子亡攴(變)",內心始終爲君子,沒有改變。

清華六·子產 09 "君人",爲君之人,即君。

清華六·子產 10 "君人亡事",民事是事,君當專以民事爲事。

清華六·子產 19、20"善君",好的君主。

清華七·子犯 02"宔(主)君",對一國之主的稱呼。《墨子·貴義》:"且主君亦嘗聞湯之説乎?"《史記·甘茂列傳》:"樂羊再拜稽首曰:'此非臣之功也,主君之力也。'"

清華七·子犯 12、14"君子",指諸侯或卿大夫,《詩經·小雅·采菽》"君子來朝",毛傳:"君子,謂諸侯也。"《儀禮·士相見禮》"凡侍坐於君子",鄭玄注:"君子,謂卿大夫及國中賢者也。"

清華七·趙簡子 05、06"齊君",齊國國君。

清華七·越公 10"君臣父子",君主與臣下,父與子。《易·序卦》:"有父子,然後有君臣;有君臣,然後有上下。"《墨子·兼愛上》:"君臣父子皆能孝慈,若此則天下治。"

清華七·越公 23"君王之音",古人以德音喻善言,此處也是説君王之善言。

清華七·越公 64"厶卒君子",讀爲"私卒君子",指春秋越國的君子軍。《國語·吳語》:"(越王)以其私卒君子六千人爲中軍。"韋昭注:"私卒君子,王所親近有志行者。猶吳所謂賢良,齊所謂士。"

清華八·心中 01"君",主宰者。簡文"處身之中以君之",指心處身之中而爲身之主宰。

清華八·心中 06"君公",諸侯。《書·説命中》:"明王奉若天道,建邦設都,樹后王君公,承以大夫師長。"孔穎達疏:"后王,謂天子也;君公,謂諸侯也。"《墨子·尚同中》:"夫建國設都,乃作后王君公。"

清華"君子",對統治者和貴族男子的通稱。常與"小人"或"野人"對舉。《詩·魏風·伐檀》:"彼君子兮,不素餐兮!"《孟子·滕文公上》:"無君子莫治野人,無野人莫養君子。"

清華"先君",前代君主。《詩·邶風·燕燕》:"先君之思,以勖寡人。"《莊子·山木》:"魯侯曰:'吾學先王之道,脩先君之業。'"成玄英疏:"先君,謂周公伯禽也。"

麇

 清華八·心中 05 才(在)善之麇(麇)

～,從"鹿","君"聲,"麇"字異體。《説文·鹿部》:"麇,麇也。從鹿,囷省聲。,籀文不省。"

清華八·心中05"麐",即"麚",獐子。《左傳·哀公十四年》:"逢澤有介麋焉。"陸德明《釋文》:"麋,獐也。"

群

 清華一·金縢07 官(管)弔(叔)返(及)亓(其)群牲(兄)俤(弟)

 清華二·繫年043 群緣(蠻)尸(夷)

 清華二·繫年043 文公衝(率)秦、齊、宋及群戎之𠂤(師)以敗(敗)楚𠂤(師)於城僕(濮)

 清華六·孺子09 思群臣旻(得)執女(焉)

 清華七·越公37 凡群氏(度)之不氏(度)

 清華七·越公37 群采勿(物)之不繢(對)

 清華七·越公51 群大臣

 清華七·越公54 及群敔(近)御

 清華七·越公55 群勿(物)品采之侃(愆)于者(故)棠(常)

～,與(上博五·競10)、(上博四·曹21)、(上博八·李1【背】)

同。《説文·羊部》:"群,輩也。从羊,君聲。"

清華一·金縢 7"官(管)叔返(及)兀(其)群豊(兄)俤(弟)",《漢書·王莽傳》:"唯莽父曼蚤死,不侯。莽群兄弟皆將軍五侯子,乘時侈靡,以輿馬聲色佚游相高,莽獨孤貧,因折節爲恭儉。"

清華二·繫年 043"群䜌尸",讀爲"群蠻夷"。《左傳·文公十六年》:"楚大饑,戎伐其西南,至于阜山,師于大林。又伐其東南,至于陽丘,以侵訾枝。庸人帥群蠻以叛楚。"

清華二·繫年 043"群戎",衆戎,許多戎。《書·舜典》:"乃日覲四嶽群牧,班瑞于群后。"

清華六·孺子 09"群臣",衆臣。《管子·幼官》:"定府官,明名分,而審責於群臣有司,則下不乘上,賤不乘貴。法立數得,而無比周之民,則上尊而下卑,遠近不乖。"

清華七·越公 37"群尼",讀爲"群度",各種制度。

清華七·越公 37"群采勿(物)"、55"群勿(物)品采",衆多旌旗、衣物等標明身份等級的禮制之物。《左傳·文公六年》:"分之采物,著之話言。"孔穎達疏:"采物,謂采章物色、旌旗衣服,尊卑不同,名位高下,各有品制。"

清華七·越公 51"群大臣",衆大臣。

清華七·越公 54"及群敳(近)御",衆多身邊親近的侍從。

定紐允聲

允

清華一·保訓 03 今朕疾允瘖(病)

清華一·保訓 07 隹(惟)允

清華一·祭公 09 允𢦏(哉)

清華三·説命中 02 允若寺(時)

清華三·琴舞04 允丕(丕)异(承)丕(丕)顯(顯)

清華三·芮良夫16 而不智(知)允盈(盈)

清華五·湯丘02 曰:允

清華八·攝命21 女(汝)亦母(毋)敢鬼(畏)甬(用)不審不允

清華八·攝命25 卻(載)允非尚(常)人

清華八·邦道20 則民允

～，作 [字形]、[字形] 與 [字形](上博一·緇3)、[字形](上博一·緇18)同，下部從"身"。《說文·儿部》："允，信也。从儿，㠯聲。"

清華一·保訓03、清華八·攝命25"允"，誠，確實。

清華一·保訓07"隹允"，讀爲"惟允"。《爾雅·釋詁》："允，信也。"《書·舜典》："夙夜出納朕命，惟允。"《逸周書·大匡》："惟允惟讓。"

清華一·祭公09"允哉(哉)"，《呂氏春秋·貴信》："故《周書》曰：'允哉！允哉！'以言非信，則百事不滿也。"

清華三·說命中02"允若寺"，讀爲"允若時"，信如是。《書·無逸》："允若時，不啻不敢含怒。"孔傳："信如是怨詈，則四王不啻不敢含怒以罪之。"

清華三·琴舞04、清華八·邦道20"允"，《爾雅·釋詁》："信也。"邢昺疏："謂誠實不欺也。"

清華三·芮良夫16"而不智(知)允盈(盈)"之"允"，讀爲"滿"。《說文·玉部》："璊，玉經色也。从玉，㒼聲。禾之赤苗謂之虋，言璊玉色如之。玧，璊或从允。"(白於藍)

清華八·攝命21"不允"，不被敬信。《左傳·文公四年》："逆婦姜于齊，卿不行,非禮也。君子是以知出姜之不允於魯也。"杜預注:"允,信也。始來不見尊貴,故終不爲國人所敬信也。"

畍

清華六·子産 21 子産用𦷊(尊)老先生之畍(俊)

清華六·子産 24 班羞(好)勿(物)畍(俊)之行

~,从"田","允"聲,"畯"字異體。

清華六·子産"畍",讀爲"俊",才德超卓的人。《説文·人部》:"俊,材千人也。"《書·立政》:"古之人,迪惟有夏,乃有室大競,籲俊尊上帝。"孔傳:"猶乃招呼賢俊,與共尊事上天。"《鶡冠子·能天》:"是以德萬人者謂之俊,德千人者謂之豪,德百人者謂之英。"

沇

清華一·尹至 02 民沇(率)曰

《説文·水部》:"沇,水。出河東東垣王屋山,東爲沛。从水,允聲。𣲖,古文沇。"

清華一·尹至 02"沇",讀爲"率"。(孟蓬生)《書·湯誓》:"有衆率怠弗協,曰:'時日曷喪?予及汝皆亡。'"或讀爲"遂"。(沈培)

晃

清華五·封許 02 晃(駿)尹三(四)方

~,从"日","允"聲,"晙"字異體。《説文·日部》:"晙,明也。从日,夋聲。"

清華五·封許 02"晃尹三方",讀爲"駿尹四方"。見大克鼎(《集成》

2825

02836)"畃尹四方"。

清華一·程寤 08 褱（懷）夋（允）

～，與"允"一字分化。下部所從"止"上移，遂訛爲"女"形。《説文·夊部》："夋，行夋夋也。一曰倨也。从夊，允聲。"

清華一·程寤 08"褱夋"，讀爲"懷允"，至信。《詩·小雅·鼓鐘》："淑人君子，懷允不忘。"鄭箋："淑，善。懷，至也。古者，善人君子，其用禮樂，各得其宜，至信不可忘。"

清華三·説命下 02 少（小）臣罔夐（俊）才（在）朕備（服）

清華七·越公 47 又（有）夐（爨）哉（歲）

～，上博六·木 4 作，从"炅"（熱），"允"聲，應該是後代的"焌"字。（曾憲通）也可能分析爲从"火"，"畃"聲。或説是"爨"字的異體。或認爲下部从"異"聲。（魏宜輝）

清華三·説命下 02"夐"，讀爲"俊"或"駿"。《爾雅·釋詁》："駿，長也。"《書·文侯之命》："罔或耆壽俊在厥服。"孔傳："無有耆宿壽考俊德在其服位。"

清華七·越公 47"夐哉"，即"爨歲"，疑讀爲"算會"。又疑"爨"讀爲"贅"，"歲"讀爲"劌"，傷也。

清華一·保訓 04 昔䑓（舜）舊（久）复（作）㣇=（小人）

 清華一·保訓 06 䍁(舜)既旻(得)中

 清華三·良臣 01 堯之相𤎩(舜)

～,與(上博二·子 6)、(上博五·鬼 1)、(上博七·武 1)同,从"火""土","允"聲,《説文·舜部》:"舜,艸也。楚謂之葍,秦謂之藑蔓,地蓮華。象形。从舛、舛亦聲。凡舜之屬皆从舜。,古文舜。"

清華"舜",人名。五帝之一。姚姓,有虞氏,名重華,史稱虞舜或舜。相傳受堯禪讓,後禪位於禹,死在蒼梧。《史記·五帝本紀》:"舜,冀州之人也。舜耕歷山,漁雷澤,陶河濱,作什器於壽丘,就時於負夏。舜父瞽叟頑,母嚚,弟象傲,皆欲殺舜。舜順適不失子道,兄弟孝慈。欲殺,不可得;即求,嘗在側。"

泥紐刃聲

刃

 清華一·耆夜 05 虘(作)士奮刃

 清華二·繫年 002 卿孶(士)、者(諸)正、萬民弗刃(忍)于氒(厥)心

 清華七·越公 11 今雩(越)公亓(其)故(胡)又(有)縪(帶)甲籴(八千)以章(敦)刃皆(偕)死

 清華七·越公 20 章(敦)齊兵刃以攼(捍)御(禦)募(寡)人

 清華七·越公 21 閿冒兵刃

《説文·刃部》:"刃,刀堅也。象刀有刃之形。"

清華一·耆夜 05"虔士奮刃",讀爲"作士奮刃",讓軍士奮起揮著利刃殺敵。(《讀本一》第 124 頁)

清華二·繫年 002"弗刃",讀爲"弗忍"。參《左傳·昭公二十六年》:"至于厲王,王心戾虐,萬民弗忍,居王于彘。"

清華七·越公 11"刃",清華七·越公 20、21"兵刃",兵器。《孟子·梁惠王上》:"填然鼓之,兵刃既接,棄甲曳兵而走。"《荀子·君道》:"兵刃不待陵而勁。"王先謙《集解》:"陵謂厲兵刃也。"

忍

  清華一·程寤 07 果栖(遷)不忍

  清華一·祭公 18 箮(厚)顔(顏)忍恥

  清華六·孺子 11 虐(吾)先君女(如)忍乳=(孺子)志=(之志)

  清華七·子犯 02 身不忍人

  清華七·越公 04 募(寡)人不忍君之武礪(勵)兵甲之鬼(威)

  清華八·處位 07 或忍(恩)觀(寵)不邋(襲)

~,與 、同。《説文·心部》:"忍,能也。从心,刃聲。"

清華一·程寤 07"不忍",不忍心。《説苑·至公》:"大王有至仁之恩,不忍戰百姓。"《穀梁傳·桓公元年》:"先君不以其道終,則子弟不忍即位也。"(《讀本一》第 60 頁)

清華一•祭公 18"忍恥",《荀子•大略》:"欲富乎,忍恥矣。"楊倞注:"忍恥,不顧廉恥。"《左傳•哀公二十七年》:"以能忍恥,庶無害趙宗乎?"

清華六•孺子 11"忍",動詞。《說文•心部》:"忍,能也。"

清華七•子犯 02"身不忍人",《國語•晉語一》:"其爲人也,小心精潔,而大志重,又不忍人。精潔易辱,重價可疾,不忍人,必自忍也。"韋昭注:"不忍施惡於人。""不忍人",不忍害人之心,《孟子•公孫丑上》:"孟子曰:人皆有不忍人之心。先王有不忍人之心,斯有不忍人之政矣。"

清華七•越公 04"不忍",不能忍受。《孟子•離婁下》:"我不忍以夫子之道,反害夫子。"

清華八•處位 07"忍顴",讀爲"恩寵",謂帝王對臣下的優遇寵倖。王充《論衡•幸偶》:"無德薄才,以色稱媚……邪人反道而受恩寵。"

紉

 清華八•八氣 07 金曰隹(唯)䥈(斷)母(毋)紉

《說文•糸部》:"紉,繟繩也。从糸,刃聲。"

清華八•八氣 07"紉",續。《楚辭•離騷》:"扈江離與辟芷兮,紉秋蘭以爲佩。"王逸注:"紉,索也。"洪興祖《補注》引《方言》:"續,楚謂之紉。"賈誼《惜誓》:"傷誠是之不察兮,并紉茅絲以爲索。"

來紐侖聲

侖

 清華七•越公 50 王曰侖(論)朕(省)亓(其)事

〜,與 ❀(郭店•尊德義 1)同。《說文•亼部》:"侖,思也。从亼、从冊。龠,籀文侖。"

清華七•越公 50"侖",讀爲"論",研究。《管子•七法》:"故聚天下之精財,論百工之銳器。"

龠

　清華三·良臣 06 齊桓(桓)公又(有)龠寺(夷)虐(吾)

　　清華三·良臣 06 "龠寺虐",讀爲"管夷吾"。又稱"管籥",簡文"龠"疑爲"管"字之誤。管仲,管嚴之子,名夷吾,字仲,謚敬仲,齊稱仲父。詳見《史記·管晏列傳》。

從紐叩聲

巽

　　清華一·皇門 03 迺方(旁)救(求)巽(選)睪(擇)元武聖夫

　　清華四·筮法 37 埜(來)巽大吉

　　清華四·筮法 37 埜(來)巽少(小)吉

　　清華四·筮法 40 逆軜(乾)以長(當)巽

　　清華四·筮法 40 內(入)月五日豫(舍)巽

　　清華四·筮法 50 巽

　　清華四·筮法 50 巽祟:孛(字)殤(殤)

清華四·筮法 53 巺

清華六·孺子 14 女(焉)宵(削)昔(錯)器於巺(選)賮(藏)之中

~，與巽(上博三·中 23)、巺(上博六·慎 1)同。《說文·丌部》："巺，具也。从丌，吅聲。巽，古文巺。"

清華一·皇門 03"巺翠"，讀爲"選擇"，挑選，選取。《墨子·尚同中》："是故選擇天下賢良聖知辯慧之人，立以爲天子。"《孟子·滕文公上》："選擇而使子，子必勉之。"今本《逸周書·皇門》作"乃方求論擇元聖武夫"。

清華四·筮法 40"逆歆(乾)以長(當)巺"，乾、坤合巺，意指按巺的吉凶判定。

清華四·筮法 40"内(入)月五日豫(舍)巺"，初五日乾、坤離開巺。

清華四·筮法"巺"，卦名，八卦之一，又六十四卦之一，巺下巺上。《易·說》："巺，東南也。"

清華六·孺子 14"巺賮"，讀爲"選藏"，遣藏，即殉葬器物。《說文·辵部》："選，遣也。"

躌

　清華五·湯丘 02 身體躌(痊)敀(平)

~，从"身"，"巺"聲。

清華五·湯丘 02"躌"，或讀爲"痊"，病癒。《莊子·徐無鬼》："今予病少痊，予又且復遊於六合之外。"成玄英疏："痊，除也。"

譔

　清華八·攝命 06 則由護(勸)女(汝)訓言之譔

《說文·言部》："譔，專教也。从言，巺聲。"

清華八·攝命 06"譔"，撰錄，撰述。《禮記·祭統》："銘者，論譔其先祖之

· 2831 ·

有德善、功烈、勳勞、慶賞、聲名,列於天下,而酌之祭器,自成其名焉,以祀其先祖者也。"孔穎達疏:"論謂論說,譔則譔錄。言子孫爲銘,論說譔錄其先祖道德善事。"

心紐先聲

先

清華一·金縢 02 未可以感(戚)虐(吾)先王

清華一·金縢 03 史乃册祝告先王曰

清華一·金縢 08 亡(無)以返(復)見於先王

清華一·皇門 05 先王用又(有)勸(勸)

清華一·皇門 05 先=(先人)神示(祇)返(復)式〈式〉用休

清華一·皇門 07 孫=(子孫)用穢(末)被先王之耿光

清華一·皇門 07 廼弗肎(肯)用先王之明荆(刑)

清華一·皇門 12 悉(媚)夫先受殄(殄)罰

清華一·祭公 18 尃(敷)求先王之共(恭)明悳(德)

清華一·祭公 19 昔才（在）先王

清華一·楚居 02 先尻（處）于京宗

清華二·繫年 018 乃先建螢（衛）弔（叔）垆（封）于庚（康）丘

清華二·繫年 066 公命郚（駒）之克先聘（聘）于齊

清華二·繫年 068 乃先䢜（歸）

清華二·繫年 089 柬（厲）公先起兵

清華二·繫年 098 需（靈）王先起兵

清華三·説命中 03 故（古）我先王戕（滅）頭（夏）

清華三·芮良夫 10 殹（繄）先人又（有）言

清華三·芮良夫 12 昔才（在）先王

清華三·芮良夫 13 先君以多釭（功）

清華三·芮良夫 17 尚藍（鑒）于先舊

清華五·厚父 06 弗甬（用）先劼（哲）王孔甲之典荆（刑）

清華五·筲門 01 古之先帝亦有良言青（情）至於今虎（乎）

清華五·三壽 01 尔（爾）是先生

清華五·三壽 11 㺒=（惶惶）先反

清華五·三壽 12 敢䚜（問）先王之遺忎（訓）

清華六·鄭子 01 昔虐（吾）先君

清華六·鄭子 05 虐（吾）先君之裳（常）心

清華六·鄭子 09 昔虐（吾）先君史（使）二三臣

清華六·鄭子 10 三（四）鹭（鄰）以虐（吾）先君爲能敘

清華六·鄭子 10 欤虐（吾）先君而孤乳=（鄭子）

清華六·鄭子 11 虐（吾）先君女（如）忍乳=（鄭子）志=（之志）

清華六·鄭子 11 虐（吾）先君北（必）牆（將）相乳=（鄭子）

清華六·孺子 15 或（又）辱虐（吾）先君

清華六·孺子 16 二三夫=（大夫）膚（皆）虐（吾）先君斎=（之所）伇（守）孫也

清華六·孺子 16 虐（吾）先君智（知）二三子之不忎=（二心）

清華六·孺子 17 或（又）禹（稱）记（起）虐（吾）先君於大難之中

清華六·孺子 18 归（抑）亡（無）女（如）虐（吾）先君之恳（憂）可（何）

 清華六·太伯甲 04 昔虐（吾）先君逗（桓）公遂（後）出自周

 清華六·太伯甲 06 亦虐（吾）先君之力也

 清華六·太伯甲 07 枼（世）及虐（吾）先君武公

 清華六·太伯甲 07 枼（世）及虐（吾）先君臧（莊）公

 清華六·太伯甲 09 枼（世）及虐（吾）先君卲公、剌（厲）公

 清華六·太伯甲 10 長不能莫（慕）虐（吾）先君之武敵（徹）臧

（莊）虹（功）

清華六·太伯乙 06 亦虐（吾）先君之力也

清華六·太伯乙 06 枼（世）及虐（吾）先君武公

清華六·太伯乙 07 枼（世）及虐（吾）先君臧（莊）公

清華六·太伯乙 08 枼（世）及虐（吾）先君卲公、剌〈刺〉（厲）公

清華六·太伯乙 09 長不能莫（慕）虐（吾）先君之武敵（徹）臧

（莊）虹（功）

清華六·子產 13 先聖君所以徫（達）成邦或（國）也

清華六·子產 19 窜（卑）不足先善君之憸（驗）

清華六·子產 21 子產用㝡（尊）老先生之晛（俊）

清華六·子產 28 以先慭（謀）人

清華七·晉文公 04 命寪（蒐）攸（修）先君之簦（乘）貣（式）車虢

（甲）

清華七·趙簡子 07 昔虐（吾）先君獻公是尻（居）

清華七·趙簡子 08 竈(就)虐(吾)先君襄公

清華七·趙簡子 10 竈(就)虐(吾)先君坪(平)公

清華七·越公 11 昔虐(吾)先王盍膚(盧)所以克内(入)郢邦

清華七·越公 12 右我先王

清華七·越公 12 虐(吾)先王邊(逐)之走

清華七·越公 12 虐(吾)先王用克内(入)于郢

清華七·越公 33 先賠(誥)王訓

清華七·越公 69 昔不穀(穀)先秉利於雩(越)

～,與 (上博二·子 7)、 (上博二·從乙 1)同。《説文·先部》:"先,前進也。从儿,从之。"

清華一·皇門 05 "先₌(先人)神示(祇)遝(復)式〈式〉用休",今本《逸周書·皇門》作"先人神祇報職用休"。"先人",祖先。《書·多士》:"惟爾知惟殷先人,有册有典。"孔傳:"言汝所親知殷先世有册書典籍。"

清華三·芮良夫 10 "先人又(有)言",前人有話。《國語·越語下》:"先人有言曰:'無助天爲虐,助天爲虐者不祥。'"

清華一·皇門 12 "悉(媢)夫先受㱙(殄)罰",今本《逸周書·皇門》作"媢夫先受殄罰"。

清華一·楚居 02 "先尼(處)于京宗",《左傳·成公十一年》:"襄王勞文公

· 2837 ·

而賜之溫,狐氏、陽氏先處之,而後及子。"

清華二·繫年066"公命郻之克先聁于齊",讀爲"公命駒之克先聘于齊"。《國語·周語中》:"簡王八年,魯成公來朝,使叔孫僑如先聘且告。"

清華二·繫年068"乃先歸(歸)",《左傳·宣公十七年》:"獻子先歸,使樂京廬待命于齊。"

清華二·繫年089、098"先起兵",《史記·吳王濞列傳》:"諸侯既新削罰,振恐,多怨鼂錯。及削吳會稽、豫章郡書至,則吳王先起兵。"

清華三·芮良夫17"先舊",指舊人、先人而言。叔尸鐘(《集成》00275)"尸篯其先舊,及其高祖"。

清華五·厚父06"弗甬(用)先劼(哲)王孔甲之典荊(刑)",《書·康誥》:"往敷求於殷先哲王,用保乂民,汝丕遠惟商耇成人,宅心知訓。別求聞由古先哲王,用康保民。"

清華五·筮門01"先帝",已故的帝王。《史記·淮南衡山列傳》:"淮南王長廢先帝法,不聽天子詔。"

清華五·三壽01、清華六·子產21"先生",前輩。《管子·弟子職》:"先生既息,各就其友。"

清華六·子產13"先聖君所以達成邦國也",《呂氏春秋·貴公》:"昔先聖王之治天下也,必先公。"

清華"先王",前代君王。《書·伊訓》:"惟元祀,十有二月,乙丑,伊尹祠于先王。"孔傳:"此湯崩,踰月太甲即位,奠殯而告。"也指上古賢明君王。《易·比》:"先王以建萬國,親諸侯。"

清華"先君",前代君主。《詩·邶風·燕燕》:"先君之思,以勗寡人。"《莊子·山木》:"魯侯曰:'吾學先王之道,脩先君之業。'"成玄英疏:"先君,謂周公伯禽也。"

选

 清華八·處位08 告訑(媗)必选(先)菆(衛)

~,從"辵","先"聲,疑"先"之繁體。

清華八·處位08"选",即"先",謂時間或次序在前。與"後"相對。

心紐孫聲

孫

清華一·金縢 03 尔（爾）元孫發（發）也

清華一·金縢 03 隹（惟）尔（爾）元孫發（發）也

清華一·金縢 05 以奠（定）尔（爾）子孫于下陛（地）

（師）

清華二·繫年 056 宋右币（師）芋（華）孫兀（元）欲襲（勞）楚币

于齊

清華二·繫年 058 史（使）孫（申）白（伯）亡（無）愄（畏）鳴（聘）

（畏）

清華二·繫年 059 宋人是古（故）殺孫（申）白（伯）亡（無）愄

清華二·繫年 060 以芋（華）孫兀（元）爲敦（質）

清華二·繫年 070 魯訡（臧）孫䚢（許）迡（適）晉求敚（援）

清華二·繫年 088 王或（又）事（使）宋右币（師）芋（華）孫兀
（元）行晉楚之成

清華三·良臣08 魯哀公又(有)季孫

　清華六·孺子16 二三夫=(大夫)膚(皆)虐(吾)先君斎=(之所)仅(守)孫也

　清華七·子犯14 嵬(亡)人不孫(遜)

～，與 、同。《說文·系部》："孫，子之子曰孫。从子从系。系，續也。"

清華一·金縢03"元孫發"，長孫發。《書·金縢》："惟爾元孫某，遘厲虐疾。"孔傳："元孫，武王。"孔穎達疏："武王是大王之曾孫也。尊統於上，繼之於祖，謂元孫，是長孫。"《史記·魯世家》作"元孫王發"。

清華一·金縢05"子孫"，兒子和孫子，泛指後代。《書·洪範》："身其康彊，子孫其逢吉。"

清華二·繫年058、059"孫白亡恨"，讀爲"申伯無畏"，人名。或說申氏出自楚文王，故稱"孫"。

清華二·繫年056、060、088"芋孫兀"，讀爲"華孫元"，即華元，出於宋戴公之後華氏。其父華御事，《左傳·文公十六年》疏引《世本》稱"華孫御事"。《左傳·文公十六年》："於是華元爲右師，公孫友爲左師，華耦爲司馬，鱗鱹爲司徒，蕩意諸爲司城，公子朝爲司寇。"

清華二·繫年070"魯掋孫瞽逜晉求敓"，讀爲"魯臧孫許適晉求援"。《春秋·成公元年》："夏，臧孫許及晉侯盟于赤棘。"

清華三·良臣08"季孫"，指季康子，名肥。《左傳·哀公八年》："齊悼公之來也，季康子以其妹妻之，即位而逆之。"《國語·魯語下》："季康子問於公父文伯之母曰：'主亦有以語肥也。'"皆省稱"季孫"。季康子見《古今人表》中下。

清華六·孺子16"孫"，後代子孫。《禮記·表記》："詒厥孫謀，以燕翼子。"鄭玄注："乃遺其後世之子孫以善謀，以安翼其子也。"

清華七·子犯14"不孫"，讀爲"不遜"，謙詞，不自量。《漢書·司馬遷傳》："僕竊不遜，近自託於無能之辭，網羅天下放失舊聞，考之行事，稽其成敗興壞之理,凡百三十篇。"

愻

 清華一·祭公 08 愻(遜)惜(措)乃心

 清華八·邦道 08 句(苟)王之愻(訓)斆(教)

《説文·心部》:"愻,順也。从心,孫聲。《唐書》曰:'五品不愻。'"

清華一·祭公 08"愻",讀爲"遜",順也。師𩱕鼎(《集成》02830)作"遜純乃用心"。

清華八·邦道 08"愻斆",讀爲"訓教",謂施教化,使順服。《吕氏春秋·執一》:"吴起曰:'治四境之内,成訓教,變習俗,使君臣有義,父子有序,子與我孰賢?'"

㝩

 清華七·越公 53 王㝩(訊)之

 清華七·越公 54 王㝩(訊)之

～,从"宀","孫"聲。

清華七·越公"㝩",讀爲"詢"或"訊",詢問。《詩·小雅·正月》:"召彼故老,訊之占夢。"毛傳:"訊,問也。"

心紐隼聲歸微部佳聲

幫紐分聲

分

清華六·子產 20 可以自分

清華六·子產 26 埜（野）參（三）分

清華六·子產 26 粟參（三）分

清華六·子產 26 兵參（三）分

清華五·湯丘 16 與民分利

清華七·越公 63 雩（越）王乃中分亓（其）帀（師）以爲左軍、右軍

清華七·越公 66 雩（越）人分爲二帀（師）

清華七·越公 66 乃中分亓（其）帀（師）

清華八·邦政 04 亓（其）分也均而不念（貪）

清華八·邦道 11 分（貧）癃勿癹（廢）

～，从"刀"，與 ⟨分⟩（上博六·天乙 10）同。或从"刃"。《説文·八部》："分，別也。从八从刀，刀以分別物也。"

清華六·子産 20"自分"，分擔自己的任事。

清華六·子産 26"埜參分"，讀爲"野三分"，是對野的奉獻額度的規定。

清華六·子産 26"粟參分"，讀爲"粟三分"，是對野賦税的規定。

清華六·子産 26"兵參分"，讀爲"兵三分"，是對野兵役的規定。"三分"，三分之一，例見晉系金文。

清華五·湯丘 16"分利"，分得他人的利益。《孫子·軍爭》："掠鄉分衆，廓地分利。"曹操注："分敵利也。"

清華七·越公 63、66"中分"，均分。《莊子·德充符》："王駘，兀者也，從之遊者，與夫子中分魯。"《史記·項羽本紀》："項王乃與漢約，中分天下。"

清華七·越公 66"雩人分爲二市"，讀爲"越人分爲二師"。《國語·吴語》："越人分爲二師，將以夾攻我師。"

清華八·邦政 04"分也均"，即"均分"，公平分配，平均分配。《國語·周語中》："昔我先王之有天下也，規方千里以爲甸服……其餘以均分公、侯、伯、子、男。"韋昭注："均，平也。"

清華八·邦道 11"分"，讀爲"貧"，缺少財物，貧困。與"富"相對。《書·洪範》："六極……四曰貧。"孔傳："困於財。"《漢書·揚雄傳下》："得士者富，失士者貧。"

貧

 清華一·皇門 03 自釐（釐）臣至于又（有）貧（分）厶（私）子

 清華八·邦道 03 唯（雖）貧以俴（賤）

 清華四·筮法 31 於公利貧（分）

～，與 ⟨貧⟩（上博四·曹 3）同。《説文·貝部》："貧，財分少也。从貝从分，分亦聲。,古文从宀分。"

清華一·皇門 03"自釐臣至于又貧厶子",讀爲"自釐臣至于有分私子"。此句今本《逸周書·皇門》作"其善臣以至于有分私子",陳逢衡注:"善臣,猶藎臣也。分,分土也。有分私子,謂有采邑之庶孽。"

清華八·邦道 03"唯貧以俴",讀爲"雖貧以賤"。"貧賤",貧苦微賤。《管子·牧民》:"民惡貧賤,我富貴之。"

清華四·筮法 31"於公利貧",讀爲"於公利分",疑指利分公室。或如字讀"於公利貧",這種情況對公來説,安貧較有利。(《讀本四》第 61 頁)

幫紐奮聲

奞(奮)

清華一·耆夜 05 虞(作)士奞(奮)刃

清華五·菁門 08 亓(其)燹(氣)奞(奮)昌

清華六·太伯甲 05 奞(奮)亓(其)胸(股)扗(肱)

清華六·太伯乙 04 奞(奮)亓(其)胸(股)扗(肱)

~,與 、同。《説文·奞部》:"奮,翬也。从奞在田上。《詩》曰:'不能奮飛。'"

清華一·耆夜 5"虞士奞刃",讀爲"作士奮刃",讓軍士奮起揮着利刃殺敵。(《讀本一》第 124 頁)

清華五·菁門 08"奞",振奮,奮發。《楚辭·大招》:"春氣奮發,萬物遽只。"《詩·大雅·常武》:"王奮厥武,如震如怒。"

清華六·太伯甲 05"奞亓胸扗"、太伯乙 04"奞亓胸扗",讀爲"奮其股肱"。《漢書·刑法志》:"若秦因四世之勝,據河山之阻,任用白起、王翦豺狼之徒,奮其爪牙,禽獵六國,以并天下。"

勱

 清華六·子儀 10 飤(奪)之練(績)可(兮)而勱(奮)之

～,从"力","畚"聲,"奮"字異體。

清華六·子儀 10 "勱",即"奮",疑讀爲"焚",燒,焚燒。《易·旅》:"旅焚其次,喪其童僕。"或讀爲"分"。

幫紐奔聲

奔

 清華二·繫年 020 公子啓方奔齊

 清華二·繫年 032 文公奔翟(狄)

 清華二·繫年 032 惠公奔于梁

 清華二·繫年 055 述(遂)奔秦

 清華二·繫年 093 䢵(欒)䞑(盈)出奔齊

 清華二·繫年 093 奔内(入)於曲夭(沃)

清華二·繫年 100 䚯(許)公㐌出奔晉

清華七·子犯 11 若霧雨方奔之而麗雁（膺）女（焉）

 清華八·攝命 04 今是亡其奔告

《説文·夭部》："奔，走也。从夭，賁省聲。與走同意，俱从夭。"

清華二·繫年 020、032、055、093、100"奔"，敗逃，逃亡。《左傳·僖公五年》："晉滅虢，虢公醜奔京師。"《禮記·檀弓下》："衛獻公出奔。"

清華七·子犯 11"奔"，急走，跑。《詩·小雅·小弁》："鹿斯之奔，維足伎伎。"

清華八·攝命 04"奔告"，跑着告訴。《書·西伯戡黎序》："殷始咎周，周人乘黎。祖伊恐，奔告于受，作《西伯戡黎》。"

逩

 清華七·越公 20 以逩（奔）告於鄢（邊）

～，"奔"字異體，贅加"辵"旁。

清華七·越公 20"逩告"，即"奔告"，跑着告訴。《左傳·昭公三十二年》："天子有命，敢不奉承，以奔告於諸侯。"

壵

 清華二·繫年 016 以戩（守）周之壵（墳）堯（墓）

～，从"土"，"奔"聲，"墳"字異體。

清華二·繫年 016"壵堯"，即"墳墓"。古時稱墓之封土成丘者爲墳，平者爲墓。對稱有別，合稱相通。《周禮·地官·大司徒》："安萬民，一曰媺宫室，二曰族墳墓。"《史記·酈生陸賈列傳》："足下中國人，親戚昆弟墳墓在真定。"

幫紐本聲

本

 清華五·厚父 11 曰民心隹(惟)本

 清華五·三壽 27 晷(晦)而本由生光

 清華六·管仲 02 记(起)事之本糸(奚)從

 清華六·管仲 04 止(趾)則心之本

 清華六·管仲 05 行之首則事之本也

～，上博簡或作 、、。《説文·木部》:"本,木下曰本。从木,一在其下。![],古文。"徐鍇曰:"一,記其處也。本末朱皆同義。"

清華五·厚父 11"曰民心隹(惟)本",人心像樹根。

清華五·三壽 27"本",本性。《吕氏春秋·尊師》:"必反其本。"高誘注:"本,謂本性也。"

清華六·管仲 02"本",根本。《論語·學而》:"君子務本。"

清華六·管仲 04"止(趾)則心之本",趾是心的根本。

清華六·管仲 05"行之首則事之本也"之"本",本源,本初。《禮記·大學》:"物有本末,事有終始。"《孟子·梁惠王上》:"蓋亦反其本矣。"

並紐焚聲

焚

 清華一·楚居 07 至焚冒酓（熊）帥（率）自箬（郢）遷（徙）居焚

 清華一·楚居 07 居焚

 清華一·楚居 07 至宵嚻（敖）酓（熊）鹿自焚遷（徙）居宵

 清華二·繫年 092 焚亓（其）四章（郭）

 清華三·芮良夫 21 年穀（穀）焚（紛）成

 清華七·越公 59 乃斀（竊）焚舟室

～，與 、同。《說文·火部》："燓，燒田也。从火、棥，棥亦聲。"

清華一·楚居 07"焚冒酓帥"，讀爲"焚冒熊率"，若敖之子。《國語·鄭語》："及平王末……楚蚡冒於是乎始啓濮。"韋昭注："蚡冒，楚季紃之孫，若敖之子熊率。""焚冒"，古書或作"蚡冒"（《史記·楚世家》）、或作"粉冒"（《史記索隱》引古本）、或作"棼冒"（《戰國策·楚一》）、或作"蚠冒"（《國語·鄭語》《漢書·古今人表》）等。

清華一·楚居 07"焚"，地名。

清華二·繫年 092"焚"，燒，焚燒。《易·旅》："旅焚其次，喪其童僕。"

清華三·芮良夫 21"年穀焚成"，讀爲"年穀紛成"。《易·巽》："用史巫紛若。"陸德明《釋文》："紛，盛也。"《戰國策·趙一》："甘露降，風雨時至，農夫登，年穀豐盈,衆人喜之,而賢主惡之。"簡文"年穀紛成"與"年穀豐盈"義同,年穀豐熟,豐收。

清華七·越公 59"乃斅(竊)焚舟室",《墨子·兼愛中》:"昔越王句踐好士之勇,教馴其臣,和合之。焚舟失火,試其士曰:'越國之寶盡在此!'越王親自鼓其士而進之。士聞鼓音,破碎亂行,蹈火而死者左右百人有餘。越王擊金而退之。"

慭

 清華三·赤鵠 12 是思(使)句(后)慭=(棼棼)怐=(眩眩)而不智(知)人

～,从"心","焚"聲。

清華三·赤鵠 12"慭慭",讀爲"棼棼",擾亂貌。《書·吕刑》:"民興胥漸,泯泯棼棼,罔中于信,以覆詛盟。"孔穎達疏:"棼棼,擾攘之狀。"

明紐文聲

文

 清華一·耆夜 01 乃歆(飲)至于文大(太)室

 清華一·祭公 04 朕(朕)之皇且(祖)周文王

 清華一·祭公 06 茲(兹)由(迪)巡(襲)孚(學)于文武之曼惪(德)

 清華一·祭公 08 以余少(小)子矙(揚)文武之剌(烈)

清華一·祭公 10 隹(惟)周文王受之

 清華一·祭公 11 隹(惟)天奠我文王之志

 清華一·祭公 12 隹(惟)文武中大命

 清華一·祭公 12 我亦走(上)下卑于文武之受命

 清華一·祭公 15 不(丕)隹(惟)文武之由

 清華一·楚居 08 至文王自疆郢遷(徙)居湫(沈)鄩

 清華二·繫年 008 晉文侯仇(仇)乃殺惠王于虢(虢)

 清華二·繫年 009 晉文侯乃逆坪(平)王于少鄂(鄂)

 清華二·繫年 012 楚文王以啓于灘(漢)鳩(陽)

 清華二·繫年 021 是文公

 清華二·繫年 024 乃史(使)人于楚文王曰

 清華二·繫年 025 文王记(起)肯(師)伐賽(息)

清華二·繫年026 文王敗(敗)之於新(莘)

 清華二·繫年026 文王爲客於賽(息)

 清華二·繫年026 賽(息)侯以文王猷=(猷酒)

 清華二·繫年027 亦告文王曰

 清華二·繫年027 文王命見之

 清華二·繫年029 文王以北啓出方成(城)

 清華二·繫年032 或(又)譖(譖)惠公及文公

 清華二·繫年036 文公十又二年居翟(狄)

 清華二·繫年038 秦穆公乃訒(召)文公於楚

 清華二·繫年038 秦人記(起)自(師)以內文公于晉

 清華二·繫年039 晉人殺裹(懷)公而立文公

 清華二·繫年041 晉文公立四年

清華二·繫年041 晉文公囟(思)齊及宋之惪(德)

 清華二·繫年043 以交文公

 清華二·繫年045 晉文公立七年

 清華二·繫年047 晉文公採(卒)

 清華二·繫年088 楚王子波(罷)會晉文子燮(燮)及者(諸)侯之夫=(大夫)

 清華二·繫年096 命(令)尹子木會邲(趙)文子武及者(諸)侯之夫=(大夫)

 清華二·繫年097 令尹會邲(趙)文子及者(諸)侯之夫=(大夫)

 清華二·繫年121 晉愳(魏)文侯胾(斯)從晉𠂤(師)

 清華三·琴舞02 文非易帀

 清華三·琴舞07 文人

 清華三·琴舞07 文=(文文)元(其)又(有)豖(家)

清華三·琴舞 12 寺(持)隹(惟)文人之若(若)

　清華三·琴舞 16 文非戡(動)帀

　清華三·良臣 02 文王又(有)忞(閎)夭

　清華三·良臣 04 晉文公又(有)子範(犯)

　清華五·厚父 01 䎽(問)前文人之龏(恭)明惪(德)

　清華五·三壽 06 高文成且(祖)

　清華五·三壽 15 邍(邇)則文之愳(化)

　清華五·三壽 24 高文成且(祖)

　清華六·管仲 10 敢䎽(問)毐(前)文句(后)爲之女(如)可(何)

　清華七·子犯 14 文王

　清華七·晉文公 01 晉文公自秦内(入)於晉

　清華八·虞夏 03 型縺(鐘)未弃(棄)文章

～，與 ✍(上博一・孔7)、✍(上博六・天乙5)同。《説文・文部》："文，錯畫也。象交文。"

清華一・耆夜01"文大室"，即"文太室"，祭祀文王的太室。《書・洛誥》："王入太室，祼。"孔穎達疏："太室，室之大者。故爲清廟，廟有五室，中央曰太室。"

清華一・祭公04、10、11，清華三・良臣02，清華七・子犯14"周文王""文王"，《史記・周本紀》："西伯曰文王，遵后稷、公劉之業，則古公、公季之法，篤仁，敬老，慈少。禮下賢者，日中不暇食以待士，士以此多歸之。伯夷、叔齊在孤竹，聞西伯善養老，盍往歸之。太顛、閎夭、散宜生、鬻子、辛甲大夫之徒皆往歸之。"

清華一・祭公06、08、12、15"文武"，周文王與周武王。《詩・大雅・江漢》："文武受命，召公維翰。"鄭箋："昔文王、武王受命，召康公爲之楨榦之臣以正天下。"《禮記・中庸》："仲尼祖述堯舜，憲章文武。"

清華二・繫年008、009"晉文侯"，《國語・鄭語》："及平王末，而秦、晉、齊、楚代興，秦景、襄於是乎取周土，晉文侯於是乎定天子，齊莊、僖於是乎小伯，楚蚡冒於是乎始啓濮。"《史記・晉世家》："四年，穆侯太子仇率其徒襲殤叔而立，是爲文侯。"

清華二・繫年012、024、025、026、027、029"楚文王""文王"，《史記・楚世家》云："文王二年，伐申過鄧……六年，伐蔡……楚彊，陵江漢間小國，小國皆畏之。"

清華二・繫年021"文公"，指衛文公啓方。《左傳》及《史記・衛世家》衛文公爲戴公弟燬。《詩・鄘風・定之方中序》："衛爲狄所滅，東徙渡河，野處漕邑。齊桓公攘戎狄而封之。文公徙居楚丘，始建城市而營宫室，得其時制，百姓説之，國家殷富焉。"

清華二・繫年032、036、038、039、041、043、045、047，清華三・良臣04，清華七・晉文公01"文公"，即重耳。《國語・晉語二》："驪姬既殺太子申生，又譖二公子曰：'重耳、夷吾與知共君之事。'公令閹楚刺重耳，重耳逃於狄；令賈華刺夷吾，夷吾逃於梁。盡逐群公子，乃立奚齊。"《史記・秦本紀》："重耳、夷吾出犇。"《正義》云："重耳奔翟，夷吾奔少梁也。"

清華二・繫年088"晉文子燮（爕）"，《左傳》作"士爕"。《左傳・成公十二年》："夏五月，晉士燮會楚公子罷、許偃。"

清華二・繫年096"邥（趙）文子"、097"邥（趙）文子"，即"趙武"，又稱"趙孤""趙孟""趙文子武"。"趙孤",趙朔之子,趙盾之孫,名武,謚"文子"。《史記·趙世家》:"趙孤名曰武。"《國語·晉語八》:"虢之會,魯人食言,楚令尹圍將以魯叔孫穆子爲戮,樂王鮒求貨焉不予。趙文子謂叔孫曰。"《春秋·昭公元年》:"叔孫豹會晉趙武、楚公子圍、齊國弱、宋向戌、衛齊惡、陳公子招、蔡公孫歸生、鄭罕虎、許人、曹人于虢。"

清華二·繫年121"晉愚文侯斯",讀爲"晉魏文侯斯"。《史記·魏世家》:"桓子之孫曰文侯都。"《集解》引徐廣曰:"《世本》曰斯也。"《戰國策·魏一》:"魏文侯與田子方飲酒而稱樂。"

清華三·琴舞02、16"文",文德。《詩·周頌·武》:"允文文王。"孔穎達疏"信有文德者之文王"。《國語·周語下》:"夫敬,文之恭也。"韋昭注:"文者,德之總名也。"今本《敬之》作"命不易哉"。

清華三·琴舞07、12"文人",古稱先祖之有文德者。《詩·大雅·江漢》:"告于文人。"鄭箋:"告其先祖諸有德美見記者。"

清華三·琴舞07"文＝",即"文文"。《禮記·樂記》:"禮減而進,以進爲文;樂盈而反,以反爲文。"鄭玄注:"文,猶美也,善也。"《詩·周頌·桓》:"桓桓武王,保有厥士,于以四方,克定厥家。"或讀爲"旼旼"。(黃傑)

清華五·厚父01"前文人",《書·文侯之命》:"汝肇刑文、武,用會紹乃辟,追孝于前文人。"金文多作"前文人"。

清華五·三壽06、24"高文成且",讀爲"高文成祖",武丁對彭祖的稱呼。

清華五·三壽15"文",禮法制度。《國語·周語上》:"以文修之。"韋昭注:"文,禮法也。"《荀子·臣道》:"禮義以爲文。"

清華八·虞夏03"文章",錯雜的色彩或花紋。《墨子·非樂上》:"是故子墨子之所以非樂者,非以大鍾鳴鼓、琴瑟竽笙之聲以爲不樂也,非以刻鏤華文章之色以爲不美也。"《韓非子·十過》:"君子皆知文章矣,而欲服者彌少。"

吝

清華一·皇門12 悉(惛)夫先受吝(殄)罰

清華六·太伯甲01 吝(文)公迋(往)餂(問)之

清華六·太伯乙01 吝(文)公逜(往)餌(問)之

～,與🔲(上博二·容53)、🔲(上博六·用16)同。《說文·口部》:"吝,恨惜也。从口,文聲。《易》曰:'以往吝。'🔲,古文吝从彣。"

清華一·皇門12"忞(媢)夫先受吝(殄)罰",今本《逸周書·皇門》作"媢夫先受殄罰"。簡文"吝",讀爲"殄",滅絕,絕盡。《書·畢命》:"商俗靡靡,利口惟賢,餘風未殄,公其念哉?"孔穎達疏:"餘風至今未絕,公其念絕之哉?"《淮南子·本經》:"上掩天光,下殄地財。"高誘注:"殄,盡也。"

清華六·太伯甲01、太伯乙01"吝公",讀爲"文公",鄭文公。

清華五·封許06 玉晷

～,从"炅","吝"聲("吝"與"火"旁共用筆畫,亦可看作形體糅合),"焌"字異體。上古音"吝"屬來紐文部,"允"屬喻紐文部,此字从"吝"聲,乃是更換了一個聲符。楚文字"🔲"字,曾憲通隸作"𤈦",分析爲从"炅"(熱字異體,日或訛爲田),"允"(或省爲以)聲,乃"焌"字異體。上古焌字屬精紐文部,爨字在清紐元部,精清同爲齒頭,文元旁轉,古音十分接近。《集韻·桓韻》在"七丸切"的小韻中收有爨字,注:"炊也,《周禮》'以火爨鼎水也'。"同一小韻又有鋑字,與爨完全同音。鋑、焌均從夋得聲,可見爨與焌(𤈦)讀音也應相同。或釋爲"𤈦",簡文晷所从與璽印文字𤈦(《璽彙》5357)所从"璽"有關。(蚊首)

清華五·封許06"晷",即"焌",讀爲"環"。《古字通假會典》第128頁"濬"和"浚","璿"和"旋";第168頁"旋"和"還"聲字通假。簡文"易(錫)女(汝)倉(蒼)珪、巨(秬)鬯一卣,敀(路)車,璁(蔥)玒(衡)、玉晷、䜌(鸞)鈴(鈴)素旂。"可參毛公鼎(《集成》02841.2–5):"易(錫)女(汝)𩰬(秬)鬯一卣,祼圭𤫊(瓚)寶,朱市(韍)、㐁(蔥)黃(衡)、玉環、玉瑹、金車。"番生簋(《集成》04326):"易(錫)朱市(韍)、㐁(蔥)黃(衡)、鞞鞍(琫)、玉睘(環)、玉瑹、車。"根據對讀,"蔥衡"後面應該是"玉環",玉製的環。《韓非子·說林下》:"吾好珮,此人遺我玉環。"(徐在國)或認爲"嗣"似當讀爲"璲"。《玉篇·玉部》:"璲,玉璲,以玉爲佩也。"(白於藍)或疑"嗣"讀爲"扼/軛"。"玉嗣(扼/軛)"即有裝飾的車軛。(馮勝君)

恷

 清華六·太伯甲 01 恷(閔)龏(喪)虘(吾)君

 清華六·太伯乙 01 恷(閔)龏(喪)虘(吾)君

《說文·心部》:"恷,彊也。从心,文聲。《周書》曰:'在受德恷。'讀若旻。"

清華六·太伯"恷",讀爲"閔",哀傷,憐念。《書·文侯之命》:"嗚呼!閔予小子嗣,造天丕愆,殄資澤于下民。"孫星衍疏:"歎言傷悼予小子嗣位,遭天大過咎,絕財祿于下民。"

訜

 清華一·祭公 01 訜(旻)天疾畏(威)

~,从"言","文"聲。

清華一·祭公 01"訜天疾畏",讀爲"旻天疾威",見《詩·小雅·小旻》:"旻天疾威,敷于下土。"鄭箋云:"旻天之德,疾王者以刑罰威恐萬民,其政教乃布於下土。"又毛公鼎(《集成》02841)作"敃(旻)天疾畏(威)"。"旻天",泛指天。《書·多士》:"爾殷遺多士,弗弔旻天,大降喪於殷。"孔穎達疏:"天有多名,獨言旻天者,旻,愍也。"《爾雅·釋天》:"秋為旻天。"郭璞注:"旻猶愍也,愍万物彫落。"

玟

 清華五·三壽 25 諗(感)高玟(文)廩(富)而昏忘寶(詢)

《說文·玉部》:"玟,火齊,玫瑰也。一曰石之美者。从玉,文聲。"

清華五·三壽 25"感",《逸周書·謚法》:"滿志多窮曰感。""玟",讀爲"文",《荀子·禮論》:"以貴賤爲文。"楊倞注:"文,飾也。"

閔

　　清華六·子產 05 閔(文)胆(理)

～,从"門","旻"聲。

清華六·子產 05"閔胆",讀爲"文理",禮文儀節。《荀子·禮論》:"文理繁,情用省,是禮之隆也;文理省,情用繁,是禮之殺也。"

彣

　　清華一·程寤 08 可(何)裛(襄)非彣(文)

　　清華五·湯丘 16 不備(服)伔(過)彣(文)

　　清華六·管仲 10 彣(文)之以色

～,上博簡或作 、、、,从"文",右部筆畫上加"口",或説是"吝"字異體,或説是"文"字異體。

清華一·程寤 08"可裛非彣",讀爲"何襄非文"。"文",文德。或讀爲"何畏非旻"。(馮勝君)

清華五·湯丘 16"不備伔彣",讀爲"不服過文",服飾不過分華美。與上博二·容 21"衣不褻美"意思相近。《廣雅·釋詁》:"文,飾也。"

清華六·管仲 10"彣之以色",讀爲"文之以色",用色文飾之。《廣雅·釋詁》:"文,飾也。"《禮記·玉藻》:"大夫以魚須文竹。"孔穎達疏:"文,飾也。"《論語·憲問》:"文之以禮樂,亦可以爲成人矣。"

髳/曼

清華三·良臣05 楚成王又(有)命(令)冑(尹)子髳(文)

清華六·子產21 乃又(有)喪(桑)至(丘)中(仲)髳(文)

清華八·邦政05 亓(其)君子曼(文)而請(情)

清華八·邦政07 亓(其)曼(文)璋(章)靈(緟)

，與 (上博一·孔28)、 (上博二·子5)同。从"民"从"目"从"又"，即《汗簡》卷中之二彡部和《古文四聲韻》卷三軫韻所引《石經》古文"閔" ，乃"閔"字。（李家浩）或作 ，省"又"。

清華三·良臣05"命冑子髳"，讀爲"令尹子文"。《左傳·宣公四年》："楚人謂乳穀，謂虎於菟，故命之曰鬪穀於菟。以其女妻伯比，實爲令尹子文。"《戰國策·楚一》："昔令尹子文，緇帛之衣以朝，鹿裘以處；未明而立於朝，日晦而歸食；朝不謀夕，無一月之積。故彼廉其爵，貧其身，以憂社稷者，令尹子文是也。"

清華六·子產21"喪至中髳"，讀爲"桑丘仲文"，人名。

清華八·邦政05"曼"，即"文"。《論語·公冶長》："敏而好學，不恥下問，是以謂之文也。"《荀子·不苟》："君子寬而不僈，廉而不劌，辯而不爭，察而不激，寡立而不勝，堅彊而不暴，柔從而不流，恭敬謹慎而容，夫是之謂至文。"

清華八·邦政07"亓曼璋靈"，讀爲"其文章緟"，花紋色彩繁雜。《墨子·非樂上》："是故子墨子之所以非樂者，非以大鍾鳴鼓、琴瑟竽笙之聲以爲不樂也，非以刻鏤華文章之色以爲不美也。"《荀子·禮論》："雕琢、刻鏤、黼黻、文章，所以養目也。"

鏝

　　清華二・繫年041 居鏝（緡）

～，從"金"，"曼"聲。

清華二・繫年041"鏝"，讀爲"緡"，地名。夏時之緡國，春秋時屬宋，漢置東緡縣，故址在今山東省金鄉縣東北。《左傳・昭公四年》："夏桀爲仍之會，有緡叛之。"楊伯峻注："有緡即緡國。"

明紐門聲

門

　　清華一・皇門01 公眔（格）才（在）者（庫）門

　　清華一・皇門02 廼隹（惟）大門宗子埶（邇）臣

　　清華二・繫年045 奠（鄭）人敓（屬）北門之筦（管）

　　清華二・繫年046 我既旻（得）奠（鄭）之門筦（管）巳（已）

　　清華二・繫年064 狭（席）于楚軍之門

　　清華二・繫年113 晉自（師）閈（門）長城句俞之門

　　清華二・繫年121 明（盟）于魯稷門之外

清華二·繫年 123 明(盟)陳和與陳淏於溋門之外

　清華三·説命中 01 武丁朝于門

　清華四·筮法 32 門之立(位)也

　清華四·筮法 44 臾(坤)祟：門、行

　清華五·畬門 01 湯才(在)畬門

　清華六·孺子 06 門檻之外母(毋)敢又(有)智(知)女(焉)

　清華七·越公 21 余聖(聽)命於門

　清華八·八氣 06 司兵之子銜(率)金以飤(食)於門

～，與 、同。《説文·門部》："門，聞也。从二户。象形。"

清華一·皇門 01"耆門"，讀爲"庫門"。周制天子五門，自南數爲皋、庫、應、雉、路門。庫門爲第二門，庫門外皋門内爲天子外朝。此句今本作"周公格左閎門會群門"，孔晁注："路寢左門曰皇門。閎，音皇也。"

清華一·皇門 02"廼佳(惟)大門宗子埶(邇)臣"，今本作"乃維其有大門宗子勢臣"，孔晁注："大門宗子，適長。""門"，門户。"大門"，指貴族。"大門宗子"，即門子。《周禮·春官·小宗伯》："其正室皆謂之門子，掌其政令。"鄭玄注："正室，適子也，將代父當門者也。"孫詒讓《正義》："云'將代父當門者也'者，明以父老則適子代當門户，故尊之曰門子……蓋詳言之曰大門宗子，省文則曰門子,其實一也。"

清華二·繫年045"鄭人敫北門之笑",讀爲"鄭人屬北門之管"。《左傳·僖公三十二年》:"鄭人使我掌其北門之管,若潛師以來,國可得也。"

清華二·繫年064"夬于楚軍之門",讀爲"席于楚軍之門"。參《左傳·宣公十二年》:"潘黨既逐魏錡,趙旃夜至於楚軍,席於軍門之外,使其徒入之。"

清華二·繫年113"句俞之門",疑讀爲"句瀆之門"。

清華二·繫年121"魯稷門",《左傳·定公五年》:"己丑,盟桓子于稷門之內。"杜預注:"魯南城門。"

清華二·繫年123"溫門",城門名。

清華四·筮法32、44,清華八·八氣06"門",古代祭祀名。《禮記·祭法》:"大夫立三祀:曰族厲,曰門,曰行。"

清華五·菅門01"菅門",門之專名,如春秋時鄭之時門、宋之桐門、陳之栗門等。又疑"菅"即帝字。

清華六·孺子06"門檻",門框下部挨着地面的橫木(或長石等)。

清華七·越公21"余聖(聽)命於門"之"門",卿大夫的家。《左傳·昭公十三年》:"晉政多門,貳偷之不暇,何暇討?"杜預注:"政不出一家。"

閈

　清華二·繫年101 閈(門)方城

　清華二·繫年113 晉自(師)閈(門)長城句俞之門

～,與 (包山233)同。从"戈","門"聲,疑"門"之繁體。

清華二·繫年101"閈方城",讀爲"門方城"。"閈"爲動詞"門"之專字,訓爲攻破。《左傳·文公三年》:"門于方城"。包山233"閈於大門一白犬"之"閈",讀爲"釁"。

清華二·繫年113"閈",讀爲"門",攻門或守門。《左傳·莊公十八年》:"巴人叛楚而伐那處,取之,遂門于楚。"杜預注:"攻楚城門。"

正編·歌部

歌　部

曉紐化聲

化

　清華六·子儀06 逆視達化

《説文·七部》："化,教行也。从七、从人,七亦聲。"

清華六·子儀06"逆視達化",迎視生長,化育。"達化",或疑讀爲"撻禍"。此句意指晉軍以撻伐迎接反國之秦軍。(楊蒙生)

仳

　清華五·湯丘16 不備(服)仳(過)彣(文)

　　　　清華五·啻門16 正(政)仳(禍)翻(亂)以亡(無)棠(常)

～,與 ![] (詛楚文·湫淵)同,从二"化",會意,"化"之繁體。

清華五·湯丘16"不備仳彣",讀爲"不服過文",服飾不過分華美。

清華五·啻門16"仳翻",讀爲"禍亂",禍害變亂。《左傳·襄公十一年》:"救災患,恤禍亂,同好惡。"《史記·龜策列傳》:"天下禍亂,陰陽相錯。"

· 2865 ·

悬

清華三·説命下 04 叀(厥)亓(其)悬(禍)亦羅于罠眾

清華五·命訓 02 褐(禍)悬(過)才(在)人

清華五·命訓 03 女(如)譍(懲)而愳(悔)悬(過)

清華五·三壽 15 尃(輔)民之悬(化)

清華六·管仲 19 㡑(乘)亓(其)欲而絚亓(其)悬(過)

清華六·子産 17 民又(有)悬(過)逸(失)

清華八·邦道 10 則悬(過)誧(蔽)

清華八·邦道 14 不愳(謀)初悬(過)之不立

清華八·邦道 15 上有悬(過)不加之於下

清華八·邦道 15 下有悬(過)不敢以憮(誣)上

～,與 、、同,從"心","化"聲,可能就是過錯之"過"的專字。"化"爲歌部曉紐,"過"爲歌部見紐。"化""過"疊韻,曉、見旁紐。

清華三·說命下 04"忎",讀爲"禍",災害,災難。《詩·小雅·何人斯》:"二人從行,誰爲此禍?"《禮記·表記》:"君子慎以辟禍。"

清華五·命訓 02"忎",讀爲"過",過失,錯誤。《書·大禹謨》:"宥過無大,刑故無小。"

清華五·命訓 03"悬忎",讀爲"悔過",悔改過錯。《孟子·萬章上》:"太甲悔過,自怨自艾。"《後漢書·馮魴傳》:"汝知悔過伏罪,今一切相赦,聽各反農桑,爲令作耳目。"

清華五·三壽 15"忎",讀爲"化",教化,教育。《易·乾》:"善世而不伐,德博而化。"

清華六·子產 17"忎遙",讀爲"過失",因疏忽而犯的錯誤。《管子·山權數》:"晉有臣不忠於其君,慮殺其主,謂之公過。諸公過之家,毋使得事君,此晉之過失也。"《周禮·秋官·司刺》:"壹宥曰不識,再宥曰過失,三宥曰遺忘。"

清華八·邦道 15"有忎",讀爲"有過",有過錯。《孟子·萬章下》:"君有過則諫,反覆之而不聽,則去。"

訛

 清華七·子犯 05 事又(有)訛(過)女(焉)

 清華七·子犯 06 募(顧)監於訛(禍)

 清華七·趙簡子 01 女(如)又(有)訛(過)

 清華七·趙簡子 02 女(如)又(有)訛(過)

 清華七·趙簡子 02 女(如)又(有)訛(過)

～,從"言","化"聲,"譌"字異體。《説文·言部》:"譌,譌言也。從言,爲聲。《詩》曰:'民之譌言。'"

清華七·子犯05"訛",讀爲"過"。《論語·子路》皇侃疏:"過,誤也。"

清華七·子犯06"訛",讀爲"禍",災害,災難。

清華七·趙簡子01、02"訛",讀爲"過",過錯。《大戴禮記·盛德》:"過,失也。人情莫不有過,過而改之,是不過也。"上博一·性39:"有過則咎。"

迻

　　清華二·繫年023 迻(過)郗(蔡)

~,與(上博四·曹52)、(上博五·三5)同,从"辵","化"聲,"過"字異體。《說文·辵部》:"過,度也。从辵,咼聲。"

清華二·繫年023"迻",即"過",經過。《國語·晉語四》:"過衛,衛文公有邢、狄之虞,不能禮焉。"

貨

　　清華三·說命上01 以貨旬(徇)求敚(說)于邑人

　　清華三·說命下07 女(汝)母(毋)非貨女(如)戠(熾)石

　　清華五·湯丘12 史(使)貨(過)以惑

　　清華六·管仲26 既幣(蔽)於貨

　　清華六·子儀05 豊(禮)檗(隋)貨以贛(戁)

　　清華六·子產11 事起貨(禍)行

清華七·越公 38 因亓(其)貨(過)以爲之罰

 清華七·越公 42 貨資

～,與 、、同。《說文·貝部》:"貨,財也。从貝,化聲。"

清華三·説命上 01 "貨",財物,金錢、珠玉、布帛的總稱。《書·洪範》:"一曰食,二曰貨。"孔穎達疏:"貨者,金玉布帛之總名。"簡文"以貨旬(徇)求敓(說)于邑人",帶着財貨在邑人中到處宣示懸賞尋求說這個人。《書序》:"高宗夢得說,使百工營求諸野。"《國語·楚語上》:"如是而又使以夢象旁求四方之賢。"

清華三·説命下 07 "女母非貨女哉石",讀爲"汝毋非貨如墣石",不要把寶貴的金玉誤認作泥土石塊。《周禮·地官·司市》:"凡通貨賄,以璽節出入之。"賈公彦疏:"釋曰:金玉曰貨,布帛曰賄。"

清華五·湯丘 12 "貨",讀爲"過",過失,過錯。

清華六·管仲 26 "既幣(蔽)於貨",已經被財貨所覆蓋。

清華六·子儀 05 "鄶貨",讀爲"隋貨",人名。或疑即晉人逃於秦者。(楊蒙生)或以爲即"隋會"。(趙平安)

清華六·子產 11 "事起貨行",讀爲"事起禍行","起""行"同義。"禍行",即"禍起",引起禍害,惹是生非。《論衡·程材篇》:"病作而醫用,禍起而巫使。"《韓非子·難四》:"鄭子都殺伯咺,而食鼎起禍。"

清華七·越公 38 "因亓(其)貨(過)以爲之罰",根據其過錯以決定其懲罰。"貨",讀爲"過",過錯。

清華七·越公 42 "貨資",又見上博四·曹 17 "毋悉(愛)貨資子女",貨物資財。《韓非子·解老》:"故服文采,帶利劍,厭飲食而貨資有餘者,是之謂盜竽矣。"《廣雅·釋詁》:"財,貨也。"

匣紐爲聲

爲

清華一·耆夜 01 繹（畢）公高爲客

清華一·耆夜 01 邵（召）公保睪（奭）爲夾

清華一·耆夜 02 周公弔（叔）旦爲宔

清華一·耆夜 02 辛公諫廅（甲）爲立（位）

清華一·耆夜 02 复（作）策逸（逸）爲東尚（堂）之客

清華一·耆夜 02 邵（呂）上（尚）甫（父）命爲司政（正）

清華一·金縢 01 我亓（其）爲王穆卜

清華一·金縢 02 周公乃爲三坦（壇）同墠（墠）

清華一·金縢 02 爲一坦（壇）於南方

清華一·金縢 06 周公乃內（納）亓（其）所爲玒（貢）

王之敓（説）

清華一·金縢 10 王旻（得）周公之所自以爲祉（功）以弋（代）武

清華一·皇門 11 是以爲上

清華一·楚居 04 爲桒室

清華一·楚居 08 蘩（樊）郢遅（徙）居爲郢

清華一·楚居 10 至穆王自爨（睽）郢遅（徙）袭（襲）爲郢

清華一·楚居 11 袭（襲）爲郢

清華一·楚居 11 至龏（共）王、康王、乳=（孺子）王皆居爲郢

清華一·楚居 11 至霝（靈）王自爲郢遅（徙）居秦（乾）溪之上

清華一·楚居 11 以爲尻（處）於章［華之臺］

清華一·楚居 12 鸍（鄂）郢遅（徙）袭（襲）爲郢

清華一·楚居 13 至獻惠王自婉（嬔）郢遅（徙）袭（襲）爲郢

清華一·楚居 13 改爲之

 清華一·楚居 14 以爲尻(處)於菌漨

 清華一·楚居 15 以爲尻(處)於旨郢

 清華二·繫年 023 是賽(息)爲(媯)

 清華二·繫年 024 賽(息)爲(媯)乃内(入)于郒(蔡)

 清華二·繫年 026 文王爲客於賽(息)

 清華二·繫年 029 取賽(息)爲(媯)以歸

 清華二·繫年 031 欲亓(其)子瓡(奚)脊(齊)之爲君也

 清華二·繫年 035 惠公女(焉)以亓(其)子裹(懷)公爲執(質)于秦

 清華二·繫年 048 秦穆公欲與楚人爲好

 清華二·繫年 049 与(與)楚爲好

清華二·繫年 055 銜（率）自（師）爲河曲之戬（戰）

 清華二·繫年 057 宋公爲左芋（盂）

 清華二·繫年 057 奠（鄭）白（伯）爲右芋（盂）

 清華二·繫年 059 宋人女（焉）爲成

 清華二·繫年 060 以芋（華）孫兀（元）爲敦（質）

 清華二·繫年 063 奠（鄭）人爲成

 清華二·繫年 071 齊人爲成

 清華二·繫年 078 取（娶）以爲妻

 清華二·繫年 080 爲南深（懷）之行

 清華二·繫年 082 爲長澈（壑）而堙（洇）之

 清華二·繫年 083 五（伍）員爲吳大䆿（宰）

 清華二·繫年 085 爲泳（沈）之自（師）

清華二·繫年086 競（景）公欲與楚人爲好

 清華二·繫年092 爲坪（平）夲（陰）之自（師）以回（圍）齊

 清華二·繫年095 以爲成於晉

 清華二·繫年097 需（靈）王爲命（令）尹

 清華二·繫年099 爲南深（懷）之行

 清華二·繫年101 晉與吳會爲一

 清華二·繫年108 二邦爲好

 清華二·繫年111 戉（越）人因衺（襲）吳之與晉爲好

 清華二·繫年112 齊人女（焉）舒（始）爲長城於濟

 清華二·繫年113 至今晉、戉（越）以爲好

 清華二·繫年114 王命莫囂（敖）昜爲衍（率）自（師）以定公室

 清華二·繫年116 王命莫囂（敖）昜爲衍（率）自（師）戢（侵）晉

清華二·繫年118 楚以與晉固爲肯（怨）

清華二·繫年127 以爲楚敓（援）

清華三·說命上01 甬（庸）爲達（失）审（仲）史（使）人

清華三·說命上06 是爲赤（赦）敦（俘）之戎

清華三·說命上07 王甬（用）命敓（說）爲公

清華三·芮良夫08 而隹（惟）啻（帝）爲王

清華三·赤鵠08 帝命句（后）土爲二陵（陵）屯

清華三·赤鵠12 帝命句（后）土爲二陵（陵）屯

清華三·赤鵠15 是訇（始）爲坤（陣）丁者（諸）屋（屋）

清華三·良臣11 以爲大宰

清華三·祝辭03 牁（將）敢（注）爲死

清華三·祝辭04 牁（將）敢（注）爲肉

清華四·筮法 30 五日爲埶（來）

清華四·筮法 46 長女爲妾而死

清華四·筮法 52 八爲風

清華四·筮法 52 爲水

清華四·筮法 52 爲言

清華四·筮法 52 爲非（飛）鳥

清華四·筮法 53 爲瘻（腫）脹

清華四·筮法 53 爲魚

清華四·筮法 53 爲㰝（罐）䇦（筲）

清華四·筮法 53 才（在）上爲飤（醪）

清華四·筮法 53 下爲汏（汰）

清華四·筮法 54 五象爲天

清華四·筮法 54 爲日

清華四·筮法 54 爲貴人

清華四·筮法 54 爲兵

清華四·筮法 54 爲血

清華四·筮法 54 爲車

清華四·筮法 54 爲方

清華四·筮法 55 爲惥（憂）、悬（懼）

清華四·筮法 55 爲譏（飢）

清華四·筮法 56 九象爲大獸（獸）

清華四·筮法 56 爲木

清華四·筮法 56 爲備戒

清華四·筮法 56 爲首

清華四·筮法 56 爲足

清華四·筮法 57 爲它（蛇）

清華四·筮法 57 爲它

清華四·筮法 57 爲曲

清華四·筮法 57 爲瑷（玦）

清華四·筮法 57 爲弓、琥、玩（璜）

清華四·筮法 58 四之象爲陞（地）

清華四·筮法 58 爲圓（圓）

清華四·筮法 58 爲壴（鼓）

清華四·筮法 58 爲耳（珥）

清華四·筮法 58 爲環

清華四·筮法 59 爲腫（踵）

清華四·筮法 59 爲䨮(雪)

清華四·筮法 59 爲雺(露)

清華四·筮法 59 爲霓(霰)

清華五·湯丘 01 善爲飤(食)

清華五·湯丘 08 虐(吾)此是爲見之

清華五·湯丘 09 夫人母(毋)以我爲訇(怠)於亓(其)事虎(乎)

清華五·湯丘 09 虐(吾)可(何)君是爲

清華五·湯丘 16 爲君㜣(奚)若

清華五·湯丘 17 爲臣㜣(奚)若

清華五·湯丘 17 爲君炁(愛)民

清華五·湯丘 17 爲臣共(恭)命

清華五·啻門 06 是哉以爲人

清華五·篃門 08 是亓(其)為長虡(且)好才(哉)

清華五·篃門 09 是亓(其)為堂(當)牀(壯)

清華五·篃門 09 是亓(其)為力

清華五·篃門 10 燹(氣)逆䐗(亂)以方是亓(其)為疾央(殃)

清華六·鄭子 02 既旻(得)恩(圖)乃為之毀

清華六·鄭子 10 三(四)䣙(鄰)以虐(吾)先君為能敘

清華六·鄭子 15 為敗(敗)

清華六·鄭子 15 是又(有)臣而為埶(勢)辟(嬖)

清華六·鄭子 17 幾(豈)孤亓(其)跂(足)為免(勉)

清華六·管仲 10 敢䛐(問)耇(前)文句(后)為之女(如)可(何)

清華六·管仲 13 女(焉)為賞罰

清華六·管仲 16 管(孰)可以為君

清華六·管仲 16 管（孰）不可以爲君

清華六·管仲 17 湯可以爲君

清華六·管仲 18 可以爲君才（哉）

清華六·管仲 20 不可以爲君才（哉）

清華六·管仲 22 爲民紀統（綱）

清華六·管仲 23 可以爲君才（哉）

清華六·管仲 23 不可以爲君才（哉）

清華六·管仲 27 爲君與爲臣管（孰）裦（勞）

清華六·管仲 27 爲臣

清華六·管仲 28 爲臣裦（勞）才（哉）

清華六·管仲 29 不裦（勞）而爲臣裦（勞）虖（乎）

清華六·管仲 30 爲君不裦（勞）而爲臣裦（勞）虖（乎）

清華六·管仲 30 爲臣

清華六·管仲 30 則爲君裦（勞）才（哉）

清華六·太伯甲 02 今天爲不惠

清華六·太伯甲 04 爲臣而不諫

清華六·太伯甲 08 乃東伐齊䕃之戎爲敓（徹）

清華六·太伯甲 09 爲是牢鼫（鼠）不能同穴

清華六·太伯甲 13 庚（湯）爲語而受亦爲語

清華六·太伯甲 14 受亦爲語

清華六·太伯乙 02 今天爲不惠

清華六·太伯乙 07 乃東伐齊䕃之戎爲敓（徹）

清華六·太伯乙 08 亓（其）爲是牢鼫（鼠）不能同穴

清華六·太伯乙 12 康（湯）爲語而受亦爲語

清華六·太伯乙 12 受亦爲語

清華六·子儀 04 則可(何)爲而不可

清華六·子産 16 與善爲徒

清華六·子産 17 善則爲人

清華六·子産 24 以爲奠(鄭)命(令)、埜(野)命(令)

清華六·子産 25 以爲奠(鄭)型(刑)、埜(野)型(刑)

清華六·子産 26 爲民型(刑)程

清華五·厚父 02 命咎(皋)繇(繇)下爲之卿事

清華七·子犯 12 爲爊(炮)

清華七·子犯 12 爲烙

清華七·子犯 12 爲桊(桎)棒(梏)三百

清華七·晉文公 03 爲豙(稼)嗇(嗇)

清華七·晉文公 05 乃乍(作)爲羿(旗)勿(物)

清華七·晉文公 05 爲陞(升)龍之羿(旗)師以進

清華七·晉文公 05 爲降龍之羿(旗)師以退

清華七·晉文公 05 爲左……

清華七·晉文公 06 爲𢽣(角)龍之羿(旗)師以戬(戰)

清華七·晉文公 06 爲交龍之羿(旗)師以豫(舍)

清華七·晉文公 06 爲日月之羿(旗)師以舊(久)

清華七·晉文公 06 爲熊羿(旗)夫=(大夫)出

清華七·晉文公 06 爲豹(豹)羿(旗)士出

清華七·晉文公 06 爲蓳芺(採)之羿(旗)戬(侵)糧者出

清華七·晉文公 07 乃爲三羿(旗)以成至

清華七·趙簡子 02 今虗(吾)子既爲寍遟(將)軍巳(已)

清華七·越公 05 君女（如）爲惠

清華七·越公 16 肰（然）爲犲（豺）狼飤（食）於山林藪芒

清華七·越公 20 鄾（邊）人爲不道

清華七·越公 24 皆爲同生

清華七·越公 34 水則爲稻

清華七·越公 38 因亓（其）貨（過）以爲之罰

清華七·越公 41 乃亡（無）敢增歷亓（其）政以爲獻於王

清華七·越公 63 雩（越）王乃中分亓（其）帀（師）以爲左軍

清華七·越公 64 以亓（其）厶（私）秅（卒）君子卒=（六千）以爲中軍

清華七·越公 66 雩（越）人分爲二帀（師）

清華八·攝命 31 弗爲我一人䭜（羞）

清華八·邦政 13 𠱾（當）時爲常

清華八·處位 05 印（抑）遂（後）之爲敢（端）

清華八·處位 07 牆（將）厇（度）以爲齒

清華八·處位 08 贑（貢）乃古（固）爲頪（美）

清華八·處位 09 虘（且）爲兼良人

清華八·處位 09 坂（返）以爲政

清華八·處位 09 夫爲耑（前）政者

清華八·處位 10 亦亓（其）有頪（美）而爲亞（惡）

清華八·邦道 01 古（固）釴爲弱

清華八·邦道 16 非一人是爲

清華八·邦道 16 萬民是爲

清華八·邦道 26 医（殹）虖（吾）爲人辠（罪）戾

清華八·心中01 目、耳、口、纏(肢)四者爲叟(相)

 清華八·心中01 心所爲媺(美)亞(惡)

 清華八·心中03 爲君者亓(其)監(鑒)於此

 清華八·心中03 人之又(有)爲

 清華八·心中05 心女(焉)爲之

 清華八·心中05 心氏(是)爲死

 清華八·心中06 心氏(是)爲生

 清華八·天下02 女(如)不旻(得)亓(其)民之情爲(僞)、眚(性)教

 清華八·八氣04 [酸]爲酓(斂)

清華八·八氣04 甘爲緩

清華八·八氣04 故(苦)爲固

清華八·八氣04 辛爲叕（發）

清華八·八氣04 鹹爲淳

清華八·八氣05 帝爲五祀

～，與☒（上博一·孔21）、☒（上博一·緇2）、☒（上博四·柬12）、☒（上博四·内4）、☒（上博五·君1）、☒（上博二·容33）、☒（上博六·競8）、☒（上博六·天甲3）、☒（上博六·天甲4）同。《説文·爪部》："爲，母猴也。其爲禽好爪。爪，母猴象也。下腹爲母猴形。王育曰：'爪，象形也。'☒，古文爲，象兩母猴相對形。"

清華一·耆夜01、02"爲"，擔任。《左傳·宣公三年》："余爲伯儵，余，而祖也。"《説苑·辨物》："其在鳥則雄爲陽，雌爲陰。"

清華一·金縢01"我亓（其）爲王穆卜"，今本《書·金縢》："我其爲王穆卜。"

清華一·金縢02"周公乃爲三坦（壇）同墠（墠）"，今本《書·金縢》作"爲壇於南方北面，周公立焉"。"爲"，造作，製作。《詩·周南·葛覃》："爲絺爲綌，服之無斁。"

清華一·金縢06"周公乃内（納）亓（其）所爲㓛（貢）"，今本《書·金縢》作"公乃自以爲功"。

清華一·金縢10"王旻（得）周公之所自以爲㓛（功）以弋（代）武王之敓（説）"，今本《書·金縢》作"乃得周公所自以爲功代武王之説"。

清華一·皇門11"是以爲上"，今本《逸周書·皇門》作"是以爲上"。

清華一·楚居04"爲枝室"之"爲"，造作，製作。

清華一·楚居08、10、11、12、13"爲郢"，楚文王始居，此後成爲楚之重要都邑，穆王、莊王、共王、康王、郟敖、靈王、昭王都曾居此郢。闔廬所破之郢即此。春秋楚邑有蔿，如《左傳·僖公二十七年》："子玉復治兵於蔿。"蔿或與爲鄀有關。《通志·氏族略》:"蔿氏食邑於蔿,故以命氏。"蔿氏又作蓮氏,今淅川丹江口水庫一帶有蔿氏家族墓地。

清華一·楚居 11、14、15 簡文"爲凥(處)"與"徙居"相對。

清華二·繫年 023、024、029"賽嬀",讀爲"息嬀",息侯夫人,嬀姓陳國女子。《左傳·莊公十年》:"蔡哀侯娶于陳,息侯亦娶焉。"《史記·管蔡世家》:"哀侯十一年,初,哀侯娶陳,息侯亦娶陳。"

清華二·繫年 026"文王爲客於賽(息)",《史記·李斯列傳》:"今取人則不然。不問可否,不論曲直,非秦者去,爲客者逐。"

清華二·繫年 031"欲亓(其)子瓤(奚)脅(齊)之爲君也",參《左傳·成公十年》:"五月,晉立大子州蒲以爲君,而會諸侯伐鄭。"

清華二·繫年 035"惠公女(焉)以亓(其)子裏(懷)公爲執(質)于秦",《左傳·隱公三年》:"王子狐爲質於鄭,鄭公子忽爲質於周。"

清華二·繫年 048、049、086、108、111"爲好",《左傳·桓公九年》:"巴子使韓服告于楚,請與鄧爲好。""爲好"與"結惡"相對。

清華二·繫年 057"宋公爲左芋(盂),奠(鄭)白(伯)爲右芋(盂)",參《左傳·文公十年》:"宋公爲右盂,鄭伯爲左盂。"

清華二·繫年 059、063、071"爲成",《左傳·成公十一年》:"秦、晉爲成,將會于令狐。"

清華二·繫年 060"以芋孫兀爲敦",讀爲"以華孫元爲質"。參《左傳·宣公十五年》:"宋及楚平,華元爲質。"

清華二·繫年 078、127"以爲","以之爲"的省略形式,猶言讓她做。《後漢書·竇武傳》:"長女選入掖庭,桓帝以爲貴人。"

清華二·繫年 095"以爲成於晉",認爲。《左傳·僖公二十三年》:"及齊,齊桓公妻之,有馬二十乘,公子安之。從者以爲不可,將行,謀於桑下。"

清華二·繫年 118"爲肯",讀爲"爲怨",結怨。《韓非子·内儲說下六微》:"犀首與張壽爲怨,陳需新入,不善犀首,因使人微殺張壽。"

清華二·繫年 114、116"莫嚚易爲",讀爲"莫敖易爲"。"易爲",人名。莫嚚易爲,見曾侯乙墓一號竹簡大莫嚚旟喙。新蔡甲三·36 作"大莫嚚旟爲"。

清華三·說命上 01"甬(庸)爲達(失)审(仲)史(使)人"之"甬",讀爲"庸",《荀子·解蔽》注:"役也。"此言傅說爲失仲庸役之人。

清華三·說命上 07"王甬(用)命敓(說)爲公",《國語·楚語上》云:"武丁於是作書……得傅說以來,升以爲公。"

清華三·赤鵠08、12"帝命句(后)土爲二狻(陵)屯"之"爲",造。簡文云:后土受帝命,在夏后床下隆起兩道陵阜,其氣上犯,夏后罹疾。

清華三·赤鵠15"是訶(始)爲坤(陴)丁者(諸)䢉(屋)",築小牆當屋,用以防阻。"爲",築造。

清華三·良臣11"以爲大宰",以伯州犁爲大宰。

清華四·筮法30"五日爲耒(來)",若無筮日干支相當之卦,而有其後五日内干支之卦,則稱"來"某日。

清華四·筮法46"長女爲妾",長女做妾。

清華四·筮法52、53、54、55、56、57、58、59"爲",是。或訓爲"代表"。

清華五·湯丘01"善爲飤(食)",善於做食物。

清華五·湯丘08"虐(吾)此是爲見之",吾爲見此。助詞,與"之"相配合,用作賓語提前的標誌。

清華五·湯丘09"夫人母以我爲訶於亓事虎",讀爲"夫人毋以我爲怠於其事乎"。百姓不認爲我怠懈於國事嗎?

清華五·湯丘09"虐可君是爲",讀爲"吾何君是爲"。吾爲何君,我做什麼國君。

清華五·湯丘16、17,清華六·管仲16、17、18、20、23、27、28、29、30"爲君""爲臣"之"爲",充當,擔任。《書·微子之命》:"我罔爲臣僕。"《史記·張耳陳餘列傳》:"高祖爲布衣時,嘗數從張耳遊。"

清華六·管仲22"爲民紀綱",成爲百姓的綱領。《吕氏春秋·用民》:"用民有紀有綱,壹引其紀,萬目皆起;壹引其綱,萬目皆張。爲民紀綱者何也?"

清華六·太伯甲02、太伯乙02"今天爲不惠",現在老天是不善。

清華六·太伯甲09、太伯乙08"爲是",爲此,因此,因爲這個。王粲《詠史詩》:"人生各有志,終不爲此移。"

清華六·太伯甲13、太伯乙12"庚(湯)爲語而受亦爲語",此語殷邦湯聞之,受亦聞之。

清華六·子產16"與善爲徒",和善做朋友。《莊子·人間世》:"爲人之所爲者,人亦無疵焉,是之謂與人爲徒。成而上比者,與古爲徒。"

清華五·厚父02"命咎(皋)繇(繇)下爲之卿事",擔任卿事。

清華七·子犯12"爲燻爲烙",即"爲炮爲烙",制定炮烙之刑,也作"炮格"。《荀子·議兵》:"紂刳比干,囚箕子,爲炮烙刑,殺戮無時。"《韓非子·難勢》:"桀、紂爲高臺深池以盡民力,爲炮烙以傷民性。"

清華七·子犯 12"爲桼(桎)櫸(梏)三百",上博簡《容成氏》:"不從命者從而桎挚(梏)之,於是虖(乎)复(作)爲金桎三千。"

清華七·晉文公 05"乃乍(作)爲羿(旗)勿(物)"之"作爲",創製。《詩·小雅·巷伯》:"寺人孟子,作爲此詩。"《禮記·樂記》:"然後聖人作爲鞉、鼓、椌、楬、壎、箎。"《墨子·辭過》:"故聖王作爲宮室,爲宮室之法。"《史記·秦本紀》:"夫自上聖黃帝,作爲禮樂法度。"

清華七·晉文公 05、06、07"爲",創製。

清華七·越公 05"爲惠"指"施加恩惠"。《睡虎地·爲吏之道》簡 38－39:"爲人君則鬼(惠)。"《嶽麓壹·爲吏》簡 85:"爲人君則惠。"(滕勝霖)

清華七·越公 16"肰(然)爲犺(豻)狼",如豻狼相撕咬貌。

清華七·越公 20"鄢(邊)人爲不道",做不道之事。

清華七·越公 24"皆爲同生",都是一起生活。

清華七·越公 34"水則爲稻",水里種稻。

清華七·越公 38"因亓(其)貨(過)以爲之罰",根據其過錯以決定其懲罰。

清華七·越公 63、64"以爲",以之爲。

清華七·越公 66"雩(越)人分爲二帀(師)",《國語·吳語》:"越人分爲二師,將以夾攻我師。"

清華八·攝命 31"弗爲我一人頩(羞)",毛公鼎(《集成》02841):"俗(欲)我弗作先王羞。"

清華八·處位 05"卬(抑)逡(後)之爲敝(端)",前者妄行不法,後者端直公正。

清華八·心中 01"目、耳、口、縊(肢)四者爲叟(相)",以心爲君,目、耳、口、四肢若相。當作輔助。

清華八·心中 03"爲君者其監於此",《墨子·明鬼下》:"爲君者以教其臣。"

清華八·心中 03"又爲",讀爲"有爲",有作爲。《易·繫辭上》:"是以君子將有爲也。"

清華八·天下 02"情爲",讀爲"情僞",真假,真誠與虛僞。《易·繫辭上》:"聖人立象以盡意,設卦以盡情僞。"《左傳·僖公二十八年》:"晉侯在外十九年矣……民之情僞,盡知之矣。"《後漢書·耿國傳》:"夷狄情僞難知,不可許。"

清華八·八氣 04"[酸]爲會(斂),甘爲緩,矻(苦)爲固,辛爲夌(發),鹹爲淳",參《黃帝內經·素問》:"辛散,酸收,甘緩,苦堅,鹹耎,毒藥攻邪。五穀爲養,五果爲助,五畜爲益,五菜爲充,氣味合而服之,以補精益氣。此五者,有辛

· 2891 ·

酸甘苦鹹,各有所利,或散或收,或緩或急,或堅或耎,四時五藏,病隨五味所宜也。"

愿

清華五·三壽 15 邊(邇)則文之愿(化)

清華八·處位 03 反夋(兌)再(稱)愿(僞)

清華八·邦道 10 母(毋)复(詐)愿(僞)

清華八·邦道 12 愿(僞)不复(作)

～,與 (上博四·曹 34)、 (上博二·從乙 1)同,从"心","爲"聲。

清華五·三壽 15"愿",讀爲"化"。馬王堆漢墓帛書《老子甲本·道經》:"萬物將自愿"之"愿",傳本三十七章作"化"。《說文·匕部》:"化,教行也。""文化",文治教化。《説苑·指武》:"凡武之興,爲不服也,文化不改,然後加誅。"

清華八·處位 03"再愿",讀爲"稱僞",稱揚僞詐。

清華八·邦道 10"复愿",讀爲"詐僞",弄虛作假,僞裝假冒。《禮記·月令》:"(季夏之月)黑黃倉赤,莫不質良,毋敢詐僞。"

清華八·邦道 12"愿不复",讀爲"僞不作"。"僞",虛僞,虛假。《淮南子·俶真》:"是故神越者其言華,德蕩者其行僞。"

譌

清華五·啻門 14 悳(德)変(變)亟執譌以亡成

清華六·管仲 25 而遙(後)晉(僭)與譌

～,與🔲(上博五·姑6)、🔲(上博八·志1)同。《説文·言部》:"譌,譌言也。从言,爲聲。《詩》曰:'民之譌言。'"

清華五·啻門14"執譌",與"執信"相對,秉持虛假。

清華六·管仲25"譌",又作"訛",虛假。《詩·小雅·沔水》:"民之訛言,寧莫之懲!"鄭箋:"訛,僞也。言時不令小人好詐僞,爲交易之言,使見怨咎,安然無禁止。""晉",讀爲"僭",虛僞。簡文"而後僭與譌",背後虛僞。《書·益稷》:"汝無面從,退有後言。"

敯

　清華六·太伯甲11 敯(爲)大亓(其)宮

　清華六·太伯乙09 敯(爲)大亓(其)宮

～,从"攴","爲"聲。

清華六·太伯"敯大亓宮",讀爲"爲大其宮",爲了充實其後宮。

賆

　清華八·邦道16 賮(鷺)聚賆(貨)

　清華八·邦道20 古(故)民宜陞(地)壆(舉)賆(貨)

　清華八·邦道20 則賆(貨)遌(歸)

《説文·貝部》:"賆,資也。从貝,爲聲。或曰此古貨字,讀若貴。"

清華八·邦道16"聚賆",即"聚貨"。《國語·楚語下》:"夫古者聚貨不妨民衣食之利。"《易·繫辭下》:"聚天下之貨,交易而退。"

清華八·邦道20"賆",即"貨",財物,金錢、珠玉、布帛的總稱。《書·洪範》:"一曰食,二曰貨。"孔穎達疏:"貨者,金玉布帛之總名。"

清華八·邦道 20"則賵逞",讀爲"則貨歸"。參《逸周書·大聚》:"泉深而魚鱉歸之,草木茂而鳥獸歸之,稱賢使能、官有材而歸之,關市平商賈歸之。"

匣紐禾聲

禾

清華一·金縢 09 禾旲(斯)晏(偃)

清華一·金縢 13 禾旲(斯)记(起)

清華三·芮良夫 24 則女(如)禾之又(有)秅(秬)

清華四·筮法 36 乃曰不禾(和)

～,與 同。《說文·禾部》:"禾,嘉穀也。二月始生,八月而孰,得時之中,故謂之禾。禾,木也。木王而生,金王而死。从木,从巫省。巫象其穗。凡禾之屬皆从禾。"

清華一·金縢 09"禾旲晏",讀爲"禾斯偃"。《書·金縢》:"秋,大熟,未穫,天大雷電以風,禾盡偃。"

清華一·金縢 13"禾旲记",讀爲"禾斯起"。《書·金縢》:"王出郊,天乃雨,反風,禾則盡起。"

清華三·芮良夫 24"禾",粟。《詩·豳風·七月》:"十月納禾稼,黍稷重穋,禾麻菽麥。"陳奐傳疏:"禾者,今之小米。"《管子·封禪》:"古之封禪,鄗上之黍,北里之禾,所以爲盛。"《吕氏春秋·任地》:"今茲美禾,來茲美麥。"

清華四·筮法 36"禾",讀爲"和"。《說文·口部》:"和,相䧹也。"《大戴禮記·曾子立事》:"人言不信不和。"王聘珍《解詁》:"和,聲相應也。"

和

 清華一·程寤 08 思(使)卑腬(柔)和川(順)

 清華一·程寤 08 可(何)炙(務)非和

 清華一·耆夜 04 庶民和同

 清華一·皇門 04 用克和又(有)成

 清華一·祭公 07 坙(修)和周邦

 清華二·繫年 003 龏(共)白(伯)和立

 清華二·繫年 003 龏(共)白(伯)和歸于宋〈宗〉

 清華二·繫年 123 明(盟)陳和與陳湨於湢門之外

 清華三·芮良夫 08 忎(恐)不和均(均)

 清華三·芮良夫 11 和剸(專)同心

 清華三·芮良夫 12 坪(平)和庶民

清華三·芮良夫18 和悳(德)定型(刑)

 清華三·芮良夫20 料和庶民

 清華三·良臣01 女和

 清華五·命訓11 和之以均

 清華五·命訓14 均一不和

 清華五·湯丘01 䜽(烹)之和

 清華五·湯丘03 此可以和民虖(乎)

 清華五·湯丘07 以和利萬民

 清華六·管仲10 和之以味

 清華六·管仲17 和民以悳(德)

 清華六·管仲22 四或(國)和同

 清華六·子儀06 和㱃(歌)曰

清華六·子儀 07 楚樂和之曰

 清華六·子產 12 以和民

 清華六·子產 27 虞(獻)勛和意(喜)

 清華五·三壽 17 闌(宣)義(儀)和藥(樂)

 清華五·三壽 19 和民甬(用)政(正)

 清華五·三壽 28 棘(束)柬(簡)和夢(慕)

 清華七·子犯 11 以惪(德)和民

 清華七·越公 48 方和于亓(其)陞(地)

 清華八·邦道 11 和亓(其)音燹(氣)與亓(其)庯(顏色)以脜(柔)之

 清華八·邦道 12 和於亓(其)身

～，與 、同。《說文·口部》："和，相䧹也。从口，禾聲。"

清華一·程寤 08 "和川"，讀爲"和順"，和協順從。《管子·形勢解》："父母不失其常,則子孫和順。"《易·説卦》:"和順於道德,而理於義。"孔穎達疏:"上以和協順成聖人之道德,下以治理斷人倫之正義。"

清華一·程寤08"可烎非和",讀爲"何務非和"。《逸周書·小開》有"何監非時,何務非德"。

清華一·耆夜04、清華六·管仲22"和同",和諧同心。《國語·周語中》:"和同可觀。"韋昭注:"以可去否曰和,一心不二曰同。和同之道行,則德義可觀也。"《管子·立政》:"大臣不和同,國之危也。"《管子·五輔》:"上下交引而不和同,故處不安而動不威。"戰國玉璜銘:"上兑(變)下𨕎(動),相盦(合)禾(和)同。"

清華一·皇門04"用克和又(有)成",今本《逸周書·皇門》作"用克和有成"。唐大沛注:"謂能和衷以相與有成也。""和",和合、和諧。《書·君奭》:"惟文王尚克修和我有夏。"

清華一·祭公07"垈和",讀爲"修和",謂施教化以和合之。《書·君奭》:"惟文王尚克修和我有夏。"孔傳:"文王庶幾能修政化,以和我所有諸夏。"今本《逸周書·祭公》作"執和",即師詢簋(《集成》04342)"盩龢"、史牆盤(《集成》10175)"斁龢"及逨(或釋速)盤(《銘圖》14543)"盩龢"。

清華二·繫年003"龔白和",讀爲"共伯和"。《史記·衛康叔世家》:"四十二年,釐侯卒,太子共伯餘立爲君。共伯弟和有寵於釐侯,多予之賂;和以其賂賂士,以襲攻共伯於墓上,共伯入釐侯羡自殺。衛人因葬之釐侯旁,謚曰共伯,而立和爲衛侯,是爲武公。"《史記·周本紀》,《索隱》引《紀年》:"共伯和干王位。"

清華二·繫年123"陳和",人名。

清華三·芮良夫08"和均",讀爲"和均",協調,諧和。應劭《風俗通·正失·樂正後夔一足》:"和均五聲,以通八風。"《荀子·富國》:"忠信調和均辨之至也。"楊倞注:"均,平均。"《詩·小雅·皇皇者華》:"六轡既均。"毛傳:"均,調也。"

清華五·命訓11"和之以均"、清華五·命訓14"均一不和",參"和均"。

清華三·芮良夫11"和剸(專)同心",讀爲"和專同心",調和齊一,使和諧一致。《荀子·非相》:"上不足以順明王,下不足以和齊百姓。"《廣雅·釋言》:"專,齊也。"

清華三·芮良夫12"坪和",讀爲"平和",平正諧和,調和。《左傳·昭公元年》:"先王之樂,所以節百事也,故有五節;遲速本末以相及,中聲以降。五降之後,不容彈矣。於是有煩手淫聲,慆堙心耳,乃忘平和,君子弗聽也。"《管子·形勢解》:"明主猶羿也,平和其法,審其廢置而堅守之,有必治之道,故能多舉而多當。"

　　清華三·芮良夫 18"和悥定型",讀爲"和德定刑",和以德、定以刑。

　　清華三·芮良夫 20"和",和睦,和諧。《易·乾》:"保合大和乃利貞。"《荀子·富國》:"百姓之群,待之而後和。"

　　清華三·良臣 01"女和",人名。

　　清華五·湯丘 01、清華六·管仲 10"和",指廚藝五味調和。《周禮·天官·内饔》疏:"凡言和者,皆用酸苦辛鹹甘。"

　　清華五·湯丘 07"以和利萬民",《國語·周語下》:"於是乎氣無滯陰,亦無散陽,陰陽序次,風雨時至,嘉生繁祉,人民龢利,物備而樂成,上下不罷,故曰樂正。"

　　清華六·子儀 06、07"和罷",讀爲"和歌"。《論衡·定賢篇》:"夫歌曲妙者,和者則寡;言得實者,然者則鮮。和歌與聽言,同一實也。""和",以聲相應,跟著唱或跟著唱腔伴奏。《易·中孚》:"鳴鶴在陰,其子和之。"《詩·鄭風·蘀兮》:"叔兮伯兮,倡予和女。"

　　清華六·子產 27"和悥",讀爲"和喜",和洽喜悦。《史記·禮書》:"或言古者太平,萬民和喜,瑞應辨至,乃采風俗,定製作。"《釋名·釋言語》:"安,晏也,晏晏然和喜無動懼也。"

　　清華五·三壽 17"和藥",讀爲"和樂",和睦歡樂,和睦安樂。《詩·小雅·常棣》:"兄弟既翕,和樂且湛。"《漢書·董仲舒傳》:"百姓和樂,政事宣昭。"

　　清華五·湯丘 03、清華六·子產 12、清華五·三壽 19、清華六·管仲 17、清華七·子犯 11"和民",使民和順安定。《左傳·隱公四年》:"臣聞以德和民,不聞以亂。"《國語·周語中》:"宣所以施教也,惠所以和民也。"

　　清華五·三壽 28"棘朿和夣",讀爲"束簡和慕"。《管子·勢第》:"慕和其衆,以修天地之從。"《禮記·儒行》:"禮之以和爲貴,忠信之美,優游之法,舉賢而容衆,毀方而瓦合。"

　　清華七·越公 48"和",附和,響應。《商君書·更法》:"論至德者不和于俗,成大功者不謀于衆。"

　　清華八·邦道 11"和亓(其)音燹(氣)與亓(其)虐(顔色)以脜(柔)之"之"和",和諧,協調。《禮記·樂記》:"其聲和以柔。""和柔",寬和柔順。《晏子春秋·問下二十》:"事君之倫,知慮足以安國……和柔足以懷衆。"

　　清華八·邦道 12"和於亓(其)身"之"和",謂使和睦,使融洽。《書·周

· 2899 ·

官》:"宗伯掌邦禮,治神人,和上下。"《左傳·隱公四年》:"臣聞以德和民,不聞以亂。"

匜

 清華七·越公 21 孤用匜(委)命䌛(重)唇(臣)

~,從"匚","禾"聲,與 (《集成》02840,中山王鼎)、匜(《璽彙》2315)同。

清華七·越公 21"匜命",讀爲"委命",任命。《史記·刺客列傳》:"此丹之上願,而不知所委命,唯荊卿留意焉。""委",委任,屬托。《左傳·成公二年》:"王使委於三吏。"杜預注:"委,屬也。"

匣紐戏聲

戏

 清華五·封許 05 朿(簡)胯(乂)三(四)方不戏(果)

《説文·丮部》:"戏,擊踝也。從丮、戈。讀若踝。"

清華五·封許 05"戏",讀爲"果"。《孟子·盡心下》:"及其爲天子也,被袗衣,鼓琴,二女果,若固有之。"趙岐注:"果,侍也。"史牆盤(《集成》10175)"方蠻無不戏見",侍見有朝見之意。

見紐加聲

加

清華二·繫年 061 臧(莊)王述(遂)加奠(鄭)䚟(亂)

清華五·三壽 26 天罰是加

清華六·孺子 13 加鉒（重）於夫=（大夫）

清華六·子儀 04 女（如）權之又（有）加橈（翹）也

清華七·越公 74 天加褐（禍）于吳邦

清華八·邦道 15 上有怘（過）不加之於下

～，與 、同。《説文·力部》："加，語相增加也。从力，从口。"

清華二·繫年 061"加"，欺凌。《左傳·襄公十三年》："及其亂也，君子稱其功以加小人。"杜預注："加，陵也。"

清華五·三壽 26"天罰是加"，增加天罰。

清華六·孺子 13"加鉒（重）於夫=（大夫）"之"加"，《爾雅·釋詁》："加，重也。"《靈樞·壽夭剛柔》："其有因加疾者，不及二十而死也。"

清華七·越公 74"天加褐（禍）于吳邦"，可參上博四·昭 9"天加禍於楚邦"。《論衡·變虛篇》："若是者，天使熒惑加禍於景公也，如何可移於將相、若歲與國民乎？"

清華六·子儀 04、清華八·邦道 15"加"，增加，謂置此於彼之上。《論語·鄉黨》："疾，君視之，東首，加朝服，拖紳。"

斝（駕）

清華二·繫年 058 宋公之車夢（暮）斝（駕）

清華二·繫年 065 楚人被斝（駕）以自（追）之

～，从"車"，"加"聲，"駕"字異體。

清華二·繫年058"萝犇",即"暮駕",意爲晚駕、遲駕。《左傳·文公十年》:"期思公復遂爲右司馬,子朱及文之無畏爲左司馬,命夙駕載燧。"楊伯峻注:"夙駕,早駕也。"

清華二·繫年065"被犇",即"被駕",被甲駕馬。《左傳·宣公十二年》:"楚子爲乘廣三十乘,分爲左右。右廣雞鳴而駕,日中而說。左則受之,日入而說。"《韓非子·外儲說右下》:"造父爲齊王駙駕,渴馬服成,效駕圃中。"

嘉

清華一·保訓07 帝尭(堯)嘉之

清華一·耆夜04 嘉爵(爵)速猒(飲)

清華一·耆夜06 嘉爵(爵)速猒(飲)

清華一·皇門02 隹(惟)莫甚(開)余嘉惪(德)之兌(說)

清華一·皇門02 楙(懋)昜(揚)嘉惪(德)

清華三·芮良夫20 甚(研)憨(甄)嘉惟

清華五·三壽25 戲(虐)㤅(淫)自嘉而不縷(數)

～,與 ![] (上博三·周17)、![] (上博四·采4)、![] (上博六·用11)、![] (上博六·用13)同。《説文·壴部》:"嘉,美也。從壴,加聲。"

清華一·保訓07"嘉",嘉許,表彰。《書·文侯之命》:"汝多修,扞我于艱,若汝予嘉。"

清華一·耆夜 04、06"嘉爵",謂祭祀時的爵酒。《儀禮·士冠禮》:"再醮曰:旨酒既湑,嘉薦伊脯,乃申爾服,禮儀有序,祭此嘉爵,承天之祜。"

清華一·皇門 02"嘉惪",讀爲"嘉德",猶言"善德"。《左傳·桓公六年》:"奉酒醴以告曰,嘉栗旨酒,謂其上下皆有嘉德,而無遠心也。"《逸周書·皇門》:"維其開告于予嘉德之說。"陳逢衡注:"開告,啓迪也。嘉德,美善之德。說,謂言說。"

清華三·芮良夫 20"嘉",善,美好。《詩·豳風·東山》:"其新孔嘉,其舊如之何?"鄭箋:"嘉,善也。"

清華五·三壽 25"嘉",《說文》:"美也。"《爾雅·釋詁》:"嘉,美也,善也"。

見紐戈聲

戈

清華三·説命中 06 隹(惟)戕(干)戈复(作)疾

清華三·説命中 07 隹(惟)戕(干)戈生(眚)氒(厥)身

清華六·夳伯甲 05 刈戈盾以媒(造)勛

清華六·夳伯乙 05 刈戈盾以媒(造)勛

《說文·戈部》:"戈,平頭戟也。从弋,一横之。象形。凡戈之屬皆从戈。"

清華三·説命中 06"隹戕戈复疾",讀爲"惟干戈作疾"。《書·説命中》:"惟口起羞,惟甲胄起戎,惟衣裳在笥,惟干戈省厥躬。"孔傳:"甲,鎧。胄,兜鍪也。言不可輕教令,易用兵。言服不可加非其人,兵不可任非其才。"《禮記·緇衣》引《説命》作:"惟口起羞,惟甲胄起兵,惟衣裳在笥,惟干戈省厥躬。"鄭玄注:"'惟甲胄起兵',當慎軍旅之事也。'惟干戈省厥躬',當恕己不尚害人也。"此句"干戈"疑當爲"甲胄"。

清華三·説命中 07"隹戕戈生氒身",讀爲"惟干戈眚厥身"。參上。"干戈",干和戈是古代常用武器,因以"干戈"用作兵器的通稱。《詩·周頌·時邁》:"載戢干戈,載櫜弓矢。"《鹽鐵論·世務》:"兵設而不試,干戈閉藏而不用。"

清華六·太伯甲 05、太伯乙 05"戈盾",戈和盾。亦泛指兵器。《左傳·昭公二十五年》:"臧氏使五人以戈楯伏諸桐汝之閒。"《周禮·夏官·旅賁氏》:"掌執戈盾,夾王車而趨。"

見紐果聲

果

清華一·程寤 07 果捷(遷)不忍

清華二·繫年 034 我句(後,苟)果内(入)

清華二·繫年 091 述(遂)以還(遷)醑(許)於鄝(葉)而不果

清華二·繫年 093 鄉(樂)經(盈)燾(襲)巷(絳)而不果

清華二·繫年 129 不果内(入)王子

清華四·筮法 40 凸(凡)果

清華四·筮法 41 大事戠(歲)才(在)前,果

清華四·筮法 41 中事月才(在)前,果

清華四·筮法 41 㕣(小)事日乃前,果

清華四·筮法 41 亓(其)余(餘)佋(昭)穆,果

清華四·筮法 41 卡₌(上下)同牀(狀),果

清華四·筮法 42 嚠(數)而出,乃果

清華四·筮法 42 内事嚠(數)内(入),亦果

清華四·筮法 62 曰果

清華六·孺子 08 幸果善之

清華六·孺子 10 女(如)弗果善

清華六·管仲 30 女(汝)果若氏(是)

清華六·子產 19 任砫(重)不果

清華六·子產 20 砫(重)任以果墢(將)

清華七·子犯 08 割(曷)又(有)儠(僕)若是而不果以或(國)

清華七·子犯 11 用果念(臨)政(正)九州

　　清華七·越公 39 弗果

　　清華八·處位 01 印(抑)君臣必果以尼(度)

　　清華八·心中 04 果成

～，與 （上博三·亙 11）、（上博四·曹 33）、（上博四·曹 42）同。《說文·木部》："果，木實也。从木，象果形在木之上。"

清華一·程寤 07"果"，果敢，有決斷。《論語·子路》："言必信，行必果。"果遷不忍，果斷改變不忍讓百姓戰鬥死亡以滅商之心。（《讀本一》第 60 頁）

清華二·繫年 091、093"不果"，沒有成爲事實，終於沒有實行。《孟子·公孫丑下》："固將朝也，聞王命而遂不果。"

清華四·筮法"果"，意指事情辦成。《周禮·春官·大卜》正義："果，成也。"

清華六·孺子 08"幸果善之"，諸臣執政三年而終善。"果"，訓"終"，見《古書虛字集釋》第三三九頁。

清華二·繫年 034、清華六·管仲 30"果"，副詞，果真，當真。《禮記·中庸》："果能此道矣，雖愚必明，雖柔必強。"

清華六·子產 19"不果"，不成。

清華六·子產 20"果壐"，讀爲"果將"，功成而美。

清華七·子犯 08"不果以窆"，即"不果以國"，即不果有國、不果得國。《左傳·僖公二十八年》："晉侯在外，十九年矣，而果得晉國。""果"，《呂氏春秋·忠廉》高誘注："終也。"

清華七·子犯 11"果"，《國語·晉語三》韋昭注："猶竟也。"

清華七·越公 39"弗果"，不果，完成不了。

清華八·處位 01"印(抑)君臣必果以尼(度)"之"果"，果決。《論語·子路》:"言必信,行必果。"

清華八·心中 04"果",意指必行。《孟子·梁惠王下》:"君是以不果來也。"趙岐注:"果,能也。"

裹

 清華五·筮門 07 二月乃裹

《説文·衣部》:"裹,纏也。从衣,果聲。"

清華五·筮門 07"裹",意爲初有輪廓。《淮南子·俶真》:"塊阜之山,無丈之材。所以然者何也?皆其營宇狹小,而不能容巨大也;又況乎以無裹之者邪?"高誘注:"無裹,無形。"

見紐咼聲

禍

 清華一·楚居 10 若嚻(敖)記(起)禍

 清華一·楚居 13 白公記(起)禍

 清華一·楚居 16 宙(中)諹(謝)記(起)禍

~,與 禍(上博四·昭 9)同。《説文·示部》:"禍,害也,神不福也。从示,咼聲。"

清華一·楚居"起禍",引起禍害,惹是生非。《韓非子·難四》:"鄭子都殺伯咺,而食鼎起禍。"賈誼《新書·五美》:"天下無可以僥倖之權,無起禍召亂之業。"

溪紐可聲

可

清華一·尹誥 03 虐（吾）可（何）复（作）于民

清華一·程寤 04 可（何）敬（警）非朋

清華一·程寤 04 可（何）戒非商

清華一·程寤 05 可（何）甬（用）非桓（樹）

清華一·程寤 05 不可藥

清華一·程寤 08 可（何）監非昔（時）

清華一·程寤 08 可（何）炙（務）非和

清華一·程寤 08 可（何）襡（裹）非彣（文）

清華一·程寤 08 可（何）保非道

清華一·程寤 09 可（何）悉（愛）非身

清華一·程寤 09 可(何)力非人

清華一·程寤 09 不可以窺(藏)

清華一·金縢 01 未可以慼(戚)虐(吾)先王

清華二·繫年 050 未可奉承也

清華二·繫年 051 死人可(何)辠(罪)

清華二·繫年 052 生人可(何)辜(辜)

清華三·琴舞 05 悳(德)元佳(惟)可(何)

清華三·芮良夫 16 于可又靜(爭)

清華三·芮良夫 19 亦不可鼜(壞)

清華三·芮良夫 19 甬(用)㞷(皇)可畏

清華三·芮良夫 24 窖(咎)可(何)亓(其)女(如)矤(台)摯(哉)

清華三·芮良夫 26 屯可與恋(忨)

清華三·芮良夫 26 而鮮可與惟

清華三·赤鵠 06 不可飤(食)也

清華三·赤鵠 07 顕(夏)句(后)之疾女(如)可(何)

清華三·赤鵠 09 不可亟(極)于笘(席)

清華三·赤鵠 11 朕疾女(如)可(何)

清華五·厚父 08 繲(肆)女(如)其若龜箸(筮)之言亦勿可逴(專)改

清華五·厚父 09 天命不可漗(忱)

清華五·湯丘 02 此可以和民虎(乎)

清華五·湯丘 03 少(小)臣倉(答)曰:可

清華五·湯丘 06 虐(吾)君可(何)

清華五·湯丘 09 虐(吾)可(何)君是爲

清華五·湯丘 10 此言弗或(又)可旻(得)而聝(聞)巳(矣)

清華五·湯丘 12 又(有)顯(夏)之惪(德)可(何)若才(哉)

清華五·湯丘 15 可(何)以自㤅(愛)

清華五·啻門 02 則可(何)以成人

清華五·啻門 02 可(何)以成邦

清華五·啻門 02 可(何)以成墬(地)

清華五·啻門 02 可(何)以成天

清華五·啻門 05 人可(何)旻(得)以生

清華五·啻門 05 可(何)多以長

清華五·啻門 11 可(何)也

清華五·啻門 14 可以葆(保)成

清華五·啻門 18 可(何)也

清華五·㞷門 19 可（何）也

清華五·㞷門 21 則可（何）以改之

清華五·三壽 02 敢䛁（問）人可（何）胃（謂）長

清華五·三壽 02 可（何）胃（謂）𤯌（險）

清華五·三壽 02 可（何）胃（謂）肩（厭）

清華五·三壽 02 可（何）胃（謂）亞（惡）

清華五·三壽 04 敢䛁（問）人可（何）胃（謂）長

清華五·三壽 04 可（何）胃（謂）𤯌（險）

清華五·三壽 04 可（何）胃（謂）肩（厭）

清華五·三壽 04 可（何）胃（謂）亞（惡）

清華五·三壽 06 可（何）胃（謂）長

清華五·三壽 06 可（何）胃（謂）𤯌（險）

清華五·三壽 06 可（何）胃（謂）肩（厭）

清華五·三壽 06 可（何）胃（謂）亞（惡）

清華五·三壽 13 可（何）胃（謂）恙（祥）

清華五·三壽 13 可（何）胃（謂）義

清華五·三壽 13 可（何）胃（謂）悳（德）

清華五·三壽 13 可（何）胃（謂）音

清華五·三壽 13 可（何）胃（謂）訫（仁）

清華五·三壽 13 可（何）胃（謂）惡（聖）

清華五·三壽 13 可（何）胃（謂）智（知）

清華五·三壽 13 可（何）胃（謂）利

清華五·三壽 13 可（何）胃（謂）信

清華六·孺子 05 亓（其）可（何）不寶（保）

清華六·孺子 05 丌(其)可(何)不述(遂)

清華六·孺子 18 虗(吾)先君之悥(憂)可(何)

清華六·管仲 01 女(如)可(何)

清華六·管仲 01 孚(學)於(烏)可以巳(已)

清華六·管仲 02 孚(學)於(烏)可以巳(已)

清華六·管仲 03 丌(其)從人之道可旻(得)聶(聞)虎(乎)

清華六·管仲 06 埶(設)承女(如)之可(何)

清華六·管仲 06 立楀(輔)女(如)之可(何)

清華六·管仲 06 可埶(設)於承

清華六·管仲 07 可立於楀(輔)

清華六·管仲 10 敢聶(問)𦵔(前)文句(后)爲之女(如)可(何)

清華六·管仲 12 敢聶(問)可(何)以埶成

清華六·管仲 14 毒(前)又(有)道之君可(何)以鎵(保)邦

清華六·管仲 16 管(孰)可以爲君

清華六·管仲 16 管(孰)不可以爲君

清華六·管仲 17 湯可以爲君

清華六·管仲 18 可以爲君才(哉)

清華六·管仲 20 不可以爲君才(哉)

清華六·管仲 22 可以爲君才(哉)

清華六·管仲 23 不可以爲君才(哉)

清華六·管仲 24 今夫年(佞)者之利熨(氣)亦可旻(得)而罍

(聞)虎(乎)

清華六·子儀 04 則可(何)爲

清華六·子儀 04 而不可

清華六·子儀05 袘=(遲遲)可(兮)

清華六·子儀05 媯=(委委)可(兮)

清華六·子儀06 漳水可(兮)遠瞪(望)

清華六·子儀06 开(汧)可(兮)非=(霏霏)

清華六·子儀06 渭可(兮)滔=(滔滔)

清華六·子儀06 楊酉(柳)可(兮)依=(依依)

清華六·子儀08 鳥飛可(兮)童(憧)永

清華六·子儀08 余可(何)矰以邀(就)之

清華六·子儀08 遠人可(何)麗

清華六·子儀08 弨(強)弓可縵(挽)

清華六·子儀09 莫迲(往)可(兮)

清華六·子儀09 昔之禮(臘)可(兮)余不與

清華六·子儀 10 飤（奪）之練（績）可（兮）而勪（奮）之

清華六·子儀 10 虐（吾）可（何）以祭稷

清華六·子儀 11 可（何）爭而不好

清華六·子儀 17 歸女（汝）亓（其）可（何）言

清華六·子產 03 子產所旨（嗜）欲不可智（知）

清華六·子產 12 才（在）大可舊（久）

清華六·子產 12 才（在）少（小）可大

清華六·子產 19 民亡可事

清華六·子產 20 可以自分

清華六·子產 27 可用而不勪（遇）大或（國）

清華七·子犯 11 莫可䎽（聞）

清華七·子犯 13 用凡君所䎽（問）莫可䎽（聞）

清華七·趙簡子 04 虐(吾)子䍃(將)不可以不戒巳(已)

清華七·趙簡子 07 亓(其)所繇(由)豊(禮)可䏧(聞)也

清華七·越公 13 敳(豈)甬(庸)可(何)智(知)自旻(得)

清華七·越公 45 不可

清華七·越公 57 可返(復)弗返(復)

清華七·越公 73 亓(其)與幾可(何)

清華八·攝命 01 余亦叀窮亡可事(使)

清華八·邦政 11 可(何)厚

清華八·邦政 11 可(何)塼(薄)

清華八·邦政 11 可(何)燅(滅)

清華八·邦政 11 可(何)璋(彰)

清華八·邦道 03 可(何)慈(寵)於貴

清華八·邦道03 可（何）慇（羞）於倿（賤）

清華八·邦道03 可以駁（馭）衆

清華八·邦道05 古（故）鬯（興）不可以幸

清華八·邦道05 則可（何）或（有）蒜（益）

清華八·邦道11 則請（情）可智（知）

清華八·邦道16 不可不訒（慎）

清華八·邦道17 以可士興

清華八·邦道17 以可士堋（崩）

清華八·邦道17 女（如）可

清華八·邦道18 則可以智（知）之

清華八·邦道18 皮（彼）智（知）上之請（情）之不可以幸

清華八·邦道23 皮（彼）上有所可感

清華八·邦道 23 有所可悥(喜)

 清華八·邦道 23 可感弗感

 清華八·邦道 23 可悥(喜)弗悥(喜)

清華八·邦道 24 可感乃感

清華八·邦道 24 可悥(喜)乃悥(喜)

 清華八·八氣 02 不可以禹(稱)火

～，與可(上博一·孔4)、可(上博一·性8)、可(上博二·民1)、可(上博四·曹19)同。《説文·可部》："可，肎也。从口，丂，丂亦聲。凡可之屬皆从可。"

清華一·尹誥 03"虐可复于民"，讀爲"吾何作于民"，對民我要幹些什麼。

清華一·程寤 04"可敬非朋，可戒非商"，讀爲"何警非朋，何戒非商"，意爲以朋比爲警，以殷商爲戒。句例參看《書·吕刑》"何擇非人，何敬非刑，何度非及"，《逸周書》多有類似句式。或説"何……非……"，要……什麽呢？不是……嗎？簡文意爲要警惕什麼呢？不是朋比的小人嗎？要戒慎什麼呢？不是殷商嗎？

清華一·程寤 05、08、09"可(何)……非……"，參上。

清華一·金滕 01"未可以感(戚)虐(吾)先王"，今本《書·金滕》："未可以戚我先王。"鄭玄注："未可憂怖我先王也。"

清華二·繫年 050"未可奉承也"，不能奉之爲君。

清華二·繫年 051、052"可"，讀爲"何"，什麽。

清華三·琴舞 05"惪元佳可",讀爲"德元惟何",德之首怎樣?

清華三·芮良夫 16"可",宜也。或讀爲"何"。(王坤鵬)

清華三·芮良夫 19"亦不可聾(壞)",《左傳·定公元年》:"天之所壞,不可支也。"《國語·周語下》記衛彪傒見單穆公時云:"《周詩》有之曰:'天之所支,不可壞也。其所壞,亦不可支也。'"

清華三·赤鵠 09"不可墅于筥",讀爲"不可極于席",意云不能安卧於席。

清華五·厚父 08"勿可",不可,不能。

清華五·湯丘 02,清華六·管仲 16、17、18、22,清華六·子產 20,清華八·邦道 03"可以",表示可能或能夠。《詩·陳風·衡門》:"衡門之下,可以棲遲。"《孟子·梁惠王上》:"五畝之宅,樹之以桑,五十者可以衣帛矣。"

清華五·湯丘 03"可",可以。

清華五·湯丘 12"可若",讀爲"何若",如何,怎樣,用於詢問。《晏子春秋·問上十八》:"景公問晏子曰:'明王之教民何若?'"《管子·問篇》:"今其事之久留也,何若。"尹知章注:"今乃久留其事,將如之何?"

清華五·湯丘 15,清華五·帝門 02、05、21,清華六·子儀 10,清華六·管仲 12、14"可以",讀爲"何以",即"以何",用什麼,怎麼。《詩·召南·行露》:"誰謂雀無角?何以穿我屋。"

清華五·三壽"可胃",讀爲"何謂",什麼叫作,什麼是。《孟子·公孫丑上》:"敢問何謂浩然之氣?"宋玉《高唐賦》:"王曰:'何謂朝雲?'"

清華三·赤鵠 07、11,清華六·管仲 01、10"女可",讀爲"如何",怎樣,怎麼辦。《書·堯典》:"帝曰:'俞,予聞,如何?'"

清華六·管仲 06"女之可",讀爲"如之何",即"如何"。

清華六·管仲 03、24"可旻鼁虎",讀爲"可得聞乎"。《韓非子·十過》:"公曰:'清徵可得而聞乎?'"

清華六·子儀 04"可爲",讀爲"何爲",爲什麼,何故。《國語·魯語下》:"今王死,其名未改,其衆未敗,何爲還?"《顔氏家訓·歸心》:"江河百谷,從何處生?東流到海,何爲不溢?"

清華六·子儀 05、06、08、09、10"可",讀爲"兮"。"可""兮"皆从"丂"得聲,故可相通。《老子》"淵兮似萬物之宗""荒兮其未央哉""儽儽兮若無所歸""寂兮寥兮"等諸"兮"字,馬王堆帛書本皆作"呵";《書·秦誓》"斷斷猗",《禮記·大學》引作"斷斷兮";《詩·魏風·伐檀》"河水清且漣猗",漢石經"猗"作"兮"。《説文》:"兮,語所稽也。""兮"作爲語氣詞,或在句中表停頓,或在句末,歌詠時起舒緩遲延作用,相當於"啊"。

清華七·越公 13"甬可",讀作"庸何"。《左傳·文公十八年》:"人奪女妻而不怒,一挾女,庸何傷?"王引之《經義述聞·春秋左傳中》:"庸亦何也。"《國語·魯語下》:"醉而怒,醒而喜,庸何傷?君其入也!"(黃傑)

清華八·邦道 16"不可不鵋",讀爲"不可不慎",不能不慎。

清華八·邦道 17"女(如)可",如果考核合適。

清華六·管仲 16、20、23,清華七·趙簡子 04,清華八·八氣 02,清華八·邦道 18"不可以",不能夠。

清華七·子犯 11、13"莫可",不可,不能。

清華"不可",不可以,不可能。《公羊傳·文公九年》:"緣民臣之心,不可一日無君;緣終始之義,一年不二君。"

訶(歌)

清華一·耆夜 03 复(作)訶(歌)一終

清華一·耆夜 05 复(作)訶(歌)一終

清華一·耆夜 06 复(作)訶(歌)一終

清華一·耆夜 10 [周]公复(作)訶(歌)一終

清華二·繫年 094 齊臧(莊)公涉河襲(襲)朝訶(歌)

清華二·繫年 095 以返(復)朝訶(歌)之自(師)

清華六·子儀 07 乃命陞(昇)盞(琴)訶(歌)於子義(儀)

清華七·越公55及風音誦詩詞(歌)諺(謠)

～，从"言"，"可"聲，"歌"之專字。與䛱(上博五·弟20)同。與《說文·言部》"訶"(大言而怒也。从言，可聲)非一字。《說文·欠部》："歌，詠也。从欠，哥聲。，謌或从言。"

清華一·耆夜03、05、06、10"复詞一終"，即作歌一終。《呂氏春秋·音初》："有娀氏有二佚女……二女作歌一終，曰《燕燕往飛》。"古時的詩都可入樂，演奏一次叫作"一終"。"作歌"，謂作歌詞而詠唱。《書·益稷》："帝庸作歌曰：'勑天之命，惟時惟幾。'"《漢書·西域傳下》："公主悲愁，自爲作歌曰：'吾家嫁我兮天一方，遠託異國兮烏孫王。'"

清華二·繫年094、095"朝詞"，即"朝歌"，地名。《左傳·襄公二十三年》："齊侯遂伐晉，取朝歌……以報平陰之役。"杜預注："朝歌，今屬汲郡。"

清華六·子儀07"詞"，即"歌"，歌唱。《易·中孚》："或鼓或罷，或泣或歌。"《史記·張釋之馮唐列傳》："使慎夫人鼓瑟，上自倚瑟而歌。"

清華七·越公55"詞諺"，即"歌謠"，以合樂爲歌，徒歌爲謠。《詩·魏風·園有桃》："心之憂矣，我歌且謠。"毛傳："曲合樂曰歌，徒歌曰謠。"

何

清華八·心中01返(復)何若倞(諒)

《說文·人部》："何，儋也。从人，可聲。"

清華八·心中01"何若"，何以，用什麼，怎麼。《詩·召南·行露》："誰謂雀無角？何以穿我屋。"簡文"復何若諒"，又怎麼誠信。

奇

清華六·子儀04乃張大侯於東奇之外

～，與𠋫(上博八·子4)同。《說文·可部》："奇，異也。一曰不耦。从大,从可。"段注:"會意。可亦聲。"

清華六·子儀04"東奇",地名,當爲"杏會"某處。

迹

    清華六·子儀18見敌舲迹(掎)淒(濟)

~,从"辵","奇"聲,"掎"字異體。

清華六·子儀18"迹",即"掎"。《說文·彳部》:"掎,舉脛有渡也。"指放在水中用以過河的石頭或渡橋。

查

    清華八·處位02 史(使)人甬(用)查(倚)典政

    清華八·處位03 均崎(踦)政宝(主)

~,从"止","奇"聲,"踦"字異體。

清華八·處位02"查",即"踦"字,讀爲"倚"。《說文·人部》:"依也。"

清華八·處位03"崎",即"踦",偏重。《韓非子·亡徵》:"夫兩堯不能相王,兩桀不能相亡,亡王之機,必其治亂、其強弱相踦者也。"陳奇猷《集釋》:"踦有偏重一邊之意。"

椅

    清華三·芮良夫10 或因斬椅(柯)

《說文·木部》:"椅,梓也。从木,奇聲。"

清華三·芮良夫10"斬椅",讀爲"斬柯",伐柯。參《詩·豳風·伐柯》:"伐柯伐柯,其則不遠。""斬""伐"同義換用。

謌

　　清華六·子儀 05 謌（歌）曰

　　清華六·子儀 06 和謌（歌）曰

～，从"克"，"可"聲。

清華六·子儀 05、06"謌"，讀爲"歌"，歌唱。《易·中孚》："或鼓或罷，或泣或歌。"《史記·張釋之馮唐列傳》："使慎夫人鼓瑟，上自倚瑟而歌。"

蚵

清華三·赤鵠 09 是思（使）句（后）之身蚵（疴）蓋

清華八·邦政 04 亓（其）政坪（平）而不蚵（苛）

清華八·邦政 09 亓（其）政蚵（苛）而不達

清華八·心中 05 蚵（苛）疾才（在）畏（鬼）

～，與 𧌒（上博二·容 19）、𧍙（上博六·競 6）同，从"蚰"，"可"聲，"蚵"字異體。

清華三·赤鵠 09"蚵"，讀爲"疴"。《説文·疒部》："疴，病也。"《廣雅·釋詁》："蓋，痛也。""疴蓋"，病痛。上博二·容 33、上博六·競 6"蚵匿"，讀爲"苛慝"，暴虐邪惡。《左傳·昭公十三年》："苛慝不作，盜賊伏隱，私欲不違，民無怨心。"

清華八·邦政 04、09"蚵"，讀爲"苛"，煩瑣。《史記·韓長孺列傳》："今太后以小節苛禮責望梁王。"《禮記·檀弓下》："曰：'無苛政。'夫子曰：'小子識之,苛政猛於虎也。'"《文子·精誠》:"夫水濁者魚噞,政苛者民亂。"

清華八·心中 05 "蠱疾",讀爲"苛疾",猶疾病。《管子·小問》:"除君苛疾,與若之多虛而少實。"尹知章注:"若,似也。謂君之材能多似有而非實,如此者,亦祝去之也。"《吕氏春秋·審分》:"凡人主必審分,然後治可以至,姦僞邪辟之塗可以息,惡氣苛疾無自至。"高誘注:"自,從也。君德合則祥瑞應,故苛疾無從來至也。"

河

清華一·保訓 08 昔散（微）叚（假）中于河

清華一·保訓 08 廼（乃）追（歸）中于河

清華二·繫年 020 壅（衛）人乃東涉河

清華二·繫年 021 翟人或（又）涉河

清華二·繫年 034 囟（使）君涉河

清華二·繫年 055 衛（率）自（師）爲河曲之戠（戰）

清華二·繫年 065 述（遂）敗晉自（師）于河

清華二·繫年 076 連尹戠（止）於河澭

清華二·繫年 094 齊臧（莊）公涉河龔（襲）朝訶（歌）

清華六·子儀 11 辟(譬)之女(如)兩犬繎(延)河致(啜)而㬻(猒)

 清華七·晉文公 08 九年大旻(得)河東之者(諸)侯

 清華七·趙簡子 09 以絧(治)河淒(濟)之閛(間)之閽(亂)

～，與 河（上博一·孔 29）、河（上博二·容 24）、河（上博六·木 3）同。《説文·水部》："河，水。出燉煌塞外昆侖山，發原注海。从水，可聲。"

清華一·保訓 08"河"，河伯。

清華二·繫年 020、021、034、094"涉河"，渡河。《詩·鄘風·定之方中》序："衛爲狄所滅，東徙渡河，野處漕邑。齊桓公攘戎狄而封之。文公徙居楚丘，始建城市而營宮室，得其時制，百姓説之，國家殷富焉。"

清華二·繫年 055"河曲"，晉地，今山西永濟南。《春秋·文公十二年》："冬十有二月戊午，晉人、秦人戰于河曲。"

清華二·繫年 065"述(遂)敗晉自(師)于河"，《史記·十二諸侯年表》晉景公三年"救鄭，爲楚所敗河上"，疑簡文"河"下應補"上"字。

清華二·繫年 076"河灘"，即"河雝"，地名。"河灘"就是《左傳·宣公十二年》"及昏，楚師軍於邲"之"邲"，指的是狼湯渠與濟水分流之前的區域。《爾雅·釋水》"水自河出爲灘"，邵晉涵《正義》："楚莊王之河雝，是莨蕩渠初出之灘也。"（吳良寶）《韓非子·喻老》："楚莊王既勝，狩于河雝，歸而賞孫叔敖。"《淮南子·人間》："昔者楚莊王既勝晉於河雝之間，歸而封孫叔敖。"許慎注："莊王敗晉荀林父之師於邲。邲，河雝地也。"

清華七·晉文公 08"河東"，黃河流經山西省境，自北而南，故稱山西省境內黃河以東的地區爲"河東"。《左傳·僖公十五年》："於是秦始征晉河東，置官司焉。"《孟子·梁惠王上》："河內凶，則移其民於河東，移其粟於河內。河東凶亦然。"趙岐注："魏舊在河東，後爲強國兼得河內也。"

清華七·趙簡子 09"河淒"，讀爲"河濟"，亦作"河泲"。黃河與濟水的並稱。《周禮·夏官·職方氏》："河東曰兗州……其川河、泲。"《史記·孫子吳起列傳》:"夏桀之居,左河濟,右泰華。"

疑紐我聲

我

 清華一·尹至 01 我遱(來)趆(越)今昀=(旬日)

 清華一·尹至 03 隹(惟)我棘(速)禍(禍)

 清華一·尹至 04 女(汝)告我顕(夏)𨘗(隱)衒(率)若寺

 清華一·尹誥 02 我戡(翦)泧(滅)顕(夏)

 清華一·尹誥 02 我克𠟭(協)我𠬝(友)

 清華一·尹誥 02 我𠬝(友)

 清華一·尹誥 03 卑(俾)我眾勿韋(違)朕言

 清華一·耆夜 07 我惡(憂)以㱃

 清華一·金縢 01 我亓(其)爲王穆卜

 清華一·金縢 05 尔(爾)之卸(許)我

清華一·金縢 05 尔（爾）不我訐（許）

  清華一·金縢 05 我乃以璧與珪逯（歸）

  清華一·金縢 07 我之□

  清華一·金縢 11 公命我勿敢言

  清華一·金縢 12 我邦豪（家）豊（禮）亦宜之

  清華一·皇門 02 今我卑（譬）少（小）于大

  清華一·皇門 02 我酭（聞）昔才（在）二又（有）或（國）之折（哲）王

  清華一·皇門 08 我王訪良言於是人

  清華一·祭公 01 我酭（聞）且（祖）不余（豫）又（有）㠯（遲）

  清華一·祭公 02 公亓（其）告我歸（懿）悳（德）

  清華一·祭公 05 我亦隹（惟）又（有）若且（祖）周公概（暨）且（祖）卲（召）公

清華一·祭公 07 我亦隹(惟)又(有)若且(祖)櫅(祭)公

清華一·祭公 11 隹(惟)天奠我文王之志

清華一·祭公 12 我亦走(上)下卑于文武之受命

清華一·祭公 13 隹(惟)我逡(後)嗣

清華一·祭公 19 我亦不以我辟歡(陷)于戁(難)

清華一·祭公 19 我亦不以我辟歡(陷)于戁(難)

清華一·祭公 19 我亦隹(惟)以悤(湛)我厷(世)

清華一·祭公 19 我亦隹(惟)以悤(湛)我厷(世)

清華一·祭公 21 維我周又(有)裳(常)型(刑)

清華二·繫年 025 君壼(來)伐我

清華二·繫年 033 我句(苟)果内(入)

清華二·繫年 046 我既旻(得)奠(鄭)之門筦(管)也

清華二·繫年052 我莫命卲（招）之

清華三·說命上04 我亓（其）殺之

清華三·說命上04 我亓（其）已

清華三·說命中03 故（古）我先王洀（滅）頣（夏）

清華三·說命下07 上下罔不我義（儀）

清華三·說命下09 弋（式）隹（惠）參（三）悳（德）賜我

清華三·赤鵠01 我亓（其）䬮（享）之

清華三·赤鵠02 嘗我於而（尔）盨（羹）

清華三·赤鵠03 句（后）亓（其）[殺]我

清華三·赤鵠03 尔（爾）不我嘗

清華三·赤鵠10 我天𥬱（巫）

清華三·赤鵠11 我智（知）之

清華三·芮良夫25 我之不言

清華三·芮良夫25 我亓(其)言矣

清華三·芮良夫26 我心不快

清華三·芮良夫27 莫我或聖(聽)

清華三·芮良夫28 我之不□

清華三·琴舞03 訖(遹)我佴(夙)夜不兔(逸)

清華三·琴舞16 訖(遹)我敬之

清華三·祝辭02 茲我經(贏)

清華五·湯丘08 女(如)我弗見

清華五·湯丘09 夫人母(毋)以我爲訇(怠)於亓(其)事虎(乎)

清華五·湯丘09 我訇(怠)於亓(其)事

清華五·湯丘14 咠(淑)慈我民

清華五·三壽 08 句(苟)我與尔(爾)相念相思(謀)

清華五·三壽 08 我思天風

清華五·三壽 23 我酋(寅)晨共(降)萃(在)九尾(宅)

清華六·子產 18 句(苟)我固善

清華六·子產 18 不我能礜(亂)

清華六·子產 18 我是亢(荒)勻(怠)

清華六·子儀 17 不敦(穀)欲裕我亡反副(復)

清華六·子儀 17 尚耑(端)項賠(瞻)遊目以眚我秦邦

清華七·子犯 03 誠我宔(主)古(故)弗秉

清華七·子犯 10 必尚(當)語我才(哉)

清華七·越公 12 右我先王

清華七·越公 13 今我道迖(路)攸(修)嶒(險)

清華七·越公19 孤用衒（率）我壹弌子弟

 清華八·攝命02 甚余我邦之若否

 清華八·攝命07 亦斯欽我御事

 清華八·攝命08 我非易

 清華八·攝命11 弗猝（功）我一人才（在）立（位）

 清華八·攝命16 勿教人惪（德）我

 清華八·攝命26 我少（小）人隹（唯）由

 清華八·攝命28 隹（唯）我鮮

 清華八·攝命31 弗爲我一人貦（羞）

～，與 （上博一·緇10）、（上博三·周45）、（上博四·采1）、（上博四·柬13）、（上博八·志3）同。《說文·我部》："我，施身自謂也。或說我，頃頓也。从戈从乎。乎，或說古垂字。一曰古殺字。凡我之屬皆从我。𢦠，古文我。"何琳儀認爲"我"，从戈，戈亦聲。（魏宜輝）

　　清華一·尹至01"我"，指伊尹。
　　清華一·尹至03"我"，我們。

清華一·尹至04"女（汝）告我覿（夏）瞕（隱）衔（率）若寺"，《吕氏春秋·慎大》："湯謂伊尹曰：'若告我曠夏盡如詩。'"

清華一·尹誥02"我"，指伊尹。

清華一·尹誥03"我"，指商湯。

清華一·耆夜07"我"，指周公。

清華一·金縢01"我亓（其）爲王穆卜"，指代二公，《史記·魯世家》以爲太公、召公。

清華一·金縢11"我"，指執事人。

清華一·皇門02"我"，指周公。

清華一·祭公01、02、05"我"，指穆王。

清華一·祭公12、13"我"，我們。

清華一·祭公19"我"，指祭公。

清華一·祭公21"我周"，我周朝。

清華二·繫年025"我"，指息侯。

清華二·繫年033"我"，指惠公。

清華二·繫年046"我"，指秦之成人。

清華二·繫年052"我"，指大夫。

清華三·説命上04"我"，指失仲。

清華三·説命中03"我"，指武丁。

清華三·説命下09"我"，指大戊。

清華三·赤鵠01"我"，指商湯。

清華三·赤鵠02、03"我"，指湯句（后）妻紝巟。

清華三·赤鵠03、10、11"我"，指小臣伊尹。

清華三·芮良夫25、26、27、28"我"，指芮良夫。

清華三·琴舞03"我"，指周成王。

清華五·湯丘08、09"我"，指商湯。

清華五·三壽08"我"，指高宗。

清華五·三壽23"我"，指彭祖。

清華七·子犯03"我"，指子犯。

清華七·越公12、13"我"，指吴王。

清華八·攝命11、31"我一人"，相當於"余一人"。

清華"我"，代詞，稱自己，或我們，我們的。《詩·小雅·采薇》："昔我往矣，楊柳依依；今我來思，雨雪霏霏。"《國語·周語中》："我周之東遷，晉鄭是依。"

義

清華一·程寤 07 隹（惟）杍（梓）幣不義

清華一·楚居 06 畲（熊）噩（咢）及若嚻（敖）畲（熊）義（儀）

清華一·楚居 07 若嚻（敖）畲（熊）義（儀）遟（徙）居箸（郢）

清華二·繫年 040 戠（止）繡（申）公子義（儀）以歸

清華二·繫年 048 女（焉）縈（脱）繡（申）公義（儀）

清華二·繫年 085 鄭人戠（止）芸（鄖）公義（儀）

清華三·琴舞 06 不易畏（威）義（儀）

清華三·琴舞 14 畏（威）義（儀）諡＝（業業）

清華三·説命下 08 上下罔不我義（儀）

清華三·芮良夫 22（殘）亓（其）惪（德）型（刑）義（宜）利

清華六·子產 25 行以忩（尊）命（令）裕義（儀）

清華五·命訓 02 夫司息(德)司義

清華五·命訓 02 女(如)不居而丂(守)義

清華五·命訓 02 或司不義而墜(降)之禞(禍)

清華五·湯丘 07 今少(小)臣能廛(展)章(彰)百義

清華五·䣙門 13 息(德)濬明執訐(信)以義成

清華五·三壽 13 可(何)胃(謂)義

清華五·三壽 16 寺(是)名曰義

清華五·三壽 17 䦤(宣)義(儀)和藥(樂)

清華六·子儀 03 以視楚子義(儀)於杏會

清華六·子儀 03 義(儀)父

清華六·子儀 05 豊(禮)子義(儀)亡(舞)

清華六·子儀 07 乃命陞(昇)盉(琴)訶(歌)於子義(儀)

清華六·子儀 10 公遷(送)子義(儀)

清華六·子儀 10 義(儀)父

清華六·子儀 13 義(儀)父

清華六·子儀 14 子義(儀)曰

清華六·子儀 16 義(儀)父

清華六·子儀 17 義(儀)父

清華六·子儀 17 子義(儀)曰

清華五·厚父 13 民亦隹(惟)酉(酒)甬(用)敓(敗)鬼(威)義(儀)

清華八·攝命 17 鮮隹(唯)楚(胥)學于威義(儀)悳(德)

清華八·攝命 19 隹(唯)龏(恭)威義(儀)

清華八·攝命 26 亦義若寺(時)

～,與 (上博一·緇 23)、(上博五·姑 7)、(上博五·君 2)、(上博六·天乙6)同。《說文·我部》："義，己之威儀也。从我羊。䒾，《墨翟書》義从弗。魏郡有䒾陽鄉，讀若錡。今屬鄴，本内黄北二十里。"

清華一·程寤07"不義"，或讀爲"不宜"，屬下讀。

清華一·楚居06、07"酓義"，讀爲"熊儀"。《史記·楚世家》："熊徇卒，子熊咢立。熊咢九年，卒，子熊儀立，是爲若敖……二十七年，若敖卒。"

清華二·繫年040"繡公子義"，讀爲"申公子儀"，又名鬬克。《左傳·僖公二十五年》："秋，秦、晉伐鄀。楚鬬克、屈禦寇以申、息之師戍商密……圍商密……秦師囚申公子儀、息公子邊以歸。"杜預注："鬬克，申公子儀。屈禦寇，息公子邊。"繫年48又稱"繡(申)公義(儀)"。

清華二·繫年085"芸公義"，讀爲"鄖公儀"。《左傳·成公七年》："鄭共仲、侯羽軍楚師，囚鄖公鍾儀，獻諸晉……晉人以鍾儀歸，囚諸軍府。"

清華三·琴舞06、14，清華五·厚父13"畏義"，清華八·攝命17、19"威義"，均讀爲"威儀"，莊重的儀容舉止。《書·顧命》："思夫人自亂于威儀。"孔傳："有威可畏，有儀可象。"《漢書·薛宣傳》："宣爲人好威儀，進止雍容，甚可觀也。"

清華三·説命下08"義"，讀爲"儀"。《爾雅·釋詁》："儀，善也。"

清華三·芮良夫22"亓惪型義利"，讀爲"其德刑宜利"。《左傳·僖公七年》："夫諸侯之會，其德刑禮義，無國不記。"《漢書·蕭望之傳》："民函陰陽之氣，有好義欲利之心，在教化之所助。"

清華六·子産25"義"，讀爲"儀"。《國語·周語下》："度之於軌儀。"韋昭注："儀，法也。"簡文"裕儀"，法律寬緩。

清華五·命訓02"夫司悳(德)司義"，今本《逸周書·命訓》作"夫司德司義，而賜之福禄"。

清華五·命訓02"或司不義而墬(降)之禍(禍)"，今本《逸周書·命訓》作"夫或司不義，而降之禍；在人，能無懲乎？若懲而悔過，則度至于極"。

清華五·命訓02"𠂤義"，讀爲"守義"，堅守道義。《史記·蒙恬列傳》："今臣將兵三十餘萬，身雖囚繫，其勢足以倍畔，然自知必死而守義者，不敢辱先人之教，以不忘先主也。"或隸作"𦮙義"，讀爲"重義"。

清華五·湯丘07"百義"，各種善行。《詩·大雅·文王》："宣昭義問，有虞殷自天。"毛傳："義，善。"

清華五·啻門13"義"，仁義。《孟子·公孫丑上》："其爲氣也，配義與道。"趙岐注:"義謂仁義,可以立德之本也。"《禮記·曲禮上》:"道德仁義,非禮不成。"

清華五·三壽 13、16"可胃義",讀爲"何謂義"。《禮記·經解》:"除去天地之害,謂之義。"孔穎達疏:"義,宜也。天地無害於物,有宜故爲義。天地害者,謂水旱之等及疫癘之屬,及天地之内有惡事害人,皆名天地之害也。"

清華五·三壽 17"義",讀爲"儀",訓法。《説文·人部》:"儀,度也。"《墨子·天志中》:"置此以爲法,立此以爲儀,將以量度天下之王公大人卿大夫之仁與不仁,譬之猶分黑白也。"

清華六·子儀"子義",讀爲"子儀",申公子儀,又名鬭克。參上。

清華六·子儀"義父",讀爲"儀父",申公子儀。

疑紐宜聲

宜

清華一·金縢 12 我邦豪(家)豊(禮)亦宜之

清華二·繫年 116 墩(奪)宜昜(陽)

清華三·良臣 03 又(有)柬(散)宜生

清華六·管仲 17 必哉於宜(義)

清華六·管仲 19 亓(其)言亡(無)宜(義)

清華六·管仲 21 好宜(義)秉惪(德)

清華八·虞夏 02 教民以宜（儀）

　清華八·邦道 20 古（故）民宜陞（地）斁（舉）賄（貨）

～，與 ☗（上博三·亙 7）、☗（上博四·曹 28）同。《說文·宀部》："宜，所安也。从宀之下，一之上，多省聲。☗，古文宜。☗，亦古文宜。"

清華一·金縢 12"我邦豪（家）豐（禮）亦宜之"，今本《書·金縢》："今天動威，以彰周公之德，惟朕小子其新逆，我國家禮亦宜之。"曾運乾《正讀》："襃德報功，尊尊親親，禮所宜也。""宜"，合適，適當，適宜。

清華二·繫年 116"宜昜"，讀爲"宜陽"，韓地，在今河南宜陽西。

清華三·良臣 03"朿宜生"，讀爲"散宜生"，人名。

清華六·管仲 17、19"宜"，讀爲"義"。

清華六·管仲 21"好宜秉悳"，讀爲"好義秉德"。《論語·顏淵》："夫達也者，質直而好義，察言而觀色，慮以下人。"

清華八·虞夏 02"宜"，讀爲"儀"，儀式，禮節。《左傳·昭公五年》："是儀也，不可謂禮。禮所以守其國，行其政令，無失其民者也。"

清華八·邦道 20"宜陞"，即"宜地"，使土地合宜。

端紐多聲

多

　清華一·程寤 07 妥（綏）用多福

　清華一·保訓 01 王念日之多曆（歷）

　　　清華一·保訓 05 不諱（違）于庶萬眚（姓）之多欲

清華一·金縢 04 多忢（才）多埶（藝）

清華一·金縢 04 多埶（藝）

清華一·皇門 04 多憲（憲）正（政）命

清華一·皇門 06 軍用多實

清華一·祭公 01 余多寺叚（假）懲

清華一·楚居 06 至酓（熊）繹（繹）自旁屽遟（徙）居喬多

清華一·楚居 06 皆居喬多

清華二·繫年 117 多云（棄）幃（旆）莫（幕）

清華二·繫年 136 楚邦以多亡城

清華三·說命中 06 甬（用）隹（惟）多惪（德）

清華三·琴舞 01 周公叀（作）多士敬（儆）怭（毖）

清華三·琴舞 09 天多隆（降）惪（德）

清華三·琴舞 09 者(諸)尔(爾)多子

清華三·琴舞 13 秌(咨)尔(爾)多子

清華三·芮良夫 13 先君以多祬(功)

清華三·芮良夫 26 民多勤(艱)懇(難)

清華五·命訓 09 亟(極)罰則民多虐(詐)

清華五·命訓 11 罰莫大於多虐(詐)

清華五·啻門 05 可(何)多以長

清華六·管仲 12 女(焉)智(知)少多

清華六·子產 08 多難惢(近)亡

清華六·子儀 13 溋(嬴)氏多絲〈絲〉緒而不緟(續)

清華七·越公 32 乃以管(熟)飤(食)盬(脂)鹽(醢)脀(脯)肫(羹)多從

清華七·越公36 雩(越)邦乃大多飤(食)

清華七·越公37 雩(越)邦備(服)蓐(農)多食

清華七·越公49 東尸(夷)、西尸(夷)、古蔑、句虖(吳)四方之民乃皆䎽(聞)雩(越)陞(地)之多飤(食)

清華七·越公49 雩(越)陞(地)乃大多人

清華七·越公50 多人

清華七·越公51 多兵亡(無)兵者

清華七·越公51 隹(唯)多兵

清華七·越公52 雩(越)邦乃大多兵

清華七·越公53 雩(越)邦多兵

清華八·攝命16 母(毋)朋多朋(朋)

清華八·攝命28 人有言多

清華八·攝命30 亡(無)多朕言曰茲

清華八·邦政 08 亓(其)䰩(鬼)神庶多

清華八·邦道 21 則多穜(穀)

清華八·邦道 24 邦獄衆多

清華八·邦道 25 市多喜(臺)

清華八·天下 03 多亓(其)車兵

～,與 ❏(上博五·三 11)、❏(上博一·孔 2)、❏(上博四·曹 62)同。《說文·多部》:"多,重也。从重夕。夕者,相繹也,故爲多。重夕爲多,重日爲疊。凡多之屬皆从多。❏,古文多。"

清華一·程寤 07"妥用多福",讀爲"綏用多福"。寧簠蓋(《集成》04021—04022)"用綏多福"。"多福",多福分,多幸福。《書·畢命》:"予小子永膺多福。"《詩·大雅·文王》:"永言配命,自求多福。"班固《東都賦》:"猗歟緝熙,允懷多福。"

清華一·保訓 01"王念日之多鬲(歷)",大意是文王顧慮年事已高。《國語·吳語》:"伯父多歷年以沒元身。"

清華一·保訓 05"不諱(違)于庶萬眚(姓)之多欲",《呂氏春秋·適威》:"今世之人主,多欲衆之,而不知善,此多其讎也。"

清華一·金縢 04"多㤅多埶",讀爲"多才多藝",亦作"多材多藝",具有多方面的才能和技藝。《書·金縢》:"予仁若考,能多材多藝,能事鬼神。乃元孫不若旦多材多藝,不能事鬼神,乃命于帝庭,敷佑四方。"

清華一·皇門 04"多憲(憲)正(政)命",今本《逸周書·皇門》作"明憲朕命"。

清華一·皇門 06"軍用多實",今本作《逸周書·皇門》"軍用克多",潘振注:"軍用,楨榦芻茭之類。""多實",多軍實。

· 2945 ·

清華一·祭公 01"余多寺叚（假）懲"，今本《逸周書·祭公》作"予多時溥愆"。或讀爲"多是（此）"。（《讀本一》第 249 頁）

清華一·楚居 06"喬多"，地名。

清華三·説命中 06"多悳"，讀爲"多德"。《論衡·語增篇》："世聞'德將毋醉'之言，見聖人有多德之效，則虛增文王以爲千鐘，空益孔子以百觚矣。"

清華三·琴舞 01"多士"，衆士。《書·多士》："爾殷遺多士。"《詩·周頌·清廟》："濟濟多士，秉文之德。"

清華三·琴舞 09"天多隆（降）悳（德）"，《呂氏春秋·季春紀》："行秋令，則天多沈陰，淫雨早降，兵革並起。"

清華三·琴舞 09、13"多子"，《書·洛誥》："予旦以多子越御事，篤前人成烈，答其師，作周孚先。"孔穎達疏："子者，有德之稱，大夫皆稱子，故以多子爲衆卿大夫。"

清華三·芮良夫 13"多江"，讀爲"多功"。《戰國策·秦三》："大夫種事越王，主離困辱，悉忠而不解，主雖亡絕，盡能而不離，多功而不矜，貴富不驕怠。"

清華三·芮良夫 26"民多勤（艱）戁（難）"，《楚辭·離騷》："長太息以掩涕兮，哀民生之多艱。"王逸注："艱，難也，言己自傷所行不合於世，將效彭咸沉身於淵，乃太息長悲，哀念萬民，受命而生，遭遇多難，以隕其身也。申生雉經，子胥沉江，是謂多難也。"

清華五·命訓 11"罰莫大於多虞（詐）"，《管子·小問》："夫牧民不知其疾則民疾，不憂以德則民多怨，懼之以罪則民多詐，止之以力則往者不反，來者驚距。"

清華五·䇂門 05"多"，增多。"何多"，增多什麼。

清華六·管仲 12"少多"，少和多。睡虎地秦墓竹簡《田律》："稼已生後而雨，亦輒言雨少多，所利頃數。"

清華六·子産 08"多難㥈（近）亡"，猶多故，多患難。《禮記·檀弓上》："吾君老矣，子少，國家多難。"孔穎達疏："國家多有危難。"

清華七·越公 36、37、49"多飤（食）""多食"，糧食豐收。

清華七·越公 49、50"多人"，多百姓。

清華七·越公 51、52、53"多兵"，多兵器。

清華八·攝命 16"母厞多厞"，讀爲"毋朋多朋"，不要結交很多朋黨。《書·洛誥》："孺子其朋。"孔傳："少子慎其朋黨。"

清華八·邦政 08"庶多"，許多。

清華八·邦道 24"衆多"，多，許多。《詩·小雅·雨無正序》："雨自上下者也,衆多如雨,而非所以爲政也。"《史記·平原君虞卿列傳》:"且遂聞湯以七十里之地王天下……豈其士卒衆多哉?"

清華八·邦道 25"多臺",讀爲"多臺",很多身份低賤的奴隸。

清華"多",數量大。與少、寡相對。《易·謙》:"君子以裒多益寡,稱物平施。"《詩·邶風·柏舟》:"覯閔既多,受侮不少。"

迻

 清華六·子儀 01 忑(恐)民之大貥(方)迻(移)易

~,與(上博四·柬 12)同。《説文·辵部》:"迻,遷徙也。从辵,多聲。"《玉篇》:"迻,徙也,遷也。今作移。"

清華六·子儀 01"迻易",讀爲"移易",移動改變。《淮南子·氾論》:"去其所害,就其所利,常故不可循,器械不可因也,則先王之法度有移易者矣。"

歃

 清華七·趙簡子 10 是乃歃(侈)巳(已)

 清華七·趙簡子 11 會(儉)之歃(侈)

清華七·趙簡子 11 歃(侈)之會(儉)唐(乎)

~,从"欠","多"聲。

清華七·趙簡子"歃",讀爲"侈",奢侈,浪費。與"儉"相對。《書·畢命》:"怙侈滅義服美于人,驕淫矜侉,將由惡終。"孔傳:"怙恃奢侈以滅德義,服飾過制美於其民。"《韓非子·解老》:"多費之謂侈。"《韓非子·難三》:"齊國方三千里,而桓公以其半自養,是侈於桀、紂也,然而能爲五霸冠者,知侈儉之地也。"

透紐它聲

它

 清華三·赤鵠 07 二黃它（蛇）

 清華三·赤鵠 11 二黃它（蛇）

 清華三·赤鵠 13 殺黃它（蛇）與白兔

 清華三·赤鵠 14 殺二黃它（蛇）與一白兔

 清華四·筮法 57 爲它（蛇）

 清華四·筮法 57 爲它（蛇）

 清華六·管仲 07 它（施）正（政）之道絫（奚）若

 清華六·管仲 13 是古（故）它（施）正（政）命（令）

 清華八·處位 02 還內（入）它（弛）政

～，與 ᔔ（上博二·容 20）、ᔔ（上博五·姑 5）、ᔔ（上博七·吳 8）同。《説文·它部》："它，虫也。从虫而長，象冤曲垂尾形。上古艸居患它，故相問無它乎。凡它之屬皆从它。ᔔ，它或从虫。"

清華三·赤鵠"黄它",即"黄蛇"。《山海經·海外北經》:"博父國在聶耳東,其爲人大,右手操青蛇,左手操黄蛇。"

清華四·筮法 57"它",即"蛇"。《左傳·成公二年》:"丑父寢於轏中,蛇出於其下,以肱擊之,傷而匿之,故不能推車而及。"

清華六·管仲 07、13"它正",讀爲"施政"。《管子·大匡》:"小侯既服,大侯既附,夫如是,則始可以施政矣。"

清華八·處位 02"它政",讀爲"弛政"。《禮記·樂記》"庶民弛政",鄭玄注:"去其紂時苛政也。"

攷

清華一·保訓 05 氒(厥)又(有)攷(施)于上下遠埶(邇)

清華六·管仲 27 然則或攷(弛)或張

清華六·子儀 10 攷(奪)之緀(繢)可(分)而勱(奮)之

～,从"攴","它","它"亦聲。

清華一·保訓 05"攷",讀爲"施"。《論語·爲政》:"施於有政。"包咸注:"施,行也。"

清華六·管仲 27"攷",讀爲"弛",放鬆弓弦。《墨子·三辯》:"今夫子曰:'聖王不爲樂。'此譬之猶馬駕而不稅,弓張而不弛,無乃非有血氣者之所不能至邪!"《禮記·雜記下》:"一張一弛,文武之道也。"鄭玄注:"張弛,以弓弩喻人也。"

清華六·子儀 10"攷",讀爲"奪",强取。《易·繫辭上》:"小人而乘君子之器,盜思奪之矣。"《韓非子·外儲説右下》:"已而啓與友黨攻益而奪之天下,是禹名傳天下於益,而實令啓自取之也。此禹之不及堯、舜明矣。"

墢

　　清華二·繫年116 墢（奪）宜昜（陽）

～，從"土"，"敓"聲。或從"攴"，"坔"聲。

清華二·繫年116"墢"，讀爲"奪"，強奪。《史記·秦本紀》："戎無道，侵奪我岐、豐之地，秦能攻逐戎，即有其地。"

佗

　　清華八·攝命08 乃事亡佗（他）

～，從"亻"，"它"聲。"佗"之異體。"佗"或作 （上博八·李2）。

《説文·人部》："佗，負何也。從人，它聲。"

清華八·攝命08"佗"，即"佗""他"，代詞，其他的。《集韻》："佗，彼之稱。或從也。"《正字通》："佗，與他、它通。"《戰國策·宋衛》："願王博事秦，無有佗計。"

紽

　　清華二·繫年100 䜈（許）公紽出奔晉

　　清華二·繫年101 居䜈（許）公紽於頌（容）城

～，與 （上博五·季6）同，從"力"，"它"聲。包山簡數見，皆作人名用。

清華二·繫年100、101"䜈公紽"，讀爲"許公紽"，人名。

刏

　　清華八·邦道03 幾（豈）或才（在）刏（它）

~,从"刀","它"聲。

清華八·邦道03"刡",讀爲"它",別的,另外的。後多寫作"他"。《易·比》:"有孚盈缶,終來有它吉。"孔穎達疏:"更有他人並來而得吉。"

貤

 清華二·繫年059 貤(奪)亓(其)玉帛

~,从"貝","它"聲。

清華二·繫年059"貤",讀爲"奪",強取。《晏子春秋·內篇諫下》:"而況奪其財而飢之,勞其力而疲之。"

䧳

 清華六·子儀05 䧳=(委委)可(兮)

~,从"它""爲",均是聲符。

清華六·子儀05"䧳=",讀爲"委委"。《詩·鄘風·君子偕老》:"委委佗佗。"孔穎達疏引孫炎曰:"委委,行之美。"

地

 清華二·繫年016 秦中(仲)女(焉)東居周地

 清華一·金縢05 以奠(定)尓(爾)子孫于下墬(地)

 清華三·說命上06 一豕墬(地)审(中)之自行

 清華三·說命中06 乃府(俯)視墬(地)

清華三·赤鵠13 戎（弋）埅（地）斬茇（陵）

清華三·赤鵠14 乃戎（弋）埅（地）

清華五·命訓06 攻（功）埅（地）以利之

清華五·啻門02 可（何）以成埅（地）

清華五·啻門03 幾言成埅（地）

清華五·啻門04 九以成埅（地）

清華五·啻門18 九以成埅（地）

清華五·啻門18 是胃（謂）埅（地）真

清華四·筮法58 四之象爲埅（地）

清華六·管仲27 田埅（地）窒（壙）虛

清華六·子產24 乃悐（逖）天埅（地）

清華六·子產29 天埅（地）

清華七·越公05 交(邀)天堕(地)之福

清華七·越公13 虗(吾)刉(始)後(踐)雩(越)堕(地)以季=(至于)今

清華七·越公48 方和于亓(其)堕(地)

清華七·越公49 乃皆酮(聞)雩(越)堕(地)之多飤(食)

清華七·越公49 雩(越)堕(地)乃大多人

清華七·越公73 民生堕(地)上

清華七·越公75 凡吳土堕(地)民人

清華八·邦道20 古(故)民宜堕(地)毀(舉)賵(貨)

～，或从"土"，"它"聲，與 (郭店·語叢四22)、(郭店·語叢四22)同；或从"阜"、从"土"，"它"聲，與 (上博二·容8)、墬(上博三·彭2)、墬(上博四·曹63)、墬(上博五·競7)、墬(上博五·鮑8)、墬(上博六·用9)同。《説文·土部》："地，元气初分，輕清陽爲天，重濁陰爲地。萬物所陳列也。从土，也聲。墬，籀文地从隊。"

清華二·繫年016"周地"，周朝土地。《戰國策·東周》："韓强與周地，將以疑周於秦，寡人不敢弗受。"

· 2953 ·

清華一·金縢05"以奠(定)尒(爾)子孫于下隍(地)",《書·金縢》:"用能定爾子孫于下地。四方之民罔不祗畏。"孔傳:"言武王用受命帝庭之故,能定先人子孫於天下,四方之民無不敬畏。"《國語·楚語下》:"重寔上天,黎寔下地。"韋昭注:"言重能舉上天,黎能抑下地。""下地",猶下土,天下。

清華三·說命上06"隍宇之自行",即"地中之自行",是倒裝句,即"自地中行",從土地裏面行走。(黃傑)或讀爲"拖"。(白於藍)

清華三·說命中06"乃府視隍",讀爲"乃俯視地"。《後漢書·公孫述傳》:"仰視天,俯視地,觀放麑啜羹,二者孰仁?"

清華三·赤鵠13、14"或隍",讀爲"弋地",以弋掘地。

清華五·命訓06"攻(功)隍(地)以利之",今本《逸周書·命訓》"功地以利之"。潘振云:"昭,明也。度,所以立極者。功地,致功於地。授田里、教樹畜,度之一大端耳。於以利之,所以使人信者也。"

清華四·筮法58,清華五·啇門02、03"隍",即"地",大地。與"天"相對。《易·繫辭下》:"仰則觀象于天,俯則觀法于地。"

清華五·啇門04、18"九以成隍(地)"之"九",九神,地神,又稱地真。

清華五·啇門18"隍真",即"地真",地神,大地之神。《左傳·昭公二十九年》"土正曰后土",孔穎達疏引隋劉炫曰:"天子祭地,祭大地之神也;諸侯不得祭地,使之祭社也;家又不得祭社,使祭中霤也。霤亦地神,所祭小,故變其名。"《周禮·夏官·校人》"凡將事于四海山川",賈公彥疏:"山川,地神。土色黃,故用黃駒也。"

清華六·管仲27"田隍",即"田地",耕種用的土地。《鹽鐵論·未通》:"是以田地日荒,城郭空虛。"《史記·蕭相國世家》:"今君胡不多買田地,賤貰貸以自汙?"

清華六·子產24、29,清華七·越公05"天隍",即"天地",天和地。指自然界或社會。《荀子·天論》:"星隊木鳴,國人皆恐……是天地之變,陰陽之化,物之罕至者也。"《莊子·天地》:"天地雖大,其化均也。"

清華七·越公13"刯後雩隍",讀爲"始踐越地"。《左傳·哀公元年》:"吳王夫差敗越于夫椒,報檇李也。遂入越。"

清華七·越公49"隍",即"地",領土,屬地,地區。《周禮·地官·大司徒》:"諸公之地,封疆方五百里。"

清華七·越公73"隍",即"地",大地。與"天"相對。《說文·土部》:"地,元气初分,輕清陽爲天,重濁陰爲地。萬物所陳列也。"

清華七·越公 75 "土陞",即"土地",田地,土壤。《周禮·地官·小司徒》:"乃經土地,而井牧其田野。"

清華八·邦道 20 "宜陞",即"宜地",使土地合宜。

沱

清華二·繫年 069 高之固至莆沱(池)

清華二·繫年 110 以與夫秦(差)王相見于黃沱(池)

清華二·繫年 115 城黃沱(池)

清華二·繫年 115 衍(率)自(師)回(圍)黃沱(池)

清華二·繫年 116 以返(復)黃沱(池)之自(師)

清華二·繫年 130 奠(鄭)皇子=(子、子)馬、子沱(池)、子垗(封)子衍(率)自(師)以迲楚人

～,與 (上博四·曹 6)同。《説文·水部》:"沱,江別流也。出崏山東,別爲沱。从水,它聲。"

清華二·繫年 069 "莆沱",讀爲"莆池",地名。《左傳·宣公十七年》:"齊侯使高固、晏弱、蔡朝、南郭偃會。及歛盂,高固逃歸。""歛盂",衛地,今河南濮陽縣東南,簡文莆池疑在同地。

清華二·繫年 110、115、116 "黃沱",讀爲"黃池"。《春秋·哀公十三年》:"公會晉侯及吳子于黃池。"楊伯峻注:"黃池當在今河南封丘縣,濟水故道南岸。"春秋初爲衛地,後屬宋。戰國時屢易其主。趙孟庎壺(《集成》09678):"禺(遇)邗王于黃池,爲趙孟庎(介)邗王之惕(賜)金,台(以)爲祠器。"黃池之會詳

駝（馳）

　　清華七・趙簡子 10 駝（馳）馬四百駟

～，與 所從同。《說文・馬部》："馳，大驅也，從馬，也聲。"

清華七・趙簡子 10"駝馬"，即"馳馬"。《韓詩外傳》卷十："晉平公之時，藏寶之臺燒。士大夫聞，皆趨車馳馬救火。三日三夜，乃勝之。"《左傳・昭公十七年》："嗇夫馳，庶人走。"杜預注："車馬曰馳。"《廣韻》："馳，疾驅也。"

透紐妥聲

妥

　　清華一・程寤 07 妥（綏）用多福

　　清華一・祭公 12 亦兇（美）悉（懋）妥（綏）心

～，與 同。段玉裁《說文解字注》："妥，安也。從爪、女，妥與安同意。"

清華一・程寤 07"妥用多福"，讀爲"綏用多福"。寧簋蓋（《集成》04021—04022）"用綏多福"。

清華一・祭公 12"妥"，讀爲"綏"，安，安撫。《書・盤庚上》："天其永我命于兹新邑，紹復先王之大業，底綏四方。"蔡沈《集傳》："天其將永我國家之命於殷，以繼復先王之大業，而致安四方乎？"

定紐也聲

也

清華一·金縢 03 尔(爾)元孫發(發)也

清華一·金縢 03 隹(惟)尔(爾)元孫發(發)也

清華一·金縢 04 不若但(旦)也

清華一·金縢 09 是戠(歲)也

清華二·繫年 027 鄒(蔡)侯智(知)賽(息)侯之誘呂(己)也

清華二·繫年 031 欲亓(其)子瓢(奚)脀(齊)之爲君也

清華二·繫年 050 未可奉承也

清華二·繫年 051 乃命左行瘍(蔑)与(與)陵(隨)會卲(召)襄公之弟癰(雍)也于秦

清華二·繫年 052 而女(焉)牂(將)寘(置)此子也

清華二·繫年 072 齊侯之棶(來)也

清華二·繫年 073 老夫之力也

清華二·繫年 077 亓(其)子墨(黑)要也或(又)室少盉(孟)

清華二·繫年 077 墨(黑)要也死

清華二·繫年 078 氏(是)余受妻也

清華三·祝辭 01 句(侯)茲某也癹(發)陽(揚)

清華三·祝辭 03 㮯(射)戎也

清華三·祝辭 04 㮯(射)禽也

清華三·祝辭 05 㮯(射)音(函)也

清華三·赤鵠 04 亡(無)不見也

清華三·赤鵠 04 亡(無)不見也

清華三·赤鵠 06 是少(小)臣也

清華三·赤鵠 06 不可飤(食)也

清華四·筮法 33 君之立（位）也

清華四·筮法 33 身之立（位）也

清華四·筮法 33 門之立（位）也

清華四·筮法 33 室之立（位）也

清華四·筮法 34 虞（且）相亞（惡）也

清華四·筮法 36 妻之立（位）也

清華四·筮法 36 臣之立（位）也

清華四·筮法 36 外之立（位）也

清華四·筮法 42 西方也

清華四·筮法 42 金也

清華四·筮法 51 南方也

清華四·筮法 51 北方也

清華四·筮法 52 赤色也

清華四·筮法 52 黑色也

清華四·筮法 53 火也

清華四·筮法 53 水也

清華四·筮法 60 東方也

清華四·筮法 60 木也

清華五·命訓 13 勿(物)氒(厥)尚(權)之欘(屬)也

清華五·湯丘 10 君天王之言也

清華五·湯丘 10 善才(哉)子之員(云)也

清華五·湯丘 16 此以自忎(愛)也

清華五·啻門 11 可(何)也

清華五·啻門 18 可(何)也

清華五·箬門 19 可（何）也

清華六·孺子 03 亡（無）不盈（盈）亓（其）志於虗（吾）君之君邔（己）也

清華六·孺子 09 史（使）哉（禦）宼（寇）也

清華六·孺子 10 亓（其）辠（罪）亦趹（足）婁（數）也

清華六·孺子 15 曰是亓（其）伮（蓋）臣也

清華六·孺子 16 二三夫=（大夫）膚（皆）虗（吾）先君斋=（之所）仅（守）孫也

清華六·管仲 05 行之首則事之本也

清華六·管仲 17 而邁（勤）事也

清華六·管仲 21 亓（其）即君管（孰）諹（彰）也

清華六·管仲 21 臣之䌛（聞）之也

清華六·太伯甲 06 亦虗（吾）先君之力也

清華六·太伯甲09 殹（抑）天也

清華六·太伯甲09 殹（抑）人也

清華六·太伯甲12 君之亡（無）餔（問）也

清華六·太伯甲13 則亦亡（無）餔（聞）也

清華六·太伯甲13 君之亡（無）出也

清華六·太伯甲13 則亦亡（無）内（入）也

清華六·太伯乙06 亦虖（吾）先君之力也

清華六·太伯乙08 殹（抑）天也

清華六·太伯乙08 殹（抑）人也

清華六·太伯乙11 君之亡（無）餔（問）也

清華六·太伯乙11 則亦亡（無）餔（聞）也

清華六·太伯乙11 則亦亡（無）内（入）也

清華六·子儀 04 女（如）權之又（有）加橈（翹）也

清華六·子儀 06 徒伇所遊又步里護讙也

清華六·子儀 09 亓（其）鹽（絕）也

清華六·子儀 13 昔鴯之坙（來）也

清華六·子儀 16 仁之櫨（楷）也

清華六·子產 06 所以智（知）自又（有）自喪也

清華六·子產 11 㠯（己）之睪（罪）也

清華六·子產 14 先聖君所以徉（達）成邦或（國）也

清華七·子犯 02 母（毋）乃猷（猶）心是不跂（足）也麿（乎）

清華七·子犯 04 母（毋）乃無良左右也麿（乎）

清華七·子犯 08 民心訐（信）難成也哉

清華七·子犯 08 殹（繄）或易成也

清華七·趙簡子 02 帀（師）保之皋（罪）也

清華七·趙簡子 02 娉（傅）母之皋（罪）也

清華七·趙簡子 06 皆又（有）繇（由）也

清華七·趙簡子 07 亓（其）所繇（由）豊（禮）可䌛（聞）也

清華七·越公 08 以觀句獻（踐）之以此仐（八千）人者死也

清華七·越公 09 吳王䎽（聞）雩（越）使（使）之柔以弜（剛）也

清華七·越公 24 孤之惌（願）也

清華七·越公 37 諫（佯）繪（婾）諒人則䚈（刑）也

清華七·越公 39 凡此勿（物）也

清華七·越公 40 亓（其）才（在）邑司事及官帀（師）之人則發（廢）也

清華七·越公 42 凡此聿（類）也

清華七·越公 42 勥(刑)也

清華七·越公 45 王見亓(其)執事人則訋(怡)念(豫)悥(憙)也

清華七·越公 46 不可□芙=(笑笑)也

清華七·越公 63 鄡(邊)人乃相戏(攻)也

清華七·越公 73 寓也

清華八·邦政 04 亓(其)分也均而不念(貪)

清華八·邦政 07 上下相勑(復)也

清華八·邦道 27 此勿(物)也

清華八·邦道 27 敏(每)弍(一)之癹(發)也

清華八·天下 02 亦亡(無)獸(守)也

清華八·天下 03 是非攻之道也

清華八·天下 04 亦亡(無)攻也

～，與 ♦(上博三·中23)、♦(上博一·性33)、♦(上博五·君3)、♦(上博五·季7)、♦(上博八·成15)同。《說文·乁部》："也，女陰也。象形。ㄅ，秦刻石也字。"許慎釋"也"爲"女陰"之說，於形不可信。"也"字本從口，下綴一筆畫。與"只"一字分化。《說文·只部》："只，語已詞也。从口，象气下引之形。""口"之下所綴筆畫亦當是"象气下引之形"。"也"所從之口，戰國文字多寫作廿形，中間的橫畫左右延伸。作♦形者，是把"也"字所從之口與下綴筆畫并爲三筆來書寫的，其橫畫右側的鉤是在書寫過程中收筆造成的。後來中間的短畫下部與左邊的弧形長畫分離寫作♦形，中間的斜畫寫成直形就變成了♦形，現在的"也"就是從這種形體演變過來的。其形體發展演變如下：

♦—♦—♦—♦—♦—♦—♦—♦—♦—也—也

《說文》篆文♦是在♦形的基礎之上，把右側帶有圓鉤的橫畫的左側也寫成圓鉤形，使之左右對稱，再把上出的兩個直畫嚮兩邊彎曲，使整個字變成筆畫茂美、匀稱，結構非常規整。這樣處理的結果使形體出現了較大的訛變。（徐寶貴）

清華"也"，語氣詞，用於句末，表判斷或疑問語氣。《莊子·逍遥遊》："南冥者，天池也。"《詩·邶風·旄丘》："何其久也？"或作語氣助詞，用在句中，表停頓。《詩·陳風·墓門》："夫也不良，國人知之。"《史記·白起王翦列傳》："武安君之死也，以秦昭王五十年十一月。"

來紐羅聲

羅

清華二·繫年 100 晉人羅

清華三·說命下 04 氒（厥）亓（其）惎（禍）亦羅于罿罬

清華三·良臣 07 又（有）乾（范）羅（蠡）

 清華四·筮法 37 艮羅（離）大凶

 清華四·筮法 37 艮羅（離）肖=（小凶）

 清華四·筮法 38 艮羅（離）少（小）吉

 清華四·筮法 38 艮羅（離）大吉

 清華四·筮法 48 羅（離）祟：寞（熱）、𣲺（溺）者

 清華四·筮法 48 羅（離）

 清華四·筮法 55 羅（離）

 清華四·筮法 56 系（奚）古（故）胃（謂）之羅（離）

 清華四·筮法 59 是古（故）胃（謂）之羅（離）

 清華五·封許 06 羅緌（緌），鉤、雁（膺）

清華六·太伯甲 06 戠（戰）於魚羅（麗）

清華六·太伯乙05 戠（戰）於魚羅（麗）

　清華七·越公20 羅甲綏（纓）畐（胄）

　清華七·越公54 寽（等）以受（授）軋（范）羅（蠡）

　清華七·越公61 乃命軋（范）羅（蠡）

　清華八·虞夏01 祭器四羅（璉）

～，與、同。《說文·网部》："羅，以絲罟鳥也。从网、从維，古者芒氏初作羅。"

　　清華二·繫年100"羅"，讀爲"罹"，憂愁。《左傳·襄公八年》："兆云詢多，職競作羅。"俞樾《群經平議·春秋左傳二》："羅當讀爲罹。《爾雅·釋詁》：'罹，憂也。'……'職競作羅'者，職競作憂也。《說文》無'罹'字，蓋古字止以'羅'爲之。"

　　清華三·說命下04、清華四·筮法"羅"，張網捕鳥。《詩·小雅·鴛鴦》："鴛鴦于飛，畢之羅之。"《周禮·夏官·大司馬》："羅弊，致禽以祀坊。"鄭玄注："羅弊，罔止也。"清華四·筮法"羅"也可讀爲"離"，"離""羅"二字皆爲來紐歌部，可相通。"離"義爲"以有柄的罕捕鳥，鳥被捉到"（參《說文新證上册》第275頁）。帛書、今本《周易》作"離"。

　　清華三·良臣07"軋羅"，清華七·越公54、61"軋羅"，讀爲"范蠡"，人名。

　　清華五·封許06"羅"，即"縠"。《淮南子·齊俗》："有詭文繁繡，弱緆羅紈。"許慎注："羅，縠。""羅纓"，應即樊纓。

　　清華六·太伯甲06、太伯乙05"魚羅"，讀爲"魚麗"，地名，待考。尉侯凱讀爲"魚陵"。《左傳·襄公十八年》："楚師伐鄭，次於魚陵。"杜預注："魚陵，魚齒山也，在南陽犨縣北，鄭地。"在今河南襄城縣。吳良寶認爲："這個'魚陵'比較偏南，恐非簡文'魚羅'。"

清華七·越公 20"羅甲綏冑",讀爲"縭(纙)甲纓冑",繫甲戴冑結纓。《墨子·兼愛下》:"今有平原廣野於此,被甲嬰冑,將往戰,死生之權未可識也。"《荀子·樂論》:"帶甲嬰冑,歌於行伍,使人之心傷。""羅",讀爲"縭(纙)"。《説文·糸部》:"縭,以絲介履也。"《爾雅·釋器》:"婦人之禕謂之縭。縭,緌也。"邢昺疏:"縭訓爲緌,緌又爲繫。"《詩·小雅·采菽》:"紼縭(今《毛詩》作纚)維之。"馬瑞辰《通釋》:"詩以紼纙二字平列,紼蓋以麻爲索,纙蓋以竹爲索,皆所以維舟也。"《集傳》:"纙、維皆繫也。"古代名動相因,"縭(纙)"爲繫物之索帶,自然可用作動詞"繫";猶如"纓"作爲名詞是指冠帶或繫於頸之飾物,作動詞則訓爲繫結。"羅甲纓冑"是兩個並列的"v＋n"結構,"羅""纓"二字的意思差不多。(侯乃峰)或讀爲"罹甲纓冑"。

清華八·虞夏 01"祭器四羅",讀爲"祭器四璉"。《禮記·明堂位》:"有虞氏之兩敦,夏后氏之四連,殷之六瑚,周之八簋。"鄭玄注:"皆黍稷器。"陸德明《釋文》:"連,本又作璉,同力展反。"

來紐羸聲

羸

清華三·芮良夫 15 襄(懷)忎(慈)學(幼)弱、羸(羸)募(寡)脛(矜)蜀(獨)

清華八·攝命 07 有曰四方大羸(羸)亡民

~,與 (上博三·周 44)、 (上博三·周 53)同,从"角","羸"聲。

清華三·芮良夫 15"襄忎學弱羸募脛蜀",讀爲"懷慈幼弱羸寡矜獨",安撫愛護幼弱、衰病、老而無夫、老而無妻、老而無子的人。《禮記·禮運》:"選賢與能,講信脩睦,故人不獨親其親,不獨子其子,使老有所終,壯有所用,幼有所長,矜寡孤獨廢疾者,皆有所養。"《禮記·王制》:"少而無父者謂之孤,老而無子者謂之獨,老而無妻者謂之矜,老而無夫者謂之寡。""羸",衰病。《國語·魯語上》:"饑饉荐降,民羸幾卒。"韋昭注:"羸,病也。"《淮南子·詮言》:"兩人相鬥,一羸在側,助一人則勝,救一人則免。"許慎注:"羸,劣人也。"或讀爲"鰥"。

(白於藍)

清華八·攝命07"羸",讀爲"羸"。《釋名》:"羸,累也,恆累於人也。"《急就篇》:"羸,困弱也。"《玉篇》:"羸,弱也,病也,瘦也,劣也。"

來紐麗聲

麗

清華一·尹誥02 民复(復)之甬(用)麗(離)心

清華一·楚居03 生侸罟(叔)、麗季

清華一·楚居03 麗不從(縱)行

清華六·子儀08 遠人可(何)麗

清華六·子產03 邦危民麗(離)

清華五·湯丘13 民人皆綟(督)禺丽(離)

《説文·鹿部》:"麗,旅行也。鹿之性,見食急則必旅行。从鹿,丽聲。《禮》:麗皮納聘。蓋鹿皮也。丽,古文。丽,篆文麗字。"

清華一·尹誥02"麗心",讀爲"離心",不同心,不團結。《楚辭·離騷》:"何離心之可同兮?吾將遠逝以自疏。"朱熹《集注》:"離心,謂上下無與己同心者也。"《國語·周語下》:"民無據依,不知所力,各有離心。"

清華一·楚居03"麗季""麗",即熊麗,"季"是排行。《史記·楚世家》:"周文王之時,季連之苗裔曰鬻熊。鬻熊子事文王,蚤卒。其子曰熊麗。"

清華六·子儀08"遠人可(何)麗",遠人何依。《書·顧命》:"奠麗陳教。"

蔡沈《集傳》:"麗,依也。"或讀爲"離"。

清華六·子產 03"邦危民麗",讀爲"邦危民離",國家危急,百姓離散。"離",離散。《國語·吳語》:"夫吳民離矣,體有所傾,譬如群獸然,一个負矢,將百群皆奔,王其無方收也。"

清華五·湯丘 13"民人皆絸(督)禺阩",讀爲"民人皆督愚離",百姓都是昏亂、愚昧、離散。"離",離散。《國語·吳語》:"夫吳民離矣,體有所傾,譬如群獸然,一个負矢,將百群皆奔,王其無方收也。"

儷

 清華六·子儀 18 詞(辭)於儷

《説文·人部》:"儷,棽儷也。从人,麗聲。"

清華六·子儀 18"儷",《左傳·成公十一年》:"鳥獸猶不失儷。"杜預注:"儷,耦也。"一説"儷",讀爲"麗",美也。

覶

 清華三·説命下 04 女(如)飛鶴(雀)罔畏覶(離)

～,从"視","麗"聲。

清華三·説命下 04"畏覶",或讀爲"覺覶"。《説文·見部》:"覺,注目視也。"《説文·見部》:"覶,求也。"段玉裁注本作"求視也",云"'視'字各本奪,今補"。"覺覶"蓋近義復詞。(白於藍)"覶",或疑讀爲"離"。《詩·小雅·四月》:"亂離瘼矣,爰其適歸?"毛傳:"離,憂。"

驪

 清華二·繫年 031 晉獻公之婢(嬖)妾曰驪姬

《説文·馬部》:"驪,馬深黑色。从馬,麗聲。"

清華二·繫年 031"驪姬",驪戎女子。《國語·晉語一》:"獻公伐驪戎,克之,滅驪子,獲驪姬以歸,立以爲夫人,生奚齊。"

纝

　　清華八·天下05 以纝(麗)亓(其)衆

～，從"糸"，"丽"聲，"纙"字異體。《説文·糸部》："纙，冠織也。從糸，麗聲。"

清華八·天下05"纝"，讀爲"麗"，訓爲"附"。《後漢書·張衡傳》："夫戰國交爭，戎車競驅，君若綴旒，人無所麗。"李賢注："麗，附也。"

來紐詈聲

詈

　　清華一·楚居02 詈(麗)甾(迪)四方

《説文·网部》："詈，罵也。從网、從言。网辠人。"

清華一·楚居02"詈"，讀爲"麗"，美麗。簡文"麗迪四方"，意爲妣佳貌美，勝於四方女子。

精紐ナ聲

左

　　清華三·良臣08 宋又(有)左帀(師)

　　清華三·祝辭02 乃左敦(執)土以祝曰

　　清華七·越公50 居者(諸)左右

　　清華七·越公52 䚛(問)于左右

清華七·越公 67 左軍、右軍乃述（遂）涉

 清華二·繫年 051 乃命左行瘍（蔑）与（與）陵（隨）會卲（召）襄公之弟瘫（雍）也于秦

 清華二·繫年 054 左行瘍（蔑）、陵（隨）會不敢歸（歸）

 清華二·繫年 057 宋公爲左芋（盂）

 清華三·說命上 03 尔左執朕袂

 清華四·筮法 03 參（三）左同右

 清華四·筮法 06 參（三）右同左

 清華六·子儀 03 不教（穀）繻左

 清華六·子儀 03 左緬

 清華六·子儀 04 君及不教（穀）剌（專）心穆（戮）力以左右者（諸）侯

 清華七·子犯 04 母（毋）乃無良左右也虐（乎）

清華七·子犯06 宔(主)女(如)此胃(謂)無良左右

清華七·晉文公05 爲左……

清華七·越公33 又(有)司及王左右

清華七·越公35 凡王左右大臣

清華七·越公43 嘉(及)于左右

清華七·越公45 䎽(問)之于左右

清華七·越公48 嘉(及)于左右

清華七·越公63 雩(越)王乃中分亓(其)帀(師)以爲左軍、右軍

清華七·越公64 乃命左軍監(銜)枚(枚)穌(溯)江五里以須

清華七·越公65 乃命左軍右軍涉江

～，或作 ，與 (上博六·競11)、 (上博七·武6)同。《説文·左部》："左，手相左助也。从𠂇、工。"

清華三·良臣08"宋又左帀"，讀爲"宋有左師"。宋襄公有公子目夷，爲襄公庶兄，字子魚。《左傳·僖公九年》："宋襄公即位，以公子目夷爲仁，使爲左師以聽政，於是宋治。故魚氏世爲左師。"

清華三·祝辭02"乃左敦(執)土以祝曰",左手持土而祝曰。

清華七·越公50"左右",身邊。《詩·大雅·文王》:"文王陟降,在帝左右。"

清華七·越公33、35、43、45、48、52,清華七·子犯04、06"左右",近臣,侍從。《左傳·宣公二十年》:"(楚子)左右曰:'不可許也,得國無赦。'"《北史·堯君素傳》:"煬帝爲晉王時,君素爲左右。"

清華二·繫年051、054"左行蔑",讀爲"左行蔑",即先蔑。《左傳·僖公二十八年》:"晉侯(文公)作三行以禦狄,荀林父將中行,屠擊將右行,先蔑將左行"。《公羊傳·文公七年》作"先眛"。《左傳·文公六年》:"使先蔑、士會如秦,逆公子雍。"

清華二·繫年057"宋公爲左芋(盂)",《左傳·文公十年》:"宋公爲右盂,鄭伯爲左盂。"杜預注:"盂,田獵陳(陣)名。"

清華四·筮法03"參(三)左同右",第一卦例離、艮、巽均在左,左下之坤在右,故云"三左同右"。

清華四·筮法06"參(三)右同左",第二卦例坤、兌均在右,左下之離則在左,故云"三右同左"。

清華六·子儀03"左",與"右"相對。

清華六·子儀04"左右",支配,控制。《左傳·僖公二十六年》:"公以楚師伐齊,取穀。凡師能左右之曰'以'。"杜預注:"左右,謂進退在己。"《國語·越語上》:"寡君帥越國之衆,以從君之師徒。唯君左右之。"韋昭注:"左右,在君所用之。"

清華七·越公63、64、65"左軍",古代三軍中的左翼軍。《左傳·桓公五年》:"秋,王以諸侯伐鄭,鄭伯禦之。王爲中軍;虢公林父將右軍,蔡人衛人屬焉;周公黑肩將左軍,陳人屬焉。"

清華七·越公67"左軍右軍",參上。

右

 清華五·厚父12 乓(厥)衍(徵)女(如)右(左)之服于人

～,从"日","ナ"聲。

清華五·厚父12"右",讀爲"左",特指左手。《詩·王風·君子陽陽》:"君子陽陽,左執簧,右招我由房。"鄭箋:"君子禄仕在樂官,左手持笙,右手招我。"

陵

清華五·命訓 08 亟(極)命則民陵(墮)乏

清華六·管仲 09 民人陵(惰)忩(怠)

～，"像用手使'阜'上之土墮落"(裘錫圭)，加注"马"(夗)聲，"墮"之異體。

清華五·命訓 08"亟命則民陵乏"，讀爲"極命則民墮乏"。今本《逸周書·命訓》作"極命則民墮"。"墮"，荒廢，廢棄。《書·益稷》："元首叢脞哉，股肱惰哉，萬事墮哉。"孔傳："萬事墮廢，其功不成。"《淮南子·說林》："虎有子，不能搏攫者，輒殺之。爲墮武也。"高誘注："墮，廢也。"《莊子·天地》："子往矣，無乏吾事。"《釋文》："乏，廢也。""墮乏"，同義連用，荒廢，廢棄。

清華六·管仲 09"陵忩"，讀爲"惰怠"，懶惰懈怠。《漢書·成帝紀》："間者，民彌惰怠，鄉本者少，趨末者衆，將何以矯之？"

陜(陸)

清華二·繫年 051 乃命左行瘍(蔑)与(與)陜(隨)會卲(召)襄公之弟雍(雍)也于秦

清華二·繫年 054 左行瘍(蔑)、陜(隨)會不敢歸(歸)

清華二·繫年 066 陜(隨)會衔(率)自(師)

清華三·祝辭 03 譯(隨)弓

～，與 同，乃承繼鬲公盨(《新收》1607) ![] "陸"

(墮），“像用手使‘阜’上之土墮落，是一個表意字。其所從之‘圣’後來變爲‘左’，當是由於‘圣’‘左’形近，而‘左’字之音又與‘墮’相近的緣故。”（裘錫圭）《説文·𨸏部》：“隓，敗城𨸏曰隓，從𨸏、㒸聲。㒸，篆文。”段注：“㒸爲篆文，則隓爲古籀可知也。”同“墮”。

清華二·繫年 051、054、066“陮會”，讀爲“隨會”，即“士會”。《左傳·文公六年》：“使先蔑、士會如秦，逆公子雍。”《左傳·僖公二十八年》：“壬午，濟河。舟之僑先歸，士會攝右。”杜預注：“士會，隨武子，士蔿之孫。”

清華三·祝辭 03“徥弓”，讀爲“隨弓”，與下“外弓”“踵弓”，均爲不同類型的弓名。

隳

清華八·邦道 19 皮（彼）士返（及）攻（工）商、戎（農）夫之隳（惰）於亓（其）事

～，從“心”，“隓”聲，“惰”字異體。《説文·心部》：“憜，不敬也。從心，㒸省。《春秋傳》曰：‘執玉憜。’憜，憜或省𨸏。憜，古文。”

清華八·邦道 19“隳”，懈怠，懶惰。《廣雅·釋詁》：“惰，嬾也。”《墨子·非命上》：“昔上世之窮民，貪於飲食，惰於從事，是以衣食之財不足，而飢寒凍餒之憂至。”

劓

清華八·攝命 08 引（矧）行劓（墮）敬茅（懋）

清華八·攝命 16 亡（罔）非楚（胥）以劓（墮）迦（愆）

～，從“力”，“隓”聲，“墮”字異體。

清華八·攝命 08“引行劓敬茅”，讀爲“矧行墮敬懋”，行墮者亦敬勉之。“劓”，訓爲廢壞。

清華八·攝命 16"亡非楚以劈逃",讀爲"罔非胥以墮愆",皆相率以墮愆。

鄀

清華二·繫年 084 卲(昭)王歸(歸)鄀(隨)

～,从"邑","陸"聲,"隨"國之"隨"的專字。

清華二·繫年 084"鄀",即"隨",姬姓國,今湖北隨州南。隨國即曾國。《左傳·桓公六年》:"楚武王侵隨,使薳章求成焉。軍於瑕以待之。隨人使少師董成。鬬伯比言于楚子曰:'吾不得志於漢東也,我則使然。我張吾三軍而被吾甲兵,以武臨之,彼則懼而協來謀我,故難間也。漢東之國隨爲大,隨張必弃小國,小國離,楚之利也。'"

穋

清華六·子儀 05 豊(禮)穋(隋)貨以贛(贛)

～,从"禾","陸"聲,所从"陸",从"攴"从"坴"。"陸",或作 (上博三·周 16)、 (上博三·周 16)。

清華六·子儀 05"穋貨",讀爲"隋貨",人名。或疑即晉人逃於秦者。(楊蒙生)或以爲即"隋會"。(趙平安)

墮

清華三·琴舞 16 悳(德)非墮(惰)帀

～,从"土","陸"聲,"墮"字異體。"惰"字或从"陸"聲作 (上博三·中 18)。

清華三·琴舞 16"墮",讀爲"惰"。《左傳·襄公三十一年》:"惰而多涕。"杜預注:"惰,不敬也。"

差

清華三·琴舞 13 差(佐)寺(事)王恩(聰)明

清華三·良臣 04 述(遂)差(佐)成王

清華八·邦道 17 以差(佐)身相豪(家)

～，與同 、。《説文·左部》："差，貳也。差不相值也。从左、从巫。"

清華三·琴舞 13"差寺"，讀爲"佐事"，輔佐。《左傳·昭公七年》："在我先王之左右，以佐事上帝。"

清華三·良臣 04"差"，讀爲"佐"，輔助，幫助。《大戴禮記·衛將軍文子》："廉於其事上也，以佐其下，是澹臺滅明之行也。"王聘珍《解詁》："佐，助也。"《詩·小雅·六月》："王于出征，以佐天子。"

清華八·邦道 17"以差身相豪"，讀爲"以佐身相家"，輔佐國君，輔助國家。

從紐坐聲

坐

清華七·越公 33 王必與之坐(坐)飤(食)

～，與 、、、、同，从"卩"，从"土"，如人跪地，"跪"字初文，會意。"跪"與"坐"形音義關係皆密切，爲一字分化。

清華七·越公 33"坐飤"，即"坐食"，坐着吃。《儀禮·特牲饋食禮》："舉奠左執觶，再拜稽首，進受肝，復位，坐食肝，卒觶，拜。"

呈

　　清華七·晉文公01 襑（端）呈

～，或釋爲"坐"。

　　清華七·晉文公01"端坐"，安坐，正坐。王符《潛夫論·救邊》："今苟以己無慘怛冤痛，故端坐相仍。"汪繼培箋："端坐，猶言安坐也。"或釋爲"冕"。參元部"冕"字條。

心紐沙聲

遷（徙）

　　清華一·楚居02 穴酓（熊）迡（遲）遷（徙）於京宗

　　清華一·楚居04 思（使）若（鄀）嗇（嗌）卜遷（徙）於夷屯

　　清華一·楚居05 酓（熊）䢅遷（徙）居麦（發）漸

　　清華一·楚居06 酓（熊）摯（摯）遷（徙）居旁屽

　　清華一·楚居06 至酓（熊）繹（延）自旁屽遷（徙）居喬多

　　清華一·楚居07 若嚻（敖）酓（熊）義（儀）遷（徙）居箬（鄀）

　　清華一·楚居07 至焚冒酓（熊）帥（率）自箬（鄀）遷（徙）居焚

清華一·楚居 07 至宵囂(敖)酓(熊)鹿自焚遲(徙)居宵

 清華一·楚居 07 至武王酓(熊)髭自宵遲(徙)居免

 清華一·楚居 08 至文王自疆郢遲(徙)居湫(沈)鹿

 清華一·楚居 08 湫郢遲(徙)居䓒(樊)郢

 清華一·楚居 08 䓒(樊)郢遲(徙)居爲郢

 清華一·楚居 09 爲郢遝(復)遲(徙)居免郢

 清華一·楚居 09 至臯囂(敖)自福丘遲(徙)袭(襲)箬(鄀)郢

 清華一·楚居 09 至成王自箬(鄀)郢遲(徙)袭(襲)湫(沈)涅

 清華一·楚居 09 湫(沈)郢遲(徙)□□

 清華一·楚居 10 至穆王自睘(睽)郢遲(徙)袭(襲)爲郢

 清華一·楚居 10 至臧(莊)王遲(徙)袭(襲)䓒(樊)郢

 清華一·楚居 10 遲(徙)居同宮之北

清華一·楚居 10 女(焉)遅(徙)居承(烝)之坓(野)

 清華一·楚居 11 至需(靈)王自爲郢遅(徙)居秦(乾)溪之上

 清華一·楚居 12 至卲(昭)王自秦(乾)溪之上遅(徙)居媺(嬐)郢

 清華一·楚居 12 遅(徙)居䳚(鄂)郢

 清華一·楚居 12 遅(徙)袭(襲)爲郢

 清華一·楚居 13 女(焉)返(復)遅(徙)居秦(乾)溪之上

 清華一·楚居 13 返(復)遅(徙)袭(襲)媺(嬐)郢

 清華一·楚居 13 至獻惠王自媺(嬐)郢遅(徙)袭(襲)爲郢

 清華一·楚居 13 女(焉)遅(徙)袭(襲)淋(沈)郢

 清華一·楚居 14 囿滿遅(徙)居邞(鄢)郢

 清華一·楚居 14 遅(徙)居䣡旱

 清華一·楚居 14 王自䣡旱遅(徙)郗(蔡)

清華一·楚居 15 王大(太)子自湫郢遅(徙)居疆郢

 清華一·楚居 15 柬大王自疆郢遅(徙)居藍郢

 清華一·楚居 15 遅(徙)居鄢(鄩)郢

 清華一·楚居 16 女(焉)遅(徙)襲(襲)肥遺

 清華一·楚居 16 女(焉)遅(徙)居鄩郢

 清華二·繫年 009 乃柬遅(徙)

 清華二·繫年 039 遅(徙)之审(中)城

～，从"辵"，"屖"聲。"屖"或作 、，从"尾"，"沙"省聲，乃源於西周師毀簋(《集成》04311)"![]"(彤沙之"沙")形。"遅"即《古文四聲韻》卷三紙韻"徙"字所引《古老子》![]。(李家浩)

清華"遅"，讀爲"徙"。《廣韻》："徙，移也。"《史記·秦本紀》："寧公二年，公徙居平陽。"焦贛《易林·大有之頤》："大蓋治床，南歸殺羊，長伯爲我，多得牛馬，利於徙居。"

屖

 清華二·繫年 057 屖(徙)之徒菖

～,從"止","屖"聲,"徙"之異體。

清華二·繫年 057"𡲔",讀爲"徙",參上。

諟

　　清華五·三壽 15 桂(往)厇(宅)母(毋)諟(徙)

～,從"言","屖"聲。

清華五·三壽 15"諟",讀爲"徙",參上。

㫃

　　清華四·筮法 11 今㫃(也)死

　　清華四·筮法 14 今㫃(也)死

～,與 𣃭(侯馬一八五:九)、▨(《集成》02840,中山王鼎)、▨(《集成》02840,中山王鼎)同,從"㫃",▨ ▨ ▨(《金文編》820 頁),吳振武釋爲"彤沙"之沙初文。

清華四·筮法 11、14"今㫃死",讀爲"今也死"。"也",句中語氣詞。(劉剛)或釋"斿",讀爲"焉",訓乃,見裴學海《古書虛字集釋》第一〇六頁。(楊蒙生)

並紐皮聲

皮

　　清華三·琴舞 05 襃(裕)皮(彼)趣(熙)不茖(落)

　　清華三·芮良夫 05 募(顧)皮(彼)迄(後)復(復)

清華三·芮良夫08 皮(彼)人不敬

清華五·命訓09 遙(淫)祭皮(罷)豪(家)

清華五·啇門06 唯皮(彼)五味之燹(氣)

清華五·啇門11 唯皮(彼)四神

清華五·啇門18 唯皮(彼)九神

清華五·啇門20 唯皮(彼)九神

清華五·三壽15 民懇(勸)母(毋)皮(疲)

清華六·管仲12 皮(罷)荅(落)賖成

清華六·太伯甲10 䄝(獲)皮(彼)䵹(荊)俑(寵)

清華六·太伯甲11 君女(如)由皮(彼)孔丂(叔)

清華六·太伯乙09 䄝(獲)皮(彼)敁〈䵹〉(荊)戙(寵)

清華六·太伯乙10 君女(如)由皮(彼)孔丂(叔)

(沮)漳之川　清華六·子儀 16 公及三方者（諸）邘（任）君不賹（瞻）皮（彼）泟

清華七·越公 10 虞（且）皮（彼）既大北於坪（平）备（邊）

清華七·越公 12 唯皮（彼）鷄（雞）父之遠勴（荊）

清華七·越公 14 今皮（彼）新（新）去亓（其）邦而筅（篤）

清華七·越公 14 虐（吾）於膚（胡）取仐（八千）人以會皮（彼）死

清華八·邦道 01 凸（凡）皮（彼）刎（削）坽（邦）

清華八·邦道 05 皮（彼）天下之䫉（銳）士

清華八·邦道 05 皮（彼）聖士之不由

清華八·邦道 06 皮（彼）萅（春）頙（夏）眯（秋）冬之相受既巡
（順）

清華八·邦道 07 皮（彼）善人之欲達

清華八·邦道 08 皮（彼）善與不善

清華八·邦道 11 唯皮(彼)瀳(廢)民之不脛(循)教者

清華八·邦道 18 皮(彼)天下亡(無)又(有)閟(間)民

清華八·邦道 18 皮(彼)智(知)上之請(情)之不可以幸

清華八·邦道 19 皮(彼)士返(及)攻(工)商

清華八·邦道 23 皮(彼)幾(豈)亓(其)肰(然)才(哉)

清華八·邦道 23 皮(彼)上有所可感

清華八·邦道 24 皮(彼)上之所感

～，與 ![] (上博三·周 56)、![] (上博一·緇 10)、![] (上博四·柬 10)、![] (上博六·慎 3)同。《說文·又部》："皮，剝取獸革者謂之皮。从又，爲省聲。凡皮之屬皆从皮。![]，古文皮。![]，籀文皮。"

清華三·琴舞 05"皮"，讀爲"彼"，指示代詞，那，那個，那裏。"此"的對稱。《易·小過》："公弋取彼在穴。"《書·洛誥》："彼裕我民無遠用戾。"

清華三·芮良夫 08"皮人"，讀爲"彼人"，那人。《後漢書·孔融傳》："況無彼人之功，而敢枉當官之平哉！"

清華五·命訓 09"遙祭皮(罷)豪(家)"，今本《逸周書·命訓》："極禍則民鬼，民鬼則淫祭，淫祭則罷家。"孔晁注："罷弊其財，且無禍也。"《晏子春秋·內篇問上》："用兵無休，國罷民害。"張純一《校注》："言國力憊乏，民命殘傷。"《史記·孫子吳起列傳》："今梁趙相攻，輕兵銳卒必竭於外，老弱罷於內。""皮"，讀

· 2987 ·

爲"罷",疲敝,憊乏。

清華五·三壽 15"皮",讀爲"疲",疲敝,憊乏。或讀爲"罷"。《國語·齊語》:"罷士無伍,罷女無家。"韋昭注:"罷,病也。無行曰罷。"《管子·小匡》:"罷士無伍,罷女無家。"尹知章注:"罷,謂乏於德義者。"(白於藍)

清華七·越公 14"皮死",讀爲"彼死",指句踐所言"以八千人死"。

清華六·管仲 12"皮",讀爲"罷"。《說文·网部》:"罷,遣有辠也。"

返

　　清華二·繫年 088 楚王子返(罷)會晉文子燮(燮)及者(諸)侯之夫=(大夫)

～,從"辵","皮"聲。

清華二·繫年 088"王子返",《左傳》作"公子罷"。《左傳·成公十二年》:"宋華元克合晉、楚之成,夏五月,晉士燮會楚公子罷、許偃。"

韏

　　清華三·良臣 09 奠(鄭)定公之相又(有)子韏(皮)

～,從"韋","皮"聲,"鞁"之異體。《說文·革部》:"鞁,車駕具也。從革,皮聲。"

清華三·良臣 09"子皮",鄭定公的相。《左傳·昭公元年》:"鄭子皮曰:'二執戈者前矣!'"《左傳·襄公十四年》:"公使子蟜、子伯、子皮與孫子盟于丘宮,孫子皆殺之。"

被

　　清華一·皇門 07 孫=(子孫)用穪(末)被先王之耿光

　　清華二·繫年 065 楚人被甲(駕)以自(追)之

清華六·太伯甲 02 白(伯)父是(寔)被複(覆)

清華六·太伯乙 02 □□被複(覆)

清華七·越公 03 以身被甲冒(胄)

～，與 、、所从同。《說文·衣部》："被，寢衣，長一身有半。从衣，皮聲。"

清華一·皇門 07"孫=(子孫)用穮(末)被先王之耿光"，此句今本《逸周書·皇門》作"萬子孫用末被先王之靈光"，潘振注："被，負荷也。"陳逢衡注："用末被先王之靈光，謂終受其福也。"

清華二·繫年 065"被肇"，即"被駕"，被甲駕馬。《左傳·宣公十二年》："楚子爲乘廣三十乘，分爲左右。右廣雞鳴而駕，日中而說。左則受之，日入而說。許偃御右廣，養由基爲右。彭名御左廣，屈蕩爲右。乙卯，王乘左廣以逐趙旃，趙旃棄車而走林，屈蕩搏之，得其甲裳。"

清華六·太伯甲 02、太伯乙 02"被複"，讀爲"被覆"，覆蓋，掩蔽。《釋名·釋衣服》："被，被也，被覆人也。"意同《詩·大雅·生民》之"覆翼"。

清華七·越公 03"以身被甲冒(胄)"，身上穿上鎧甲，戴上頭盔。《穀梁傳·僖公二十二年》："古者被甲嬰胄，非以興國也，則以征無道也，豈曰以報其恥哉？"《戰國策·齊五》："魏王身被甲底劍，挑趙索戰。"

竝

清華二·繫年 114 告以宋司城竝之約(弱)公室

～，从"立"，"皮"聲。"坡"之異體。

清華二·繫年 114"宋司城竝"，"司城"即司空。《公羊傳·文公八年》："宋司城來奔。司馬者何？司城者何？皆官舉也。"何休注："宋變司空爲司城者，辟先君武公名也。""竝"，人名。

· 2989 ·

波

 清華一·楚居 01 乇(宅)凥(處)爰波

 清華一·楚居 08 乃渭(圍)疆浧之波(陂)而宇人女(焉)

 清華七·越公 49 乃波徃(往)返(歸)之

～，與 (上博二·容 24)所從同。《説文·水部》："波，水涌流也。从水，皮聲。"

清華一·楚居 01"爰波"，地名。

清華一·楚居 08"波"，讀爲"陂"，築堤障塞。《詩·陳風·澤陂》："彼澤之陂，有蒲與荷。"毛傳："陂，澤障也。"《書·禹貢》："九山刊旅，九川滌源，九澤既陂。"孔傳："九州之澤已陂障無決溢矣。"

清華七·越公 49"乃波徃返之"，讀爲"乃波往歸之"，像水涌流一樣歸嚮他。"波"，水涌流。《管子·君臣下》："夫水，波而上，盡其摇而復下，其勢固然者也。""往歸"，歸嚮。《穀梁傳·莊公三年》："其曰王者，民之所歸往也。"或説"波"，奔跑。(胡敕瑞)"波"，讀爲"頗"，皆、悉義。(陳偉)

明紐林聲

林

 清華五·封許 08 林(麋)念非尚(常)

～，與 (上博一·緇 14)、(上博七·凡甲 6)同。《説文·林部》："林，葩之總名也，林之爲言微也。微纖爲功，象形。凡林之屬皆从林。"段玉裁注："林、麻古蓋同字。"段説可从。《説文通訓定聲》："枲已緝績者曰麻。古無木棉，凡言布，皆麻爲之。"

清華五·封許 08"㭒",讀爲"靡"。《爾雅·釋言》:"靡,無也。"《詩·小雅·采薇》:"靡室靡家。"鄭箋:"靡,無。"

埜

清華三·芮良夫 08 埜(靡)所告罘(懷)

清華三·芮良夫 23 埜(靡)所并(屏)衣(依)

清華三·芮良夫 24 虐(吾)埜(靡)所爰(援)□詣

～,從"止","林"聲。

清華三·芮良夫 08、23、24"埜所",讀爲"靡所",無所,表示否定不必明言或不可明言的人或事物。《詩·邶風·旄丘》:"狐裘蒙戎,匪車不東。叔兮伯兮,靡所與同。"毛傳:"無救患恤同也。"《周禮·考工記·輪人》:"無所取之,取諸圜也。"鄭玄注:"非有他也,圜使之然也。"

胇

清華六·子產 23 此胃(謂)由善胇(散)悐(愍)

～,與 胇(上博六·用 19)同,從"肉","林"聲,"散"字省體。

清華六·子產 23"胇",即"散",放,釋放。《公羊傳·莊公十二年》:"萬嘗與莊公戰,獲乎莊公,莊公歸,散舍諸宮中。"何休注:"散,放也。"

磊(磨)

清華二·繫年 071 戩(敗)齊自(師)于磊(靡)厈(笄)

～,與 磨(郭店·緇衣 36)所從同,從"石","林"聲,"磨"字異體。或從

"石"省,作 ☒(上博一·緇 18)。《説文·石部》:"礦,石磑也。从石,靡聲。"

清華二·繫年 071"磊开",讀爲"靡筓",山名。《左傳·成公二年》:"師從齊師于莘。六月壬申,師至于靡筓之下。"楊伯峻《春秋左傳注》以爲即今山東濟南市千佛山。